"十二五"职业教育国家规划教材
经全国职业教育教材审定委员会审定
机械工业出版社精品教材

模具价格估算

第3版

主　编　刘　航
参　编　徐政坤　张磊明
主　审　翁其金

机械工业出版社

本书是"十二五"职业教育国家规划教材,经全国职业教育教材审定委员会审定。

本书是根据《教育部关于"十二五"职业教育教材建设的若干意见》及教育部新颁布的《高等职业学校专业教学标准（试行）》，同时参考国家人力资源和社会保障部《模具设计师》与《模具制造工（试行）》国家职业标准编写的。

全书分为八个项目，共11个任务，从价格基本知识与谈判技巧，模具价格概述，注射模具价格估算，压铸模具价格估算，小型冲压模具价格估算，中、大型冲压模具价格估算，其他模具价格估算到模具报价策略及模具价格合同签订的八个项目中，始终以当前模具企业应用的具体价格估算项目为引导，以11个任务为驱动，深入浅出，学做结合，从头到尾贯彻多快好省低成本地接洽和完成模具项目这条主线。本书为理实一体教学方式的专用教材，力求培养学生全面掌握和综合应用模具营销技术的能力，达到学以致用的教学目的。

为便于教学，本书配套有电子教案、助教课件等教学资源，选择本书作为教材的教师可登录机械工业出版社教育服务网 www.cmpedu.com，注册后免费下载。

本书具有一定的理论性、综合性，其现场可操作性较强，可以作为高等职业院校模具设计与制造专业的教材，也适用于各类中等专业学校、技工学校模具专业，还可供模具行业的工程技术人员、营销人员参考。

图书在版编目（CIP）数据

模具价格估算/刘航主编. —3版. —北京：机械工业出版社，2015.7
（2025.8重印）
 "十二五"职业教育国家规划教材
 ISBN 978-7-111-50660-7

Ⅰ.①模… Ⅱ.①刘… Ⅲ.①模具-价格-估算方法-高等职业教材-教材 Ⅳ.①F764.3

中国版本图书馆 CIP 数据核字（2015）第142874号

机械工业出版社（北京市百万庄大街22号　邮政编码100037）
策划编辑：于奇慧　　责任编辑：于奇慧
责任校对：张玉琴　　封面设计：马精明
责任印制：单爱军
保定市中画美凯印刷有限公司印刷
2025年8月第3版第11次印刷
184mm×260mm·12.25印张·300千字
标准书号：ISBN 978-7-111-50660-7
定价：35.00元

电话服务　　　　　　　　　网络服务
客服电话：010-88361066　　机　工　官　网：www.cmpbook.com
　　　　　010-88379833　　机　工　官　博：weibo.com/cmp1952
　　　　　010-68326294　　金　书　网：www.golden-book.com
封底无防伪标均为盗版　　　机工教育服务网：www.cmpedu.com

第3版前言

本书是根据《教育部关于"十二五"职业教育教材建设的若干意见》及教育部新颁布的《高等职业学校专业教学标准（试行）》，同时参考国家人力资源和社会保障部《模具设计师》与《模具制造工（试行）》国家职业标准编写的。

本书在第1、2版的基础上，为满足我国模具行业对高等职业教育人才的急迫需求，征求了全国多家企业及使用过该教材的师生意见，对原书做了重大的修订，主要有以下几个方面：

1. 遵循以学生为主体，以能力为本位，以企业需求为根本，以学生就业为导向的原则，将全书分为8个项目、11个任务，始终以当前模具企业应用的具体项目为引导，以11个任务为驱动，依照基于工作过程导向的原则，按照由简到难的顺序，拟订模具价格估算工作任务，将模具价格知识融入11个任务训练之中，全面实现理实一体的教学模式，使学生在学习训练中能够轻松、愉快地掌握模具价格及合同签订等知识，真正服务于企业。

2. 在普通高等教育"十一五"国家级规划教材《模具价格估算　第2版》的基础上，除重新修改了原教材所有内容编排结构外，着重加入价格咨询策略与商谈时机、价格商谈原则与技巧、模具报价策略及模具价格合同签订等企业急需、学生必须掌握的知识，指导学生能对一般复杂程度的模具进行合理的价格估算及合同签订。

3. 每个任务中的知识拓展可视实际教学情况取舍，避免了教材内容过多过深。以示例代替各种烦琐的计算，由浅入深，循序渐进，抓住了模具价格估算终极目标就是签订模具价格合同这一主线，真正使学生在模具还未设计时就能很快地把该模具的价格估算出来。

本书在内容处理上主要有以下几点说明：①8个项目里的任务导入与任务实施内容可参考本书的模式、视各院校具体情况灵活变动；②为了使11个任务得以完成、在理实一体教学中确实可操作，学生的最终考核成绩各项比例可适当调整；③项目内容及课时安排见下表，仅供各院校参考。

项目内容及课时安排表（参考）

项目		任务	课时	教学法
项目一	价格基本知识与谈判技巧	任务一　产品价格及定价策略	2	理实一体项目式教学
		任务二　价格商谈策略与技巧	2	
项目二	模具价格概述	任务　模具价格的构成及估算方法	2	
项目三	注射模具价格估算	任务一　塑料注射模具价格估算方法一（工时参数估算法）	4	
		任务二　塑料注射模具价格估算方法二（材料比价估算法）	4	
项目四	压铸模具价格估算	任务　压铸模具价格估算方法	4	
项目五	小型冲压模具价格估算	任务一　小型冲压模具估价方法	4	
		任务二　级进模具估价方法	4	

(续)

项目	任务	课时	教学法
项目六 中、大型冲压模具价格估算	任务 中、大型冲压模具估价方法	2	理实一体 项目式教学
项目七 其他模具价格估算	任务 X探伤机橡胶减振座模具价格估算	2	
项目八 模具报价策略及模具价格合同签订	任务 旋钮塑料模具报价策略及模具价格合同签订	2	
参考课时		32	

本书由西安理工大学高等技术学院刘航任主编。具体分工如下：西安理工大学高等技术学院刘航编写项目一、项目二、项目三、项目五、项目七及项目八，张家界航空职业技术学院徐政坤编写项目四，深圳信息职业技术学院张磊明编写项目六。本书由福建工程学院翁其金教授主审。

为便于教学，本书配套有电子教案、助教课件等教学资源，选择本书作为教材的教师可登录www.cmpedu.com，注册后免费下载。

编写过程中，编者参阅了国内外出版的有关教材和资料，得到了全国机械职业教育模具类专业教学指导委员会、中国模具工业协会及许多模具同行的有益指导，在此一并表示衷心感谢！

由于编者水平有限，书中不妥之处在所难免，恳请读者批评指正。

编　者

第2版前言

本书是普通高等教育"十一五"国家级规划教材、高等职业教育机电类规划教材。

本书第1版自2000年出版以来，多次重印，深受广大高职院校师生、企业中模具设计人员和模具营销人员的欢迎和好评。此次是根据普通高等教育"十一五"国家级规划教材的要求和最新修订的"模具设计与制造专业"教学计划修订的。在第1版的基础上，依据模具设计与制造技术发展对高技能人才的需求，征求了部分院校师生的意见，并听取了生产一线从事模具价格估算的工程技术人员的建议，对原书内容做了适当的更新和扩充。本书主要进行了以下几个方面的修订工作：

1. 结合当前我国模具发展的态势和企业中的惯例，在保持第1版内容和结构体系完整的基础上，对原书中的公式、代号、表格及计算方法作了较大幅度的修订，增强了可读性、实用性和可操作性。

2. 根据现阶段金属压铸件发展的特点，新增了压铸模具的价格估算方法，方便学生学习和使用。

3. 增加了中华人民共和国价格法有关内容和部分标准模架价格参考表，并对第1版中常用模具材料的参考价格进行了修订。

本书的教学参考学时为30学时。

本书由西安理工大学高等技术学院刘航任主编，深圳信息职业技术学院张磊明担任副主编。刘航编写了绪论，第1、2、3、5章，复习思考题及附录；张磊明编写了第4章；徐政坤、胡占军编写了第6章。福建工程学院翁其金教授主审了全书。

本书在编写过程中，得到了中国模具工业协会及陕西省模具工业协会的大力支持和帮助。同时，在收集资料和编写过程中，也得到了不少模具生产企业及兄弟院校的鼎力相助，在此一并表示衷心的感谢。

本书配有电子课件，凡使用本书作教材的教师可登录机械工业出版社教材服务网http：//www.cmpedu.com 注册后下载，咨询邮箱 cmpgaozhi@sina.com。咨询电话：010-88379375。

由于编者水平有限，错误和不足之处在所难免，恳请广大读者批评指正。

编　者

第1版前言

本书是根据原机械工业部教育司批准的"模具设计与制造专业"教学计划和"模具价格估算"教学大纲编写的，是高职和中等专业学校"模具设计与制造"专业的教学用书，也可供从事模具设计的技术人员和模具营销人员参考。

本教材是为了高职和中专扩充模具设计与制造专业学生的知识面而编写的。科学、合理地对所设计的模具进行全面的价格估算，反映其真实价值，在模具生产中有着十分重要的意义。对于专科教育，过去我们更多的是注重专业知识和技能的培养，而不太注重经济核算。但在社会主义市场经济迅猛发展的今天，仅仅学好专业是不够的，既有经济头脑，又懂专业的人才方能适应社会需要。基于这些想法，将《模具价格估算》列入高等职业技术院校规划教材是广大高职和中专师生所希望的。目前国内这方面的专门教材较少，甚至几乎没有系统成文的东西，编者无论是在取材、体例安排，还是在估算方法、估算对象的确定上都做了一定的尝试和总结。本书首先扼要地介绍了价格方面的一些基本知识，然后较详细地叙述了模具价格的构成及简化计算方法，分析了目前的模具价格状况及存在的问题，同时论述了型腔模具、小型冲压模具、中大型冲压模具及其他一些模具价格估算方法，并举例示范。本书内容力求适应职业技术院校及中等专业学校教学要求，简洁、通俗、实用。

本教材的参考学时为20学时。

本书由西安仪表工业学校刘航任主编，福建职业技术学院翁其金担任主审。其中刘航编写绪论及第一、二、五、六章，河北机电学校胡占军编写第三章，大庸航空工业学校徐政坤编写第四章。

在审稿过程中，山东机械工业学校陈中兴、无锡机械制造学校吴斌、杭州机械工业学校陈加明、辽宁仪表学校彭雁等同志对本书提出了许多宝贵意见。

在本书的编写过程中，曾得到中国模具工业协会的大力支持。同时，在收集资料和编写过程中，也得到了不少生产单位及兄弟学校的支持和帮助，在此一并表示衷心的感谢。

由于编者水平有限，错误和不足之处在所难免，恳切希望广大读者批评指正。

编 者

目　　录

第 3 版前言
第 2 版前言
第 1 版前言
项目一　价格基本知识与谈判技巧　1
　任务一　产品价格及定价策略　1
　　一、任务导入——金士顿 DT100G3
　　　（32GB）U 盘定价　1
　　二、知识链接——价格基本知识　2
　　三、任务实施　10
　　四、知识拓展——定价策略　11
　任务二　价格商谈策略与技巧　13
　　一、任务导入——金士顿 DT100G3（32GB）
　　　U 盘塑料外壳模具定价　13
　　二、知识链接——价格商谈策略与
　　　技巧（一）　14
　　三、任务实施　19
　　四、知识拓展——价格商谈策略与
　　　技巧（二）　21
　思考习题与训练　29
项目二　模具价格概述　30
　任务　模具价格的构成及估算方法　30
　　一、任务导入——椭圆齿轮注射模具
　　　定价　30
　　二、知识链接——模具价格概述　30
　　三、任务实施　39
　　四、知识拓展——模具价格现状及发展
　　　方向　40
　思考习题与训练　43
项目三　注射模具价格估算　44
　任务一　塑料注射模具价格估算

　　方法一（工时参数估算法）
　　　44
　　一、任务导入——肥皂盒注射模具
　　　定价　44
　　二、知识链接——塑料注射模具价格
　　　估算　44
　　三、任务实施　58
　　四、知识拓展——注射模估价实例　62
　任务二　塑料注射模具价格估算方法二
　　（材料比价估算法）　67
　　一、任务导入——肥皂盒注射模具
　　　定价　67
　　二、知识链接——塑料注射模具材料
　　　比价估算法　67
　　三、任务实施　72
　　四、知识拓展——材料比价估算实例　74
　思考习题与训练　77
项目四　压铸模具价格估算　79
　任务　压铸模具价格估算方法　79
　　一、任务导入——冷却腔压铸模具
　　　定价　79
　　二、知识链接——压铸模具价格估算　80
　　三、任务实施　93
　　四、知识拓展——压铸模具价格估算
　　　实例　96
　思考习题与训练　99
项目五　小型冲压模具价格估算　100
　任务一　小型冲压模具估价方法　100
　　一、任务导入——仪表底板冲裁模具
　　　定价　100

二、知识链接——小型冲压模具价格估算
　　　　方法 …………………………………… 101
　　三、任务实施 …………………………… 109
　　四、知识拓展——小型冲压模具估价
　　　　实例 …………………………………… 111
　任务二　级进模具估价方法 ………………… 112
　　一、任务导入——仪器挡板级进模具
　　　　定价 …………………………………… 112
　　二、知识链接——级进模具价格估算
　　　　方法 …………………………………… 113
　　三、任务实施 …………………………… 116
　　四、知识拓展——级进模具估价实例 … 119
　思考习题与训练 ……………………………… 122

项目六　中、大型冲压模具价格估算 … 124
　任务　中、大型冲压模具估价方法 … 124
　　一、任务导入——汽车门板修边冲
　　　　孔模具定价 …………………………… 124
　　二、知识链接——中、大型冲压模具
　　　　价格估算方法 ………………………… 125
　　三、任务实施 …………………………… 141
　　四、知识拓展——中、大型冲压模具
　　　　价格估算实例 ………………………… 144
　思考习题与训练 ……………………………… 146

项目七　其他模具价格估算 ……………… 147
　任务　X探伤机橡胶减振座模具价格
　　　　估算 …………………………………… 147

　　一、任务导入——X探伤机橡胶减振座
　　　　模具定价 ……………………………… 147
　　二、知识链接——其他模具价格估算
　　　　方法一 ………………………………… 147
　　三、任务实施 …………………………… 151
　　四、知识拓展——其他模具价格估算
　　　　方法二 ………………………………… 152
　思考习题与训练 ……………………………… 153

项目八　模具报价策略及模具价格
　　　　合同签订 ……………………………… 154
　任务　旋钮塑料模具报价策略及模具
　　　　价格合同签订 ………………………… 154
　　一、任务导入——旋钮塑料模具报价及
　　　　合同签订 ……………………………… 154
　　二、知识链接——模具报价策略及合同
　　　　签订 …………………………………… 154
　　三、任务实施 …………………………… 164
　　四、知识拓展——模具报价单的填写及
　　　　模具的结算方式 ……………………… 168
　思考习题与训练 ……………………………… 172

附录 …………………………………………… 173
　附录A　中华人民共和国价格法 ………… 173
　附录B　部分标准模架价格 ………………… 178
　附录C　常用模具材料参考价格 ………… 181
　附录D　模具相关加工设备参考价格 …… 184

参考文献 ……………………………………… 186

项目一 价格基本知识与谈判技巧

能力目标

1. 具有分析产品价格的构成、作用及种类的能力
2. 具有分析产品价格的制约因素的能力
3. 具有制定产品定价目标、定价方法以及定价策略的初步能力
4. 具有把握价格咨询策略与价格商谈时机的初步能力
5. 具有一定价格商谈策略与技巧的初步能力

知识目标

1. 了解价格的构成、作用及种类
2. 熟悉产品价格的制约因素
3. 熟悉产品定价目标、定价方法以及定价策略
4. 初步熟悉价格咨询策略与价格商谈时机
5. 初步熟悉价格商谈策略与技巧

任务一　产品价格及定价策略

一、任务导入——金士顿 DT100G3（32GB）U 盘定价（表1-1）

表1-1　金士顿 DT100G3（32GB）U 盘定价任务导入

学习情境	实训地点：模具实训中心网络教室 教学条件：金士顿 DT100G3（32GB）U 盘图片及技术参数，金士顿 DT100G3（32GB）U 盘实物4个，游标卡尺等	具体要求
学习任务	U 盘简图（外形尺寸 60mm×21.2mm×10mm）	根据所学模具设计与制造技术知识，完成金士顿 DT100G3（32GB）U 盘定价任务

（续）

能力目标	掌握价格的构成及当前产品估价的方法	参考价：149 元
任务要求	1）了解价格的基本知识及上网查找金士顿 DT100G3（32GB）U 盘资料及模具制造有关资料 2）了解模具价格估算对企业发展的重要性 3）了解产品价格的制约因素、定价目标、定价方法、定价策略 4）能正确评价模具制品价格的合理性	
教学法安排	1）多媒体教学 2）网络实作 3）学生分组讨论 4）职业技能评价	理实一体教学方式
最终考核	工作文件 10%，具体操作过程 40%，工作结果 30%，汇报效果 10%，团队 10%	百分制

二、知识链接——价格基本知识

价格是商品交换发展的产物。模具的定价是否合理不仅关系到用户的切身利益，而且还关系到制造商的盈利水平、市场的竞争以及预定的经营目标是否能够顺利实现等，因此，模具价格的制定是模具制造企业经营决策的重要内容之一。为了制定出合理的模具价格，反映模具自身价值，首先介绍一些有关价格方面的基本知识。

（一）价格的构成、作用及种类

1. 价格的构成

价格与价值密切相关，研究商品价格必须首先研究其价值。价值是由生产商品的社会必要劳动量决定的，包括已耗费的生产资料的价值和劳动者新创造的价值。也就是说，价值是凝结在商品中的社会必要劳动。但是，商品的价值并不能通过自身来反映，在货币存在的条件下，通常是以货币形式计算商品的价格，并通过价格来反映价值。所以，称商品价格是商品价值的货币表现。价值是价格的基础，从根本上说，价格应由价值决定，即商品价值量越大，价格也应越高。反之，价值量越小，价格也应越低。但是，在实际生活中价格并不总是同价值完全一致，而是在市场因素的作用下，围绕价值上下波动，只能大体上与价值保持一致。

价值虽然是形成价格的基础，但因商品的价值很难直接度量，所以，现实中商品价格是由生产成本、税金、利润以及必要的流通费用四部分构成。

生产成本是指生产一定数量的产品所耗用的物质资料和支付给劳动者的报酬，主要包括材料费、动力消耗、工资及设备折旧费等。一般说来，生产成本的大小是决定产品价格高低的主要因素，若想降低产品的价格，首先必须设法降低其成本。此外，当产品价格不变时，成本越低，企业纯收入越多；成本越高，纯收入越少。因此，企业要想获取更多的盈利，就必须加强内部管理，精打细算，不断降低生产成本。

税金和利润是劳动者为社会所提供的剩余劳动的价值形式。税金是国家通过法令形式，以不同的税种和税率，在不同的环节中征收的费用，具有相对的稳定性，是国家财政积累的主要来源。同时，为了便于考核经营效果，进行经济核算，把纯收入的一部分以利润的形式由企业上交。税金是指应计入商品价格和服务收费中的纳税金额。税金对价格的高低和企业盈亏状况有重要影响，如商品的成本和利润额已定，应纳税金越多，价格则越高。如果成本和价格已定，应纳税金增多，企业的利润必然减少。税收也是一个重要的经济杠杆。

税金是价格构成的要素之一。工业品应纳税额按出厂价格计征，成为出厂价格的构成要素。即

$$工业品应纳税金 = 出厂价 \times 税率$$

商品价格中的利润是商品销售价格减去生产成本、流通费用和税金后的余额。目前，工业品出厂价格中的利润一般采用成本利润率计算，即

$$工业品利润额 = 产品成本 \times 利润率$$

流通费用是指商品从生产者转移到用户的过程中所耗费的必要费用，包括经营管理费、利息、运杂费和损耗等。商品流通费用在价格中所占的比重依商品的性质不同而有所差别。如有的商品价值小、体积大、运费高、储存时间长，那么，流通费用在价格中的比重就大；而有的商品价值较大、体积较小、损耗又少，其流通费用的比重就小。不管流通费用大小，它的变动对价格都有着直接的影响。流通费用和生产成本合在一起构成产品的完全成本。

综上所述，商品的价格构成如图1-1所示。

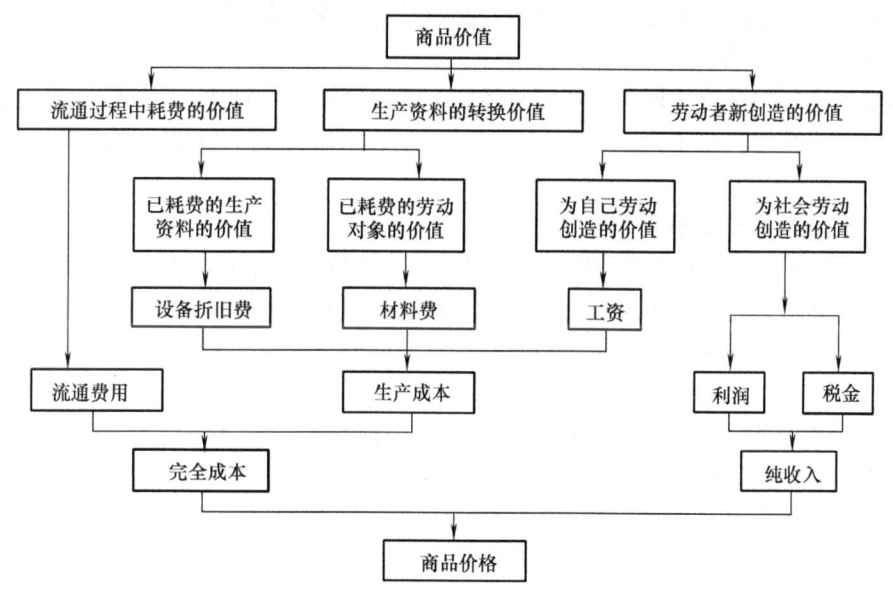

图1-1 商品的价格构成图

2. 价格的作用

如前所述，价值是形成价格的基础。但是，价格的高低也并非单纯地由价值所决定，它还要受市场供求及其他因素的影响。此外，价格作为一个重要的经济杠杆，对企业的生产经营活动和市场需求状况产生重大的影响。一般情况下，价格的作用表现在如下几个方面：

1）价格起着调节生产和流通的作用。产品价格的提高可以激励企业扩大生产；反之，价格的降低可以引起购买力上升，促进商品消费。

计划经济时代，我国工业品的价格基本上由国家统一制定，企业无定价权，不管产品的

价格高低、利润大小，企业必须按国家下达的产量和品种计划进行生产，不得擅自更改。经济体制改革以后，企业自主权不断扩大，企业在完成国家计划任务之后，有权根据市场需要自行安排生产和销售产品，很多产品可由企业自行定价或由供需双方协商后议价。这样，定价问题对企业来说，就有了实际意义，合理地确定产品价格就可以对生产和流通进行调节。

2）价格是企业进行全面经济核算的有效工具。企业内部的经济核算必须以货币统一计价，否则企业的资金核算、成本核算、销售收入和纯收入等方面的核算都无法进行。只有利用价格进行核算，才能综合反映出企业生产经营活动的经济效益。另外，合理的价格能够调动生产者的积极性，并促使他们努力改善经营管理，提高劳动效率，降低劳动消耗。如果价格制定得不合理，就不能正确反映产品的劳动消耗，也就无法客观地比较和评价企业的生产成果，不利于企业开展全面经济核算。

3）价格可以参与国民收入的再分配。通过商品交换，可以实现商品价格的分配职能。当某种商品以高于其价值的价格出售时，卖方就会获得较多的盈利，而买方就要承担较大的损失；而当某种商品以低于其价值的价格出售时，卖方就会亏损，买方就会受益。这些经济现象都是价格参与国民收入再分配的具体表现。

总之，价格直接关系到交换双方的经济利益，任何价格的变动，都会引起不同部门、地区、单位以及个人之间经济利益的重新分配。只有合理的价格才能正确处理国家、集体和个人三者之间的利益分配，才能有利于使各方面的经济利益协调一致。

3. 我国价格的种类

我国目前实行的是有计划的市场商品经济，因此价格的类型具有多样性。分类的角度不同，其价格的表现形式也不同。了解价格的类型，对于正确进行价格决策具有重要的指导意义。

（1）按国家对价格的管理权限划分

1）计划价格。指由国家对关系到国计民生的生产资料和消费资料等重要物资所规定的价格。由国家统一制定的称为国拨价；由地方政府按国家赋予的权限和规定的标准制定的称为地方价。计划价格又可分为固定价格和浮动价格两种。

① 固定价格，指在一定时期内固定不变的价格。如重要的农产品收购价、重要的生产资料出厂价、重要的消费品零售价和重要的交通运输价等，均实行国家统一定价，未经物价部门和业务主管部门审批，任何单位和个人都无权进行改动。这种定价的目的是为了促进商品生产，有利于安定人民生活，保证社会再生产不受物价波动的影响。但缺点是定价形式死板，不能够完全适应商品经济发展的要求。随着我国经济体制改革的深入，这种定价方式将有待改善。

② 浮动价格，指由国家规定基价和浮动幅度后，企业根据供求情况在此范围内浮动的价格。浮动价格有三种形式：最高限价、中准价格和最低限价。

a）最高限价是以其基价为上限，企业只能在规定的幅度内向下浮动价格。最高限价一般适用于价格偏高，已形成积压，需要降价处理的商品。

b）中准价格是由国家规定中准价和浮动幅度，企业可以在规定的幅度内上下浮动价格。中准价格一般适用于品种多，选择性强，市场供求变化快的商品。

c）最低限价是以其基价为下限，企业只准在规定的幅度内向上浮动价格。最低限价一般适用于供大于求而价格又偏低的商品。

浮动价格既体现了国家计划对价格形成的指导，又反映了价值规律的调节作用，是比较客观的定价形式。在目前我国经济体制改革时期，浮动价格仍起着主导作用。

2）非计划价格。指国家对一部分非关键性物资不作统一定价，而是由交易双方协商议价或根据市场供求情况自由定价。非计划价格具体包括以下两种。

① 协议价格，指由交易双方根据生产情况和市场供求状况，按照价值规律的要求，通过协商而制定的价格。协议价格一般适用于非关键性物资或企业完成国家计划后超产并可自行支配的重要物资。模具由于自身的特点，其价格往往由供求双方协商。实践证明，协议价格有利于按质定价和开展竞争，并可使产销直接挂钩，激励生产部门尽力改善经营活动，更好地满足需求及活跃市场。但应注意的是，实行议价的部门和单位，应注意掌握价格涨落的适当幅度，以免影响市场物价的基本稳定。

② 自由价格，指完全由交易双方根据市场供求状况自由议定的价格。自由价格一般适用于关系国计民生较小的商品，这些商品虽然品种繁多，但所占市场销售额的比重较小。这种价格易受市场供求状况的影响，竞争性最强，交易双方可以讨价还价、随行就市、拍板成交。

改革开放以来，随着我国市场上物资的逐渐丰富，非计划价格的商品越来越多，这就为企业搞活经营，正确运用定价权，采取合理的价格决策提供了有利条件。但要指出的是，实行非计划价格，企业确实被赋予了很大的权力，但必须严格遵守国家的物价政策和市场管理条例，不能采用不正当的手段来欺骗用户，牟取暴利。同时，有关部门也必须严格加强市场管理，必要时可采用吞吐物资等经济手段实行必要的干预，以便稳定市场。

（2）按物资的流通环节划分　按照物资的流通环节可分为出厂价格、批发价格和零售价格，其关系见表1-2。

表1-2　商品流通环节价格关系

产品成本	销售税金	利润	批发商流通费用	批发商营业税	批发商利润	零售商流通费用	零售商营业税	零售商利润
出厂价格			进销差价					
批发价格						批零差价		
零售价格								

商品流通中的各种价格，除了以上介绍的几种之外，还有调拨价格、供应价格、非商品收费等其他形式。限于篇幅，此处不再赘述。

（二）产品价格的制约因素

从理论上来说，商品的价格应根据商品的价值和市场供求情况来制定。但由于商品的准确价值很难度量，加之市场供求状况因受竞争的影响更是不断发生变化，所以，实际商品价格的制定是在综合考虑产品成本、市场需求和市场竞争等因素的基础上进行的。因此，为了保证企业定价的准确性，就需对这些制约因素进行分析。

1. 产品成本

产品成本是定价的基础，也是决定和影响价格变动的最主要因素。产品成本、利润、税金与产品价格的关系为

$$价格 = 产品成本 + 利润 + 税金$$

$$\text{利润} = \text{产品成本} \times \text{成本利润率}$$
$$\text{税金} = \text{价格} \times \text{税率}$$

将后两式代入前式并作相应的变换,得出

$$\text{价格} = \text{产品成本} \times \frac{(1+\text{成本利润率})}{(1-\text{税率})} \tag{1-1}$$

式(1-1)就是用来计算产品价格的公式。

产品成本根据在生产过程中所起的作用可分为固定成本和变动成本两大类,这两种成本均对产品的价格产生直接影响,下面分别对其进行简略分析。

(1) 固定成本的影响 固定成本是指总额在一定时期、一定产量范围内,不随产品数量变动而变动的那部分成本。如厂房和设备的折旧费、租金、管理人员的工资等,在一定产量限度内,这些费用在每一个生产期间的支出都是比较稳定的,它们将被平均分摊到产品中去,不管产品的产量如何,其支出总额是相对不变的。实际上,在特定的生产经营期间和产量范围内,企业的固定成本总额虽然不随产量变动而变动,但单位产品上分摊的固定费用却随产量的变化而变化。产量越高,单位产品分摊的固定费用就越少;反之,单位产品分摊的固定费用就越高。因此,企业可以采用压缩固定成本总额或增加产量的方法来控制固定成本。

(2) 变动成本的影响 变动成本是指成本总额随产品数量的变动成正比例变动的成本,主要包括原材料、燃料、计件工资、直接营业税等。变动成本的总额虽然随产量的变化而变化,但单位产品的变动成本却是相对稳定的,不随产量而变动。有些产品,由于大批量生产,原材料、燃料、动力消耗等可以得到综合利用,故单位产品的变动成本反而会随产量的增加而有所降低。一般情况下,只能通过控制单位产品的消耗量才能达到降低单位变动成本的目的。

产品成本制约着产品价格,而产品价格又影响到市场需求、竞争等因素。因此,从这个角度来说,产品成本越低越好。由于产品成本在一定的生产规模基础上会随产量的增加而相应降低,所以,企业可以通过发挥规模经济效应增加产量,降低成本,从而达到降低产品价格,刺激需求,实现企业经营目标的目的。

2. 供求关系

商品价格在不同程度上受到供求关系的影响,在自由价格的商品交易中,价格受供求状况的影响更大。供大于求,商品价格就会下降,供不应求,商品价格就会上涨,所以说商品的供求状况调节着市场价格的高低,驾驭着商品价格的起伏。反过来,商品价格也对市场上的商品供求关系进行调节,价格上涨时,需求量下降,价格跌落时,需求量上升,也就是说,商品的价格和市场的供求互相制约。因此,在制定价格时,既要考虑产品需求的弹性,又要照顾到市场供求的变化,价格既不能过高也不能过低。价格过低,销售量虽然增大,利润总额却随单位产品利润的下降而减少;价格过高,产品的单位利润虽然增大,但利润总额同样会因销量的减少而下降。所以,一方面企业的产品价格不应超过同类产品的市场价格,否则将失去竞争能力,导致平均销量下降;另一方面,价格也不能低于生产成本,不然的话,产品生产过程中的各种消耗就得不到足够的补偿,导致企业的生产经营活动难以维持。

3. 竞争关系

当前,在自由竞争的情况下,几乎每种产品都会遇到竞争对手,产品的供给会因竞争而相应地增减，并引起市场价格的下跌或上涨，而价格的起落又反过来决定着市场竞争的强度，从而影响供给的增加或减少。因此，产品价格不仅取决于产品成本和市场供求，而且还取决于竞争者的产品对市场的分割程度。就企业来说，产品价格的上限取决于同类产品的市场价格，下限取决于产品成本，但在两个界限之间价格究竟应为多少，并非由企业随心所欲地制定，而是要受到竞争者产品价格的制约。只有在全面了解了竞争对手的状况之后，企业才有可能制定出适当的价格。由此可见，竞争是制约企业产品定价的又一个重要因素。

市场竞争说到底是产品价格、质量和品种的竞争。企业在制定产品价格时，除考虑上述几种主要影响因素之外，还要考虑产品的售后服务、货币流通量和政府的有关物价政策。另外，国家制定的有关税收、信贷、利率等金融政策，也同样会对商品的价格产生影响。

（三）定价目标与定价方法

1. 定价目标

定价目标是指企业产品价格实现后应达到的预期目标。企业在具体做出价格决策之前，需首先确定定价目标，定价目标只有与企业经营目标协调一致，才能使价格决策达到预期的作用。由于制定价格时考虑的因素很多，因而，定价目标也不一样。一般说来，不同的企业对不同的产品在不同时期有着各种不同的定价目标。

（1）以获取最大盈利为目标　获取最大盈利是企业追求的重要目标之一。但是，企业追求最大盈利并不等于追求最高价格。因为，当产品价格上升时，销售量会相应减少，最终导致销售收入降低，使企业盈利总额下降。所以最高价格并不一定是企业达到最大盈利的良策。

追求企业的最大盈利应从两个方面考虑：首先，最大盈利应以企业长期稳定的总盈利为目标。企业应保证其产品定价必须为用户所接受，如果产品价格定得过高造成滞销，不仅追求最大盈利成为空话，而且会对企业的生存构成威胁。故而，只有当企业的产品在市场上处于绝对优势时，如拥有专卖权或产品的信誉对用户有相当的影响力时，企业方可采用高价策略，以便尽可能在短期内获取高额利润。其次，最大盈利应以企业整体效益为评价基准。如企业的某种产品进入一个新的市场，或企业向市场投放某种新产品时，为了尽快吸引用户，打开销路，企业可采用低价策略，有时为了提高市场占有率，在国家有关法律允许的范围内，甚至采取亏本策略，其目的都是为了压倒竞争对手，用短期的损失换取长期的盈利。

（2）以获取投资收益率为目标　投资收益率是指预期收益占投资额的比重。投资收益率反映投资效益。为此，定价时一般在总成本外加上一定比例的预期收益。预期投资收益率越大，产品价格越高，投资回收期也就越短，否则相反。确定投资收益率应遵循以下原则：投资收益应大于银行存款及其他有价证券的利率，投资收益应高于国家规定的投资收益指标。以投资收益率为定价目标，企业应具备一定的优越条件，如企业在该行业中处于主导地位或是产品属于独家经营，竞争对手无法与其抗衡，这样，企业才能达到其定价目的。

（3）以提高市场占有率为目标　市场占有率是企业经营效果和产品竞争能力的综合反映。市场占有率的高低反映该企业对于市场需求和产品价格的控制能力，它是企业追求长期盈利的可靠保证。提高市场占有率比获取短期高额盈利更有深远的意义。

（4）以保证稳定价格为目标　当企业具有充分的后备资源和可观的产品产量，并打算长期在某一领域内经营,需要有一个稳定的市场时,可采用此种定价目标。

(5) 以应付或防止竞争为目标 绝大多数企业都对价格竞争极为敏感。因此,在制定产品价格之前,大多数企业都要广泛地收集资料、详细研究,将本企业的产品和竞争对手的产品加以认真对比之后,再慎重地做出价格决策。一般采用如下方式:

1) 以低于竞争对手的价格出售产品。

2) 以与竞争对手相同的价格出售产品。

3) 以高于竞争对手的价格出售产品。

实际中企业究竟采用哪一种定价方式,则要视企业的具体情况而定。如果企业实力很强,具有充足的资源和独特的技术,产品质量优良,在顾客中享有很高的声誉,则可采用高于竞争对手的价格出售产品,以获取较高的利润。而实力较弱,资源和技术等有限的企业,只能采用低于竞争对手的价格或最多与竞争对手相同的价格出售产品。采用此种定价方式,应抓住同行业对产品价格最有影响力的企业为目标,一般自己先不对价格进行调整,而是根据主要竞争对手的价格变动,结合本企业的具体情况采取适当的对策,以应对同行业间的竞争。

2. 定价方法

企业为了实现其定价目标,就应采用适当的定价方法,为本企业生产的产品制定一个基本价格,并在此基础上根据市场供求情况进行相应的调整。由于制约价格的因素主要有产品成本、供求关系和市场竞争,因此,可根据这三个因素相应地采用如下三种定价方法:

(1) 成本导向定价法 这种方法就是以单位产品的成本为基础,加上一定的利润来确定产品的价格。其理论依据为:企业若想维持简单再生产,必须从产品销售收入中补偿其产品生产过程中的全部耗费;若想扩大再生产,则销售收入扣除全部支出(含税收)后应有一定的余额。这样,企业方可建立扩大再生产的各项基金,以便发展生产。故而,这是按产品的买方意图制定产品价格的一种方法。具体细分为以下几种:

1) 成本加成定价法。成本加成定价法就是以单位产品的总成本为基础,然后加上企业所期望的预期利润来确定单位产品的价格。产品售价与成本之间的差额称为加成数,这是目前企业广泛采用的一种定价方法。其计算公式为

$$单位产品价格 = 单位产品总成本 \times (1 + 加成率) \tag{1-2}$$

式中,加成率为预期利润占产品总成本的百分比,即成本利润率。

若考虑产品售出后应上缴的销售税金,则式(1-2)可变为

$$单位产品价格 = \frac{单位产品总成本 \times (1 + 加成率)}{1 - 税率} \tag{1-3}$$

例如:某产品单位成本为 1200 元,预期利润率为 20%,销售税率为 5%,则单位产品的销售价格为

$$销售价格 = \frac{1200 \times (1 + 20\%)}{1 - 5\%} 元 \approx 1516 元$$

成本加成定价法的主要优点是计算方便、简单易行,因为它是以单位产品的总成本为加成依据,所以,不仅可以保证企业获取正常的盈利,而且还可以平衡顾客的心理,使顾客产生一种信任感,容易接受这种定价。另外,若同行业内各企业均采用这种定价方法,只要产

品的成本和加成数大体相似,则产品的价格也相差无几,这也可免除激烈的价格竞争。但这种定价方法也有很大弊端:一是企业定价时只着眼于产品成本而忽视市场需求,制定的价格很难适应复杂多变的市场竞争;二是由于未考虑产品的销售量,以及加成率很难准确预测,故而制定的价格也未必被顾客所接受。该定价方法一般在卖方市场条件下较为适用。

2)目标利润定价法。这种方法又称为目标收益率法或资金利润率法。企业先根据投资总额确立一个目标利润率,并按目标利润率计算出目标利润额,然后再按成本确定产品价格。其计算公式为

$$单位产品价格 = \frac{固定成本总额 + 投资总额 \times 目标利润率 + 变动成本总额}{预计产品销售量}$$

$$= \frac{固定成本总额 + 目标利润额}{预计产品销售量} + 单位产品变动成本 \qquad (1-4)$$

例如:某企业新建一条生产线,总投资 200 万元,年生产 20 万件,生产期间预计生产固定费用总额约 60 万元,单位产品变动成本约为 10 元,若该企业期望每年获取 20% 的投资利润,则单位产品价格应为

$$价格 = \left(\frac{600000 + 2000000 \times 20\%}{200000} + 10\right)元 = 15 元$$

目标利润定价法的主要优点是:着眼于企业的总体收益,以便保证实现企业既定的目标利润。但是,这种定价方法也存在着很大的缺陷。首先,产品销量不同,单位产品分摊的固定成本和投资利润也不同,从而使不同销量下的单位产品价格也不一样。其次,销售量是预先估计的数字,不一定符合实际情况,特别是对于某些新开发的产品,其销售量更难预测,而销售量预测不准,就会导致产品价格失真。特别是对某些需求弹性较大的产品,问题更为突出。然而,这种定价方法对垄断性较强、产品关系到国计民生的企业都很适用。

3)盈亏平衡定价法。该方法就是按照销售收入和总成本平衡的原则来制定产品价格。因为两者达到平衡时企业既不盈利,也无亏损,处于收支平衡状态,所以这种方法又称保本定价法。其计算公式为

$$保本价格 = \frac{固定成本总额}{盈亏平衡点销量} + 单位产品变动成本 \qquad (1-5)$$

$$保本销量 = \frac{固定成本总额}{保本价格 - 单位产品变动成本} \qquad (1-6)$$

根据以上公式,可计算出不同销售量对应的保本价格。这样,一方面可使企业预先估计出对不同销售量应采取何种价格才不至于亏损;另一方面,也可以对价格和销售量进行科学的预测,可预见出不同销售趋势下应采取何种价格对策,或在价格既定情况下,应力求达到哪一个水平的销量才不会产生损失,并预见盈亏变化趋势。

若企业在保本价格上加上预期盈利,即为实际售价。其计算公式为

$$实际价格 = \frac{固定成本总额 + 预期盈利总额}{盈亏平衡点销量} + 单位产品变动成本 \qquad (1-7)$$

保本价格是保证企业不发生亏损的最低限价,实际价格是企业实现预期盈利的可行价格。如果企业产品销售状况不佳,可在实际价格和保本价格之间进行调整。但应指出的是,保本价格下的销售量是否能够全部实现是此定价方法的关键。若实际销量远远偏

离保本销量，这种定价方法就失去了意义。所以，产品销量预测是否准确是该种定价方法成败的关键。

（2）需求导向定价法　需求导向定价法的着眼点在于市场需求，即根据用户对产品价值的理解和区分需求来制定价格。一般可分为以下两种形式：

1）理解价值定价法。此种定价方法是先不考虑产品的实际价值，而是以用户心理上对产品的感受价值或理解价值为基础来制定产品的价格。一般来说，用户在购买商品时总会在同类商品中进行对比，选购既能满足需要，又能在价格上觉得心里比较平衡的商品。由于对产品价值的理解程度不同，会形成不同的价格水准，对于销售者来说，此水准应为使用户不愿放弃购买机会的价格。

这种定价方法的关键是，企业对用户的理解价值要做出正确的估计。为此，定价之前，企业需进行周密的市场调研，准确判断用户的理解价值。

2）区分需求定价法。这种定价方法就是根据市场需求强度和用户的不同反应分别确立产品的价格。具体地说，就是对不同用户、不同产品，可按不同地点、不同时间制定不同的售价。

实行区分需求定价应具备前提条件。首先，应根据需求差异进行市场细分，并且各细分市场的需求差异要相对明显。其次，细分后的市场应在一定条件下相对独立，不受干扰。

（3）竞争导向定价法　这种定价方法的特点是，企业制定的价格与产品成本和市场需求并不发生直接关系，而是着眼于竞争产品的价格趋势，不绝对要求与竞争产品的价格完全相同，但始终应与其保持一定的比例。竞争导向定价法主要有以下三种形式：

1）随行就市定价法。即按本行业产品平均定价水准来制定产品价格，这是产品价格竞争中广为流行的一种定价方法。其主要优点有：比较顺应人们的价值观念，可被认为是合情合理的价格，易于被接受；采用行业内的通用价格，也便于处理同行之间的关系，易同竞争者和平相处，免除竞争的风险；当企业对产品成本难以核算，并对用户和竞争者的反应难以做出准确的估计时，采用此种方法定价，可较客观地反映出商品的价值和供求状况，使企业顺利地获取合理的收益。

2）投标定价法。此种定价方法就是企业根据竞争者可能提出的定价以及自身的盈利情况而确定的投标报价，主要用于合同承包。制定投标价格的目的是为了中标，而能否中标在很大程度上取决于企业与竞争者投标递价的比较。因此，投标报价时应尽可能了解竞争者的递价水平。然后，在准确估计完成招标任务所需费用的基础上，制定最佳报价。

3）竞争价格定价法。该定价方法并不以同行业平均价格水准为基础，而是根据市场情况主动地制定竞争价格。一般适用于实力雄厚，产品独具特色，具有垄断性的产品生产企业。采用此种定价方法，企业制定的产品价格可能高于、等于或低于竞争产品的价格。因此，企业应随时将自己的产品与竞争者产品进行比较，找出产生价格差异的原因，并密切关注竞争产品的价格动向，及时调整价格。

三、任务实施

金士顿 DT100G3（32GB）U 盘定价任务实施过程见表 1-3。

表1-3 金士顿 DT100G3（32GB）U盘定价任务实施过程

任务要求	依目前市场流行的金士顿 DT100G3（32GB）图片及技术参数，初定金士顿 DT100G3（32GB）U盘市场价格	USB 闪存盘，简称 U 盘，是基于 USB 接口、以闪存芯片为存储介质的无须驱动器的新一代存储设备
市场调研	1）上网查找金士顿 DT100G3（32GB）U盘资料及模具制造有关资料 2）市场调研 3）与老产品对比	简单地说，U 盘是由一块集成主控板，还有焊接在主控板上的 FLASH 芯片，以及一个外壳组成，其中 FLASH 芯片用于存储数据
定价目标	熟悉产品价格的构成、制约因素、定价目标、定价方法及定价策略，初定金士顿 DT100G3（32GB）U盘市场价格	参考价：149元
定价依据	1）了解 U 盘存储的基本知识、产品制造技术要求、产品制造成本，上网查找针对金士顿 DT100G3（32GB）U盘资料及模具制造有关资料 2）了解市场同类型产品价格 3）了解 32GB U 盘用户群的特征 4）熟悉产品价格的构成、制约因素、定价目标、定价方法及定价策略	
定价方法	依据商品价格是由生产成本、税金、利润及必要的流通费用四部分构成的，参考市场情况定出金士顿 DT100G3（32GB）U盘的市场价格	理实一体教学方式
最终考核依据	工作文件10%，具体操作过程40%，工作结果30%，汇报效果10%，团队10%	百分制

四、知识拓展——定价策略

企业在制定产品价格时，除参照上述定价方法外，还应结合某些定价策略，在综合考虑制约价格的基本因素和有关其他因素的基础上，灵活机动地运用各种定价方法，做出最佳的价格决策，以便实现其定价目标。企业常用的定价策略一般有如下几种。

（一）新产品定价策略

1. 取脂定价策略

该方法指在新产品投放市场之初，将价格定得很高，尽可能在产品生命周期的前期获取高额利润，早些收回投资。这种定价策略如同从鲜奶中撇取奶脂，故称之为取脂定价策略。

采用此种定价策略的优点在于：一是因为新产品有其独特之处，用户出于求新和猎奇心理，对产品的理解价值较高，所以，此时企业采取高价策略并不会引起用户的反感，有利于企业尽快开拓市场；二是这种价格策略本身留有一定余地，当用户感到产品价格过高时，企业可逐步主动使之降低，企业也可通过降低价格的手段排斥竞争对手。当然，这种定价策略也有很大的弊端：其一是由于过高地奢取利润，使产品价格远远高于其价值，损害了用户的利益；其二是在高价的抑制下，产品销路不易扩大；其三是在厚利的诱发下必然会迅速招来竞争者。可以说这是一种短期效益定价策略。

2. 渗透定价策略

这种定价策略是指新产品进入市场时，将价格定得较低，根据薄利多销的原则，使产品尽快地被用户所接受，迅速占领市场。此种定价策略的优点在于：通过低价，企业尽可能快地打开产品销路，即使市场已被他人率先占领，企业仍可采取渗透价格挤入市场并扩大市场的占有率；另外，低价可以排斥竞争，便于企业长期稳固地占领市场。虽然低价会使单位产品的创利额降低，但由于薄利多销，仍会使企业的整体效益增大，所以说这是一种长效策略。它的主要弊端是投资回收期较长，价格回旋余地较小。

（二）心理定价策略

心理定价策略就是在制定产品价格时，运用心理学的原理，按不同类型用户的求购心理来制定价格。主要有以下五种：

1. 整数定价

整数定价指采取合零凑整的方式制定价格。如将价格定为 3000 元，而不是 2670 元。当价格上升到较高一级的档次，用户会产生"一分价钱一分货"的感觉，提高了产品的形象，使用户迅速做出购买决定。该方法一般适用于高档耐用消费品。

2. 奇数定价

奇数定价指有意保留价格尾数，采用零头标价的方式制定产品价格。如宁取 19.8 元，而不取 20 元，使价格保留在较低一级的档次。这种定价策略会使用户感到产品价格是经过精心计算的，对用户负责，容易产生信任感和便宜感，从而利用用户的求廉心理达到促销的目的。该方法一般适用于单价较低的消费品。

3. 声望定价

声望定价指针对用户仰慕企业或产品声誉的心理较高地制定产品价格。虽然其价格比其他企业同类型产品的价格偏高，但用户是慕名而来，仍不会使销量下降。通常，购买声望定价商品的用户大都注重心理需要的满足，企业便可利用其良好的整体形象和较高的产品质量针对这种购买心理采取声望定价。

4. 习惯定价

习惯定价指按用户习惯的心理价格制定产品价格。此类产品的销售价格应力求稳定，因价格稍微提高便会引起用户的不满，价格偏低用户又会猜疑是否货真价实。如因原材料价格变动或其他原因需调价时，应采取改换包装或品牌等必要的措施，以便顺应用户的心理状态。

5. 招徕定价

招徕定价指企业根据用户求廉的心理，有意将某些产品临时以低于正常的定价出售，或在有利时机举行酬宾大减价等促销活动，以此来吸引用户，达到产品销售的目的。其优点是：因临时降价，用户会感到机会难寻，本来平时不想购买的用户也可能产生冲动性的购买行为；另外，可以同时增加其他商品的连带性销售。

(三) 折扣定价策略

1. 现金折扣

现金折扣指企业对在规定期限内支付货款的用户按原价所给予的一种优惠。如交易条件规定：2/10、1/20、全/30，其含义为，在10天之内付款，给予2%的现金折扣，即用户只需付原价的98%；如果在20天内付款，给予1%的折扣，用户只需付原价的99%；30天内付款则需全额支付。现金折扣的实质是变相降价赊销，目的是激励用户在一定期限内早日结算货款，以便加速企业流动资金的周转，并使企业免遭坏账、呆账的风险。

2. 数量折扣

数量折扣指企业对购买产品达到一定数量的用户给予一定折扣。一般地，购买量越多，享受的折扣就越大。数量折扣的优点为：由于长期用户增多，企业可准确地预测销量，便于组织生产，薄利多销，占领市场。

3. 功能折扣

功能折扣又称交易折扣，指企业根据各类中间商在市场营销中所担负的不同功能给予不同的价格折扣，目的是利用价格折扣激励各类中间商充分发挥各自的功能。中间商发挥的功能越多，其折扣率也越大。

4. 季节折扣

季节折扣指生产季节性产品的企业，对产品销售淡季前来订货的用户给予的折扣优惠。目的是为了激励中间商和用户提前采购，以便减轻企业的仓储压力，使其在淡季也能组织生产。

5. 推广折扣

推广折扣也称推广让价，指企业对中间商为推广产品所进行的各种推销活动所给予的价格折让。如中间商在宣传新产品时，可能采用刊登广告、举行产品展销会等促销手段，生产企业为了对其表示答谢，以给予一定的津贴，或减让一部分产品价格的方式作为酬劳。这种方法在新产品推广时最为实用。

6. 分期付款

分期付款实际上也是一种折扣形式，它是指企业对赊购产品的用户给予的价格优惠。采用分期付款，可为一次性支付能力不足的用户购买商品创造机遇。采用此种方法可以大大促进产品的销售，但应注意的是，分期付款的期限不能太长，否则，企业容易产生坏账损失。

模具作为一种特殊的产品，其价格往往随行就市、协商定价。目前，由于各模具生产企业的定价目标、定价方法和定价策略不尽相同，同样一副模具，其价格差异很大也就不足为奇了。学习产品价格的基本知识，掌握一些定价方法和定价策略，对于准确、合理地估算模具价格一定会有很大的帮助。

任务二 价格商谈策略与技巧

一、任务导入——金士顿 DT100G3（32GB）U盘塑料外壳模具定价

金士顿 DT100G3（32GB）U盘的外壳为塑料制件，材料为 PC + ABS 塑料。利用网络资

模具价格估算

源及模具设计与制造技术知识，完成U盘塑料外壳模具定价任务，见表1-4。

表1-4　金士顿DT100G3（32GB）U盘塑料外壳模具定价任务导入

		具体要求
学习情境	实训地点：模具实训中心网络教室 教学条件：金士顿DT100G3（32GB）U盘图片及技术参数，金士顿DT100G3（32GB）U盘实物4个，游标卡尺，U盘外壳注射模具相关资料等	具体要求
学习任务	U盘简图（外形尺寸60mm×21.2mm×10mm）	根据所学模具设计与制造技术知识，完成金士顿DT100G3（32GB）U盘塑料外壳模具定价任务
能力目标	掌握模具价格的构成及当前模具价格估算的方法，对金士顿DT100G3（32GB）U盘塑料外壳模具依据当前掌握的模具价格估算知识初步定价	
任务要求	1）了解模具价格的基本知识，上网查找金士顿DT100G3（32GB）U盘资料及其模具制造有关资料 2）了解模具价格估算对企业发展的重要性 3）了解产品价格的制约因素、定价目标、定价方法、定价策略 4）能正确评价U盘塑料外壳制件模具价格的合理性	
教学法安排	1）多媒体教学 2）网络实作 3）学生分组讨论 4）职业技能评价	理实一体教学方式
最终考核	工作文件10%，具体操作过程40%，工作结果30%，汇报效果10%，团队10%	百分制

二、知识链接——价格商谈策略与技巧（一）

价格商谈的核心问题是价格问题，讨价还价至关重要。

买卖东西，卖主要价高，买主给价低，双方要反复争议，即讨价还价，也指在进行谈判时反复争议，或接受任务时讲条件。讨价：指要求报价方改善报价的行为。还价：指针对卖方的报价买方做出的反应性报价。讨价还价的实质是信息有价，只要记住信息是有价的，就会明白市场上讨价还价的原因了。

（一）讨价

在商品交易中，讨价是指谈判中的一方首先报价之后，另一方认为离自己的期望目标太远，而要求报价方改善报价的行为。这种讨价要求既是实质性的也是策略性的。其策略性作用是影响对方对己方的判断，改变对方的期望值，并为己方的还价做准备。讨价策略的运用包括讨价方式的选择和讨价之后对谈判对手的分析。

1. 讨价的三个阶段

1）讨价刚开始，由于对卖方价格的具体情况尚欠了解，因而，讨价的策略是全面讨价。即要求对方从总体上改善报价。

2）讨价进入具体内容阶段，这时的讨价策略是针对性讨价。即在对方报价的基础上，找出明显不合理的项目，并针对这些明显不合理的部分要求改善报价。

3）讨价的最后阶段，讨价方在做出讨价表示并得到对方反应之后，必须对此进行策略性分析。

2. 讨价技巧

1）若首次讨价，就能得到对方改善报价的反应，这就说明对方报价中的策略性虚报部分可能较大，或者也可能表明对方急于促成交易。但是一般来说，报价者开始都会固守自己的价格立场，不会轻易还价。另外，即使报价方做出改善报价的反应，还要分析其让步是否具有实质性内容。对于买方，要讨价几次合适，没有永远不变的确定答案，这要根据价格分析情况与卖方的价格解释和价格的改善状况而定。卖方为了实现其利润目标，不暴露底价，可能在做了一两次价格改善之后，就会请求买方接受他的第二次、第三次改善价格，或者要求买方还价。此时，只要没有实质性改善，讨价方就应继续抓住报价中的实质性内容或关键点不放，同时，应依据对方的权限、成交的决心继续实施讨价策略。

2）讨价要对事不对人。对人一定要和蔼，对事一定要坚决。要注意采用循循善诱的办法，启发对方，诱使对方降价，并为还价做好准备。如果在讨价还价的阶段就采取硬挤硬压的手段，会使谈判过早进入僵局阶段，不利于谈判的顺利进行，应尽可能心平气和，使谈判保持友好合作的气氛，以求取得最好的效果。

3）适当留有回旋余地。卖方有时会以"生产厂家把价签写错了""价格正在调整""与生产商商量商量，看看能不能降价"等为借口，来调整价格，作为买方应给卖方留有余地或时机，鼓励对方继续降价。

（二）还价

为了使谈判能够顺利进行，卖方在作了数次调价以后，往往会要求买方还价，买方也应还价以表示对对方的尊重和自己的诚意，同时也给谈判确定了方向。还价一定要谨慎，还得好，则可谈性强，对双方都有利，还得不好，不仅自己的利益要受到损失，而且还可能引起对方的误解或反感，使谈判陷入僵局，甚至破裂。

谈判中的还价，实际上就是针对谈判对手的报价，己方所做出的反应性报价。还价以讨价作为基础。在一方首先报价以后，另一方一般根据对方的报价，在经过一次或几次讨价之后，估计其保留价格和策略性虚报部分，推测对方可妥协的范围，然后根据己方的既定策略，提出自己可接受的价格，反馈给对方。如果说报价划定了讨价还价范围的一个边界，那么，还价将划定与其对立的另一条边界；双方将在这两条边界所规定的范围内展开激烈的讨价还价。

1. 还价策略

1）后发制人。在多数情况下，当一方报价以后，另一方不要马上回答，而应根据对方的报价内容，再对自己先前的想法加以调整，准备好一套方案后，再进行还价，以实现"后发制人"。还价策略的精髓就在于"后发制人"。要想发挥"后发制人"的威力，就必须在还价前针对对方的报价做出周密的筹划。

2) 知己知彼。应根据对方对己方讨价所做出的反应和自己所掌握的市场行情及商品比价资料，对报价内容进行全面的分析，推算出对方所报价格中的虚实，并尽力揣摩对方的真实意图，从中找出反驳论据最充分的部分作为突破口，同时找出报价中相对薄弱的环节，作为己方还价的筹码。

3) 运筹帷幄。根据所掌握的信息对整个交易做出通盘考虑，估量对方及己方的期望值和保留价格，制订出己方还价方案中的最高目标、中间目标、最低目标。把所有的问题都列出来，分清主次、先后和轻重缓急，并设计出相应的对策，以保证在还价时自己的设想、目标可以得以贯彻执行。

4) 灵活主动。根据己方的目标设计出几种不同的备选方案，确定方案中哪些条款不能让步，哪些条款可以灵活掌握，灵活的幅度有多大，这样才便于保持己方在谈判立场上的灵活性，使谈判协议更易于达成。

2. 还价方式

(1) 根据价格评论划分　谈判还价的方式根据价格评论的不同，可以分为按分析比价还价和按分析成本还价两种。

1) 按分析比价还价是指己方不了解所谈产品本身的价值，而以其相近的同类产品的价格或竞争者产品的价格做参考进行还价。这种还价的关键是所选择的用作对比的产品是否具有可比性，只有比价合理才能使对方信服。

2) 按分析成本还价是指己方能计算出所谈产品的成本，然后以此为基础再加上一定百分比的利润作为依据进行还价。这种还价的关键是所计算成本的准确性；成本计算得越准确，谈判还价的说服力越强。

(2) 根据每次还价项目的多少划分　按谈判中每次还价项目的多少来还价，谈判还价方式有单项还价、分组还价和总体还价三种。

1) 单项还价是指对主要设备或商品逐项、逐个进行还价，对技术费、培训费、技术咨询费、工程设计费、包装费、运输费逐项还价。如对成套设备，按主机、辅机、备件等项目还价。

2) 分组还价是指把谈判对象划分成若干项目，并按每个项目报价的虚实程度分成几个档次，然后逐一还价。对价格高的在还价时可以多压一点，对价格低的还价时可以少压一点，对不同档次的商品或项目采用区别对待、分类处理的办法。

3) 总体还价，又叫一揽子还价，是指不分报价中各部分的差异，均按同一个百分比还价。

选取和应用以上的还价方式，应本着哪种方式更有道理，更具说服力，就采用哪种方式的原则。还价讲理反映"识货""识礼""识人"；强调"讲理"，并不排斥技巧性，能做到"讲出道理来"本身就有技巧在内。

具体地讲，两种性质还价方式的选取取决于手中掌握的比价材料。如果比价材料丰富且完备，自然应选按比价还价，这对于买方来讲简便、容易操作，对卖方来讲容易接受；反之，就用分析成本还价。在选定了还价方式的性质之后，再结合具体情况选用具体技巧。

如果卖方价格解释清楚，买方手中比价材料丰富，卖方成交心切，且有耐心及时间时，采用逐项还价对买方有利，对卖方也充分体现了"理"字，卖方也可以逐项防守。

如果卖方价格解释不足，买方掌握的价格材料少，但卖方有成交的信心，然而又性急，时间也紧时,采用分组还价的方式对双方都有利。

如果卖方态度强硬,或双方相持时间较长,但都有成交愿望,在卖方已做一两次调价后,买方也可针对"货物"和"软件或技术费"两个方面还价。不过,该价应还得巧。"巧"就是既考虑了对方改善过报价的态度,又抓住了对方的弱点;既考虑到买方自己的支付能力,又注意掌握卖方的情绪,留有合理的妥协余地,做到在保护买方利益的同时,使卖方还感到有获利的希望而不丧失成交的信心。

对于所有大系统、成套项目的交易谈判,第一次还价不宜以"总体价"来还价。当然,不是绝对不可能,只是这样做难度大,不易协商,不易说理。

此外,对价格差距较大的商务谈判,卖方往往急于知道买方总的价格态度,以决定其最终立场,这时如果买方过早地抛出总价,也许会把卖方吓跑,使谈判失败。卖方没有拿到总还价,就意味着谈判未结束。在这种情况下,卖方不会轻率走掉。当然,在经过几个回合的讨价还价,经过评论、解释、讨价还价相持以后,就可以适时还总价了。

3. 还价起点的确定

一旦买方选定了还价的性质和方式以后,还价最关键的问题是确定还价起点,即以什么条件作为第一次还价。还价的起点是买方第一次公开报出的打算成交的条件,其高低直接关系到自己的利益,也反映出谈判者的谈判水平。

还价起点是否合适,对双方都有很大影响。如果能激发双方讨价还价的兴趣和热情,说明第一次还价得当,成交前景看好;如果能使卖方跟着买方的还价走,则更是高明,因为它有利于按照买方所希望的价格成交;如果还价起点不合适,则将破坏谈判气氛,使自己陷于被动。所以,确定还价起点,必须十分慎重。

还价的目的不是仅仅为了提供与对方报价的差异,而应着眼于如何使对方承认这些差异,并愿意向双方互利性的协议靠拢。所以,还价起点的总体要求是既能够保证价格磋商过程得以进行,同时还价起点要低,力求使自己的还价给对方造成压力,影响或改变对方的判断。此外,还价起点又不能太低,还价起点的高度必须接近对方的目标,使对方有接受的可能性。由于先前的报价实际为谈判定了一定的范围和界限,并形成对该价格的深刻印象,使还价一方很难对此范围和界限有大的突破。比如一方先报出 6 万元,对方很少有勇气还价 600 元。

还价起点的确定,从原则上讲,既要低,但又不能太低,要接近谈判的成交目标。从量上讲,谈判起点的确定有三个参照因数,即报价中的含水量、与自己目标价格的差距和准备还价的次数。同时还应考虑、分析卖方在买方价格评价和讨论后,其价格改善了多少。

(三) 讨价还价的具体策略

1. 投石问路策略

要想在谈判中掌握主动权,就要尽可能地了解对方情况,尽可能地了解和掌握当己方采取某一步骤时,对方的反应、意图或打算。投石问路就是了解对方情况的一种战略战术。例如,在谈判中可提议:"如果我方增加购买数量,贵方可否考虑优惠一下价格呢?"或者"购买数量为 1000 时,单价是 10 元;如果购买数量为 2000、5000 或 10000,单价又是多少呢?"这样,买方就可以根据卖主的开价,进行选择比较,讨价还价。

作为购买方,选择投石问路时提问的形式主要有:

1)如果双方签订了为期一年的合同,你方的价格优惠是多少?

2）如果我方以现金支付或采取分期付款的形式，你方的产品价格有什么差别？
3）如果我方给你方提供生产产品所需的原材料，成品价又是多少呢？
4）我方有意购买你方其他系列的产品，能否在价格上再优惠些呢？
5）如果货物运输由我方解决，你方的价格是多少呢？
6）如果我方要求你方培训技术人员，你方可否按现价出售这套设备？
7）如果我方要求对原产品有所改动，价格上是否有变化？
8）假设我方买下你方的全部存货，报价又是多少？

作为卖方，如果对方使用投石问路策略，应采取以下措施：

1）找出买方购买的真正意图，根据对方情况估计其购买规模。

2）如果买方投出一个"石头"，最好立刻向对方回敬一个。如对方探询数量与价格之间的优惠比例，我方可立刻要求对方订货。

3）并不是买方提出的所有问题都要正面回答、马上回答，有些问题拖后回答，效果也许更好。

4）使对方投出的石头为己方探路。如对方询问订货数额为2000、5000、10000时的优惠价格，我方可以反问："贵方希望优惠多少？""贵方是根据什么算出的优惠比例呢？"

有的时候，买方的投石问路反倒为卖方创造了极好的机会，针对买方想要知道更多资料信息的心理，卖方可以提出许多建议，促使双方达成更好的交易。

2. 抬价压价策略

这种策略技巧是商务谈判中应用最为普遍、效果最为显著的方法。谈判时，一般都要经过多次的抬价、压价，互相妥协，最后确定一个一致的价格标准。所以，谈判高手也是抬价压价的高手。

由于谈判时抬价一方不清楚对方要求多少，在什么情况下妥协，所以这一策略运用的关键就是抬到多高才是对方能够接受的。一般地讲，抬价是建立在科学的计算，精确的观察、判断、分析基础上的；当然，忍耐力、经验、能力和信心也是十分重要的。事实证明，抬高价往往会有令人意想不到的收获。

压价可以说是对抬价的破解。如果买方先报价格，可以低于预期目标进行报价，留出讨价还价的余地。如果卖方先报价，买方压价，则可以采取多种方式。抬价压价的具体策略如下：

1）全面分析对方的报价内容，直接指出实质。比如算出对方产品的成本费用，减少对方报价的虚报成分。

2）制订一个不能超过预算的金额，或是一个价格的上、下限，然后依据这个标准，进行讨价还价。

3）用反抬价来回击。如果在价格上迁就对方，必须在其他方面获得补偿。

4）召开小组会议，集思广益思考对策。

5）在合同没有签订好以前，要求对方做出某种保证，以防反悔。

6）使对方在合同上签署的人越多越好，这样对方就难以改口。

3. 目标分解策略

讨价还价是最为复杂的谈判战术之一。是否善于讨价还价，反映了一个谈判者综合的能力与素质。例如，一些技术交易项目，或大型谈判项目，涉及许多方面，技术构成也比较复杂，包括专利权、专有技术、人员培训、技术资料、图样交换等方面。如果笼统在价格上要求对方作机械性的让步，既盲目，效果也不理想。比较好的做法是把对方报价的目标分解，从中寻找出哪些技术是我们需要的，价格应是多少，哪些是我们不需要的，哪一部分价格是虚报的，这样，讨价还价就有的放矢了。

例如，我国一家公司与德国仪表行业的一家公司进行一项技术引进谈判。对方向我方转让时间继电器的生产技术，价格是 40 万美元。德方依靠技术实力与产品名牌，在转让价格上坚持不让步，双方僵持下来，谈判陷入僵局。最后我方采取目标分解策略，要求德商就转让技术分项报价。结果，通过对德商分项报价的研究，我方发现德商提供的技术转让明细表中的一种时间继电器元件——石英振子技术，我国国内厂家已经引进并消化吸收，完全可以不再引进。以此为突破口，我方与德方洽谈，逐项讨论技术价格，将转让费由 40 万美元降至 25 万美元，取得了较为理想的谈判结果。

运用目标分解策略的另一种方式，就是将目标分解后，进行对比分析，非常有说服力。例如，一家药品公司向兽医们出售一种昂贵的兽药，价格比竞争产品贵很多，但是销售人员在推销时，重点强调每头牛只需花 3 美分，这样价格就微不足道了；如果销售人员只介绍每一包要花 30 美元，显然就是一笔大款项了。

4. 价格诱惑策略

价格诱惑，就是卖方利用买方担心市场价格上涨的心理，诱使对方迅速签订购买协议的策略。例如，在购买设备谈判中，卖方提出年底之前，价格随市场行情大约上涨 5%。如果对方打算购买这批设备，在年底前签协议，就可以以目前的价格享受优惠，合同执行可按年底算。如果此时市场价格确实浮动较大，那么这一建议就很有吸引力。买方就有可能乘价格未变之机与对方签约。价格诱惑的实质，就是利用买方担心市场价格上涨的心理，把谈判对手的注意力吸引到价格问题上来，使其忽略对其他重要合同条款的讨价还价，进而在这些方面争得让步与优惠。

对于买方来讲，尽管避免了可能由涨价带来的损失，但可能会在其他方面付出更大的代价，牺牲更重要的实际利益。因此，买方一定要慎重对待价格诱惑，必须坚持做到：首先，计划和具体步骤一经研究确定，就要不动摇地去执行，排除外界的各种干扰。所有列出的谈判要点，都要与对方认真磋商，决不随意迁就。其次，买方要根据实际需要确定订货单，不要被卖方在价格上的诱惑所迷惑，买下一些并不需要的辅助产品和配件，切忌在时间上受对方期限的约束而匆忙做出决定。再次，买方要反复协商，推敲各种项目合同条款，充分考虑各种利弊关系。签订合同之前，还要再一次确认。为确保决策正确，请示上级、召集谈判小组会议都是十分必要的。

三、任务实施

金士顿 DT100G3（32GB）U 盘塑料外壳模具定价任务实施过程见表 1-5。

表 1-5　金士顿 DT100G3（32GB）U 盘塑料外壳模具定价任务实施过程

任务要求	依据金士顿 DT100G3（32GB）U 盘图片及技术参数，初定 U 盘塑料外壳模具价格	U 盘的外壳分很多种，本任务针对的是塑料外壳，即 U 盘外壳采用注射模具成型

（续）

市场调研	1）上网查找金士顿 DT100G3（32GB）U 盘资料及模具制造有关资料 U 盘示例 1 U 盘示例 2 U 盘示例 3 2）市场调研，了解 U 盘塑料外壳注射模具有关情况 　a）U 盘塑料外壳材料：PC＋ABS 　b）普通塑料 U 盘外壳 　c）增强塑料 U 盘外壳 3）与老产品对比	U 盘外壳多种多样，有金属外壳、塑料外壳等。 U 盘塑料外壳按特性概括为 2 大类，即普通塑料 U 盘外壳和增强塑料 U 盘外壳
定价目标	了解 U 盘塑料外壳模具的价格，明确其制约因素、定价目标、定价方法、定价策略等	
定价依据	1）了解 U 盘塑料外壳模具制造有关资料及模具生产效率 2）U 盘塑料外壳模具价格＝生产成本＋税金＋利润＋流通费用 3）市场中竞争关系及供求关系对 U 盘塑料外壳模具价格的影响	
定价方法	1）分析 U 盘塑料外壳模具制造有关资料 2）了解 PC、ABS 塑料成型性能及材料的市场价格 3）依据生产成本＋税金＋利润＋流通费用＝模具价格，详细分析与 U 盘塑料外壳模具有利益关系的项目和活动 4）详细分析市场中竞争关系及供求关系对 U 盘塑料外壳模具价格的影响，权衡利弊，分析市场客户群及销售量，找出价格的平衡点	理实一体教学方式
最终考核依据	工作文件 10%，具体操作过程 40%，工作结果 30%，汇报效果 10%，团队 10%	百分制

四、知识拓展——价格商谈策略与技巧（二）

价格商谈的核心问题是价格问题。然而，实际谈判中导致谈判失败的主要原因，往往并不全是价格，由此可见谈判技巧的重要性。要使谈判取得成效，还需要许多商谈策略与技巧。

（一）让步策略

谈判本身是一个讨价还价的过程，也是一个理智的取舍过程。一个高明的谈判者应该知道在什么时候抓住利益，在什么时候放弃利益。在实际的价格商谈中，如果双方互不相让，或一方始终不做任何让步，则谈判将无法达成协议。在一定条件下，让步是达成协议的先决条件。

何时让步，怎样让步，应因人而异。在做出让步时，最好的办法是让对方经过一番努力、奋斗，如此争取到的东西才会感到最有价值、最有意义。

1. 让步的基本原则

让步涉及买卖双方的切身利益，不可随意让步。让步可能取得正面效果，即通过适当的让步赢得谈判的成功；也可能取得负面效果，即做出了某种牺牲，却为对方创造了更为有利的条件。让步的基本规则是以小换大，为了达到这一目的，要事先充分确定在哪些问题上与对方讨价还价、在哪些方面可以做出让步、让步的幅度有多少。

那么，如何做出让步对自己有利又能使谈判顺利达成协议呢？

1）不要做无谓的让步，应体现出对己方有利的宗旨。对让步的一方来说，做出让步的承诺无疑是有损失的。不是迫不得已，不到最后关头，不要轻易让步。每次让步或是以牺牲眼前利益换取长远利益，或是以己方让步换取对方在其他方面相应的让步或优惠。

2）在未完全了解对方的所有要求以前，不要轻易做任何让步。盲目让步会影响双方的实力对比，让对方占有某种优势。

3）让步要注意分寸，每次让步让得恰到好处，才能使己方以较小的让步获得对方较大的满意。

4）让步要分轻重缓急。有经验的谈判人员，为了争取主动，保留余地，一般不首先在原则问题、重大问题上让步，也不要首先在对方尚未迫切要求的事项上让步。

5）让步要选择恰当的时机。让步的时机会影响谈判的效果。如果让步过早，会使对方不易满足；如果让步过晚，除非让步的价值非常大，否则将失去应有的作用。一般而言，主要的让步应在成交期之前，以便影响成交机会，而次要的、象征性的让步可以放在最后时刻，作为最后的补偿。

6）让步要有利于创造和谐的谈判气氛。在维护己方利益的前提下，用让步来保证谈判中平等互利、和颜悦色的谈判气氛，对谈判协议的达成具有现实意义。

7）在己方认为重要的问题上力求使对方先让步，而在较为次要的问题上，根据情况需要，己方可以考虑先做让步。

8）己方的让步形态不要表现得太清楚。每个让步都应该有针对性，都要指向可能达成的协议。

9）避免做交换式的让步。让步并不需要双方互相配合，以大换小、以旧换新、以小问题换大问题的做法是不可取的。

10）不要承诺做同等幅度的让步，一报还一报的互相让步是不可取的。如对方提出这种要求，可以己方无法负担为由回绝。

11）做出让步时要三思而行，谨慎从事，不要过于随便，给对方以无所谓的印象。

12）不要让对方轻易得到好处。人们往往不珍惜轻易得到的东西。

13）必须让对方懂得，己方每次做出的让步都是重大的让步。即使做出的让步对己方损失不大，是微小的让步，也要使对方觉得让步来之不易，从而珍惜得到的让步。

14）要严格控制让步的次数、频率和幅度。一般认为，让步次数不宜过多，过多不仅意味着利益损失大，而且影响谈判的信誉、诚意和效率；频率也不可过快，过快容易鼓舞对方的斗志和士气；幅度更不可过大，过大可能会使对方感到己方报价不实，失去信任感。

15）没有得到某个交换条件，永远不要轻易让步。不要免费让步，或是未经重大讨论就让步。谈判中双方"交换"让步是一种习惯的行为。但应注意，"交换"让步不能停留在愿望上，要保证"交换"的实现。

16）让步的目标必须反复明确。让步不是目的，而是实现目的的手段。任何偏离目标的让步都是一种浪费。让步要定量化，每次让步后，都要明确让步已到何种程度、是否获得了预想的效果。

2. 让步的方式

（1）互惠式的让步　互惠式的让步是指以己方的让步换取对方在某一问题上的让步。能否争取到互惠式的让步与在商谈谈判议题时所采取的方式有关。

谈判议题的商谈方式有两种：一种是所谓的横向式商谈，即采取横向铺开的方法，几个议题同时讨论，同时取得进展，然后再同时向前推进；另一种是所谓的纵向式商谈，即先集中解决某一个议题，而在开始解决其他议题时，已对这个议题进行了全面深入的讨论研究。

采用纵向式商谈的方式，双方往往会在某一个议题上争执不下，或者最后只是某一方单方面的让步；而横向式商谈把各个议题联系在一起，双方可以在各议题上进行利益交换，达到互惠式的让步。

要争取互惠式的让步，需要谈判者有开阔的思想和视野，除了在某些己方必得的议题必须坚持外，要灵活地使己方的利益在其他方面得到补偿。

（2）丝毫无损的让步　丝毫无损的让步，是指在谈判过程中，就某一个交易条件要求己方做出让步，其要求的确有些理由，而对方又不愿意在这个问题上做出实质性的让步时，采取这样一种处理办法，即首先认真倾听对方的诉说，并向对方表示己方充分地理解对方的要求，也认为对方的要求是有一定的合理性的；但是，就己方目前的条件而言，因受种种因素的限制，实在难以接受对方的要求。但同时保证在这个问题上己方给予其他客户的条件，绝对不比给对方的好，希望对方能够谅解。如果不是什么原则性的问题，对方往往会自己放弃要求。

认真倾听对方的诉说和要求，肯定对方要求的合理性，这是对对方的尊重，或者说是对其受人尊敬的需要的满足。保证给对方的待遇不低于其他客户，则进一步强化了上述效果，使对方觉得与他人相比，自己并没有吃亏。人们存在着一种横向比较的习惯，或者说相互攀比的心理。做出这样的保证，就可以满足这一心理。以己方目前条件不具备为由而婉言拒绝对方的要求，实际上是以一种低姿态或弱者的形象来谋取对方的宽大和谅解，这本身就是一种谈判的战术。

3. 迫使对方让步的策略

对谈判人员来讲，谈判中的利益可以分为三个部分：一是可以放弃的利益，二是应该维护的利益，三是必须坚持的利益。对于第二、第三部分的利益，特别是第三部分的利益，在谈判中并非可以轻易获得，往往需要经过激烈的讨价还价，才能迫使对方让步。

（1）"情绪爆发"策略　人们总是希望在一个和平、没有紧张对立的环境中工作和生活。当人们突然面临激烈的冲突时，在冲突的巨大压力下，往往惊慌失措，不知该如何是好。在大多数情况下，人们会选择退却，以逃避冲突和压力。

人们的上述特点常常在谈判中被利用，从而产生了所谓的"情绪爆发"策略，作为逼迫对方让步的手段。

在谈判过程中，情绪的爆发有两种：一种是情不自禁地爆发，另一种是有目的的爆发。前者一般是因为在谈判过程中，一方的态度和行为引起了另一方的反感，或者一方提出的谈判条件过于苛刻而引起的，是一种自然的、真实的情绪发作。后者则是谈判人员为了达到自己的谈判目的而有意识地进行的情绪发作，准确地说，这是情绪表演，是一种谈判的策略。这里说的情绪爆发是指后者。

在谈判过程中，当双方在某一个问题上相持不下时，或者对方的态度、行为欠妥或者要求不太合理时，已方可以抓住这一时机突然之间情绪爆发，严厉斥责对方无理，有意制造僵局，没有谈判的诚意。情绪爆发的烈度应该视当时的谈判环境和气氛而定。但不管怎样，烈度应该保持在较高水平上，甚至拂袖而去，这样才能震撼对方，产生足够的威慑作用和影响。

在运用"情绪爆发"这一策略迫使对方让步时，必须把握住时机和态度。无由而发会使对方一眼看穿；烈度过小，起不到震撼、威慑对方的作用；烈度过大，或者让对方感到小题大做，失去真实感，或者使谈判破裂而无法修复。

当对方在利用情绪爆发来向已方进攻时，已方最好的应付办法是泰然处之，冷静处理。尽量避免与对方进行情绪上的争执；同时，把话题尽量引回到实际的问题上，一方面要表示充分地了解对方的观点，另一方面又要耐心解释不能接受其要求的理由。或者，宣布暂时休会，给对方冷静平息的时间，让其自己平息下来，然后再引导对方重新进行实质性问题的谈判。

（2）吹毛求疵策略　吹毛求疵策略也称先苦后甜策略，它是一种先用苛刻的虚假条件使对方产生疑虑、压抑、无望等心态，以大幅度降低对方的期望值，然后在实际谈判中逐步给予优惠或让步；由于对方的心理得到了满足，便会做出相应的让步。该策略由于用"苦"降低了对方的期望值，用"甜"满足了对方的心理需要，因而很容易实现谈判目标，使对方满意地签订合同，已方从中获取较大利益。

（3）车轮战术策略　车轮战术是指在谈判桌上的一方遇到关键问题或与对方有无法解决的分歧时，借口自己不能决定或其他理由，转由他人再进行谈判。这里的"他人"或者是上级、领导，或者是同伴、合伙人、委托人、亲属、朋友。不断更换自己的谈判代表，有意延长谈判时间，消耗对方的精力，促使其做出大的让步。

实施车轮战术策略，即通过更换谈判主体，侦察对方的虚实，耗费对方的精力，削弱对方的议价能力，为已方留有回旋余地，进退有序，从而掌握谈判的主动权。作为谈判的对方，需要重复地向使用该策略的一方陈述情况，阐明观点；面对新更换的谈判对手，需要重新开始谈判，这样会付出加倍的精力、体力和投资，时间一长，难免出现漏洞和差错。

另外，这种策略能够补救己方的失误。前面的主谈人可能会有一些遗漏和失误，或谈判效果不如人意，则可由更换的主谈人来补救，并且顺势抓住对方的漏洞发起进攻，最终获得更好的谈判效果。

（4）分化对手，重点突破策略　在磋商阶段，谈判双方都逐渐地了解了彼此的交易条件和立场，这时，每个谈判人员都会自觉地或不自觉地就双方讨价还价的问题进行反思。很有可能在一方内部存在意见上的分歧。如果这一方的谈判小组组长不能有效地控制和约束这种分歧，而使之表面化、外在化，另一方就可以积极地开展"统战"工作，分化对方。其基本做法是，把对方谈判小组中持有利于己方意见的人员作为重点，以各种方式给予各种支持和鼓励，与之结成一种暂时的无形同盟。比如，对他的态度特别友善，对其意见多持肯定态度，有些意见如不能接受，则以很温和、委婉的方式予以说明和拒绝。而对待不利于己方意见的对方谈判人员，则采取强硬态度。只要对方谈判小组中的某一个成员松了口，其内部必然乱了阵脚，争取对方让步也就大有希望了。此外，这种做法也容易导致对方谈判小组内部成员之间的相互猜疑，从而削弱战斗力。

（5）红白脸策略　红白脸策略又叫软硬兼施策略、好坏人策略或鸽派鹰派策略。在谈判初始阶段，先由唱白脸的人出场，他傲慢无理，苛刻无比，强硬僵死，立场坚定，毫不妥协，让对方产生极大的反感。当谈判进入僵持状态时，红脸人出场，他表现出体谅对方的难处，以合情合理的态度照顾对方的某些要求，放弃己方的某些苛刻条件和要求，做出一定的让步。实际上，他做出这些让步之后，所剩下的那些条件和要求，恰恰是原来设计好的必须全力争取达到的目标。

需要指出的是，不管对方谈判人员如何表现，要坚持自己的谈判风格，按既定方针办，在重要问题上决不轻易让步。如果对方扮演的"好人"和"坏人"，不超出商业的道德标准，没有采用极其恶劣的手段，可婉转指出对方报价的虚报成分，或所要求的不合理之处，并提出公平建议；如果对方确实在使用阴谋诡计，可以考虑采取退出谈判、向上提出抗议、要求撤换谈判代表、公开指出对方诡计等形式。

使用该策略应注意的问题是：

① 扮演白脸的，既要表现得"凶"，又要保持良好的形象。即态度强硬，但又处处讲理，决不蛮横。

② 扮演红脸的，应为主谈人，他一方面要善于把握谈判的条件，另一方面要把握好出场的时机。

当对方使用该策略时，己方的对策是：

① 认识到对方无论是"好人"还是"坏人"都属于同一阵线，其目的就是获取利益，因而应同等对待。

② 放慢谈判及让步速度，在"老鹰"面前也要寸步不让。

③ 当持温和态度的"鸽子"上场时，要求其立即做出让步，并根据对方的让步决定自己的对策。

④ 给对方的让步要算总账，绝不能在对方的温和派上场后给予较大的让步。

红白脸策略往往在对方缺乏经验、对方很需要与己方达成协议的情境下使用。

（6）利用竞争，坐收渔利策略　制造和利用竞争永远是谈判中逼迫对方让步的最有效的武器和策略。当谈判的一方存在竞争对手时，其谈判的实力就大为减弱。

买主把所有可能的卖主请来，同他们讨论成交的条件，利用卖者之间的竞争，各个击破，为自己创造有利的条件。该策略取自"鹬蚌相争，渔翁得利"，比喻双方争执，让第三者得利。这里就是利用卖者之间的竞争，使买者得利。该策略成功的基础是制造竞争，卖者的竞争越激烈，买者的利益就越大。

在谈判中，应该有意识地制造和保持对方的竞争局面。

制造竞争的具体方法有：

① 邀请多家卖方参加投标，利用卖方之间的竞争取胜。

② 同时邀请几家主要的卖主与其谈判，把与一家谈判的条件作为与另一家谈判要价的筹码，通过让其进行背靠背的竞争，促其竞相降低条件。

③ 邀请多家卖主参加集体谈判，当着所有卖主的面以压低的条件与其中一位卖主谈判，以迫使该卖主接受新的条件。

（7）声东击西策略　就军事战术上讲，声东击西是指当敌我双方对阵时，我方为更有效地打击敌人，造成一种从某一面进攻的假象，借以迷惑对方，然后攻击其另一面，这种战术策略同样适用于谈判。

在谈判中，一方出于某种需要而有意识地将会谈的议题引到对方并不重要的问题上，借以分散对方的注意力，达到己方的目的。

实际的谈判结果也证明，只有更好地隐藏真正的利益需要，才能更好地实现目标，尤其是不能完全信任对方的情况下更是如此。

在了解、掌握这一策略的目的作用后，就可更加灵活、自如地运用它。如果要对某个重要问题让对方先让步，就可利用声东击西的策略，故意把这一问题轻描淡写地一笔带过，反而强调不重要的部分，造成对方的错觉，这样可能会较容易达到目的。其实就是先采取障眼法，作为缓兵之计，把主要问题先搁下来，以便抽出时间对有关问题进行更深入的了解、探知和查明更多的信息和资料，或以此延缓对方所要采取的行为。

（8）最后通牒策略　在谈判双方争执不下，对方不愿做出让步以接受己方交易条件时，为了逼迫对方让步，己方可以向对方发出最后通牒。其通常做法是：给谈判规定最后的期限，如果对方在这个期限内不接受己方的交易条件达成协议，则宣布谈判破裂，退出谈判。

最后通牒在多数情况下是一个非常有效的策略。在谈判中，人们对时间是非常敏感的。特别是在谈判的最后关头，双方经过长时间紧张激烈的讨价还价，在许多内容上已经达成一致或接近一致的意见，只是在最后的某一两个问题上相持不下，如果这时一方给谈判规定了最后期限，另一方就必须考虑自己是否准备放弃这次机会，牺牲前面已投入的巨大谈判成本，权衡做出让步的利益牺牲与放弃整个交易的利益牺牲谁轻谁重，以及坚持不做让步、打破对方的最后通牒而争取达成协议的可能性。

4．阻止对方进攻的策略

（1）权力有限策略　在商务谈判中，经常运用的限制因素有以下几种。

① 权力限制。上司的授权、国家的法律和公司的政策以及交易的惯例限制了谈判者所拥有的权力。一个谈判人员的权力受到限制后，可以很坦然地对对方的要求说"不"。因为未经授权，对方无法强迫己方超越权限做出决策，而只能根据己方的权限来考虑这笔交易。除此之外，对方或选择中止谈判、交易告吹，或寻找有更大权限的上司重新开始谈判。

② 资料限制。在商务谈判过程中，当对方要求就某一问题进一步解释，或要求己方让步时，己方可以用抱歉的口气告诉对方："实在对不起，有关这方面的谈判资料我方手头暂时没有（或者这属于本公司方面的商业秘密或专利品资料），因此暂时还不能做出答复。"这就是利用资料限制因素阻止对方进攻的常用策略。

③ 其他方面的限制。包括自然环境、人力资源、生产技术要求、时间等因素在内的其他方面的限制都可用来阻止对方的进攻。

这些限制对己方是大有帮助的。有些能使己方有充分的时间去思考，能使己方更坚定自己的立场，甚至迫使对方不得不让步。有些则能使己方有机会想出更好的解决办法，或者更有能力和对方周旋。也许最重要的是能够考验对方的决心，顾全自己的面子，同时也能使对方体面地做出让步。

(2) 不开先例策略　　不开先例是谈判一方拒绝另一方要求而采取的策略方式。当一方向对方提出最优惠政策时，对方承担不起，这时对方就可以"不开先例"挡回其过分要求。一般情况下，提出要求的一方很难真正掌握回绝一方的真实情报信息，也无法证实回绝一方语言的真实性，所以只能见好就收。

运用不开先例策略，必须要注意另一方是否能获得必要的情报和信息来确切证明不开先例的事实。如果对方有事实证明，只是对他不开先例，那效果就适得其反。

(3) 疲劳战术策略　　在商务谈判中，有时会遇到一种锋芒毕露、咄咄逼人的谈判对手，他们以各种方式表现其居高临下、先声夺人的挑战姿态。对于这类谈判者，疲劳战术是一个十分有效的策略。这种战术的目的在于通过许多回合的拉锯战，使这类谈判者疲劳生厌，以此逐渐磨去锐气；同时也扭转了己方在谈判中的不利地位，等到对方筋疲力尽之时，己方即可反守为攻，促使对方接受己方条件。

如果确信对方比己方更急于达成协议，那么运用疲劳战术会很奏效。采用这样的疲劳战术，要求己方事先有足够的思想准备，并确定每一回的战略战术，以求更有效地击败对方的进攻，争取更大的让步。

(4) 休会策略　　休会是谈判人员比较熟悉并经常使用的基本策略，是指在谈判进行到某一阶段或遇到某种障碍时，谈判双方或一方提出中断会议，休息一会儿的要求，以使谈判双方人员有机会恢复体力、精力和调整对策，推动谈判的顺利进行。

从表面上看，休会是满足人们生理上的要求，恢复体力和精力，但实际上，休会的作用已远远超出了这一含义。它已成为谈判人员调节、控制谈判过程，缓和谈判气氛、融洽双方关系的一种策略技巧。

休会提出一方必须把握好时机，看准对方态度的变化。如对方也有休会的需要，则一拍即合，立即生效。一般东道主提出休会，客人出于礼貌很少拒绝。

(5) 以退为进策略　　这个策略从表面上看，谈判一方退让或妥协，或委曲求全，但实际上退却是为了以后更好地进攻，或实现更大的目标。在谈判中运用这一策略较多的形式是，谈判一方故意向对方提出两种不同的条件，然后迫使对方接受条件中的一种。如"我方出售产品享受优惠价的条件是批量购买两千件以上，或者是预付货款百分之四十，货款为两次付清。"在一般情况下，对方要在两者之间选择其一。

采用这一策略时，要认真考虑后果，既要考虑退一步后对自己是否有利，又要考虑对方的反应如何，没有十分把握，不要轻易使用这一策略。

（6）以弱求怜策略　以弱求怜策略也称恻隐术，是一种低姿态的做法，以求得对方的同情，争取合作。

在使用这一方法请求合作时，一定注意不要丧失人格和尊严，直诉困难也要不卑不亢。

与此类似，有的谈判人员"以坦白求得宽容"。当在谈判中被对方逼得招架不住时，干脆把己方对本次谈判的真实希望和要求和盘托出，以求得对方理解和宽容，从而阻止对方进攻。

（7）"亮底牌"策略　"亮底牌"是在谈判进入让步阶段后实行的策略。谈判一方一开始就拿出全部可让的利益，做一次性让步，以达到以诚制胜的目的。

这种让步策略一般在己方处于劣势或双方关系较为友好的情况下使用。在谈判中，处于劣势的一方虽然实力较弱，但并不等于无所作为，可以采用各种方式积极进攻，扭转局面。在采用这种让步策略时，应当充分表现出自己的积极坦率，以诚动人，用一开始就做出最大让步的方式感动对方，促使对方也做出积极反应，拿出相应的诚意。在双方有过多次合作或者是关系比较友好的谈判中，双方更应以诚相待，维持友谊。

这种策略的优点是：首先，由于谈判者从一开始就露出实底，让出自己的全部可让利益，比较容易感动对方，使对方也采取积极行动，促成和局。其次，首先做出让步表示，使对方感到在谈判桌上有一种强烈的信任、合作、友好气氛，易于交谈。再次，这种率先做出的大幅度让步具有强烈的诱惑力，会给对方留下一步到位、坦诚相见的良好印象，有益于提高谈判效率、速战速决、降低谈判成本。

（二）讲价策略

1. 话至嘴边留半句

作为报价员，一定不能太急，要充分听取对方的意见，做到知己知彼。切记言多必失。

2. 以优惠代替议价

议价过程中，如果客户要求打折，以优惠代替议价是比较现实的，既守住了价格，也维护了客户的体面。

3. 善于运用"不知道"

在谈判过程中，老练的客户会事先做周密、充分的思想准备，这时候切忌与其"正面交锋"，要善于运用"不知道"打破事先布局，从而进行平等谈判。比如，客户想阐述要求降价的要求时，常说"你知道某某公司吗？你知道他们的售价情况吗？"这个时候，如果正面应对，容易使自己处于劣势；如果此时善用不知道，不了解，可打断对方的思路，使其不得不另找话题，重新开始谈判。

4. 故露破绽

人有一种很微妙的心理反叛性，己方的提案安排得毫无破绽，无懈可击时，对方会认为这是己方事先就安排好的，更需仔细研究、谨慎对待。所以在此时最好留一点破绽，让对方有参与的机会，经过努力、讨论参与后的成果才会倍加珍惜，同时可以提高成功率。当然给客户留下一定的参与机会，除了尊重客户外，还可以在客户参与过程中借机观察对方，有没有决策权等。

5. 以诚相待

一般人，通常不会轻易将内心话说出来，但如果已经有共同的目的和基础后，并且双方的谈判筹码差不多的情况下，运用坦白的表达方式则将较能获得对方的同情和理解。

6. 拒绝的技巧

拒绝也是一种技术和艺术，不单只是一个"不"那么简单，如果客户要求降价或其他额外利益时，拒绝的最好方法便是强调其价格背后的整个基础过程。比如，商标的成本需多少元，广告推广需多少元，税费多少元，因此这个价位已经是可出售的最低限度了。

7. 合理运用激将法

人的性格可分为胆汁质、多面质、黏液质和抑郁质四种，而胆汁质性格的人多属于激动型人，对他们宜采用激将法。这种类型的人事事喜欢当家做主，好强的性格促使他们会当场做决定，不妨在议价过程中试验性地问一句，"你可以做主吗？"或"你不需要和你们老板再商量吗？"，把产品议价重点转移到个性上来，通过其在激动时做出的决定来取得理想的价格。

8. 技术性的价格坚持

当客户出价在可售价底线或以上时，切记不要沾沾自喜，轻易答应，一定要作短暂的、适度的坚持，这个坚持不但可以使对方不再大幅度杀价，而且可以借机判断对方有无诚意，有无做主权；如有做主权，则可加大促销力度，如对方仅是建议权而无做主权，就不必费太多心思去周旋，只微笑客气招呼一下即可。

9. 正确对待还价的客户

交易谈判中，当对方开始让步时，可以再进一步试着更多要求，如果销售业务员说可以打八折的话，客户一般会要求打七折，这种"得寸进尺"在谈判中不足为奇。这时候对业务员来说，明智的做法是适当降价打折后（并非底价），坚持自己的价位，如客户不满意，可以微笑着请客户先开价，然后再回答是或否。如果客户开价太低，微笑着予以回绝，同时告诉其价格基础；如果客户开的价是底价或底价以上，可以适当坚持自己开出的价位，微笑着告诉对方开出的价已经是底价了，且因对方有十分的诚意，况且双方议价相差不大，如能付定金，可以尽力向上级申请和争取。

10. 产品比较法

有经验的业务员必须有"物等于值"的观念，提示客户如果真希望低价成交，则只能购得级别较低的产品；同时借以暗示"产品等级"的行销手法，将议价空间拉大，借以达到高价行销的目的。人们都不希望对方认为自己只适合等级较低的产品，一分钱一分货的观点将促使买方自动加价，这便是产品比较法。运用"产品比较法"时应注意言辞与行动上强烈不认同对方价位，但表达方式上尽量委婉平和，表现出对事不对人，不能让客户感到不快，甚至伤了自尊心。

11. 冷静观察，少说废话

通常客户有三种类型：

1）漫无目的，随意看看。应对方法是：通常只能给他看看资料，重点解说几大优点即可，否则会吓跑他们。

2）有购买需求，但目标不明确。应对方法是：尽量了解其需求情况，再满足其需要。

3）购买需求和目标都很明确。应对方法是：除价钱和付款方式以外，尽量随其意。

一个好的行销者，要有随机应变的能力，尽量根据客户的需求情况介绍产品，不必自作聪明，去改变客户的意志。

12. 正确应对没有决策权的客户

当碰到的对手是没有决策权的人时，最好的应对办法是：自己保留决定权，直到面对有决策权者时再抛底牌。但千万记住一点，和非全权者谈判时，尽量满足其"第一主权"的欲望，否则，谈判无法继续。

13. 满足杀价快感法

从消费者心理学来看，顾客愿意购买某件商品，除产品的本身条件外，还要有一个"合理"的价格，以及能否提供一个让其杀价快感的方法，以满足其心理需求，为爽快签约奠定基础。比如，一栋别墅开价500万元，最低限度可8折销售。业务员在议价过程中可以开到最低8.5折，如果买方强烈要求降至八折或八折以下时，业务员可以告诉客户，如按8.5折成交的话，可以说服公司送一辆价值20万元以下的小车（因公司有便利渠道）或其他礼品。如客户不同意，但可交定金时，也可考虑8折销售。通过满足客户要求既可做成生意，还满足了客户杀价的快感。

14. 对性格不同的客户类型进行分析及应对

1）成熟稳健型：具有丰富的商业知识，投资经验老到，对产品及行情相当了解，与销售人员洽谈时深思熟虑，冷静稳健，遇到疑点一定究根到底，不容易说服。应对时，以诚相待比较明智。

2）谨慎小心型：外表严肃，反应冷漠，对说明书、海报反复阅读，对销售者亲切发问，出言谨慎。应对时，除了详尽地介绍产品外，还需以亲切、诚恳的态度打破其心理防线，慢慢了解顾客的企业情况、经济能力和购买意见，争取到信任和依赖感后推销产品。

3）犹豫不决型：对产品本身要和不要，优柔寡断，反反复复拿不定主意。应对时，态度应坚决自信，通过说理取得信赖，帮助其下决心。

思考习题与训练

1-1 市场上商品的价格由哪几部分构成？

1-2 价格有何作用？

1-3 制约产品价格的因素主要有哪些？

1-4 何谓随行就市定价法？它有什么优缺点？

1-5 折扣定价有何优缺点？

1-6 新产品如何定价比较好？

1-7 价格商谈的实质是什么？为什么要讨价还价？

1-8 在价格的商谈中，还价策略及方式有哪些？

1-9 在价格的商谈中，让步的策略及基本原则有哪些？

1-10 对真彩0.5mm中性签字笔笔杆（图1-2）塑料模具进行报价，笔杆塑料材料为PP。

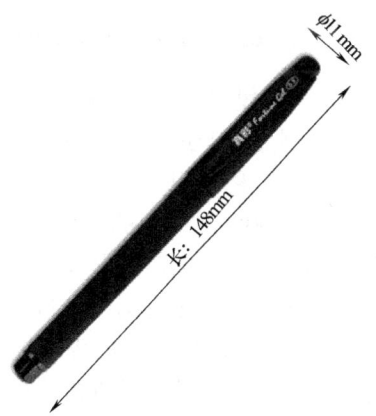

图1-2 真彩0.5mm中性签字笔

项目二 模具价格概述

能力目标

1. 能正确理解模具价格估算的内涵和意义
2. 能正确理解模具价格的构成以及模具价格估算的 5 种方法
3. 具有分析和计算一般复杂程度模具价格的初步能力

知识目标

1. 熟悉科学、合理、迅速地计算和评估模具价格的方法
2. 掌握模具价格的构成及常用的几种估算方法
3. 了解当前我国模具价格现状及发展方向

任务 模具价格的构成及估算方法

一、任务导入——椭圆齿轮注射模具定价（表 2-1）

二、知识链接——模具价格概述

（一）模具价格估算的内涵和意义

在制品生产过程中，通过压力借助于专用工具把金属或非金属材料制成所需形状的零件或制品，这种专用工具称为模具。当今，模具是生产各种工业产品的重要工艺装备之一，现代工业中 60%～90% 的产品要依靠模具来生产。随着现代工业发展和产品更新换代周期的急剧缩短，模具的需求量大幅度增加，我国模具工业产值已紧随美国、日本之后，位列世界第三。另外，由于对国外先进模具技术的不断消化吸收，以及先进加工手段和 CAD/CAE/CAM/CAPP/CIMS 技术的普遍应用，我国模具工业水平与国外的差距越来越小，模具出口业务日益增多。规范模具价格计算方法，准确计算模具的价格，不仅可以促进我国模具行业健康发展，而且有助于提高我国模具制造业的国际市场竞争力，它是模具供需双方都十分关心的重要问题。

模具价格是模具价值的货币表现形式，科学、合理、迅速地计算和评估模具的价格，是正确体现模具自身价值的重要手段，也是产品开发商急待了解的重要信息。本书以中国模具工业协会出版的《模具计价手册》为主线，并在企业广泛调研的基础上，总结出了几类模具价格的估算方法，为模具报价提供可靠基础，也可以为模具价格评估提供计算依据。

表 2-1 椭圆齿轮注射模具定价任务导入

学习情境	实训地点：模具实训中心网络教室 教学条件：椭圆齿轮工程图及技术参数资料，由快速成型加工的椭圆齿轮实物4个，塑料模具设计手册，游标卡尺等	具体要求
学习任务	椭圆齿轮工程图（材料：PMO，制件外形尺寸 62.9mm×50.7mm×6mm）	根据所学模具设计与制造技术知识，完成椭圆齿轮注射模具定价任务
能力目标	掌握模具价格的构成及当前模具价格估算的几种方法	
任务要求	① 了解模具价格估算的内涵和意义 ② 了解模具设计、开发及制造过程的重要性 ③ 了解模具价格的基本构成及计算公式 ④ 能正确运用当前市场上流行的模具价格估算方法	
教学法安排	① 多媒体教学 ② 网络实作 ③ 学生分组讨论 ④ 职业技能评价	理实一体教学方式
最终考核	工作文件10%，具体操作过程40%，工作结果30%，汇报效果10%，团队10%	百分制

  需要指出的是，模具报价和模具计价有相当程度上的不同，模具计价是模具报价的重要依据；而模具报价是一项集技术、经验和市场信息于一体的综合性工作，涉及面十分广泛。
  一般来说，模具估价后，并不能直接作为报价，还要根据市场行情、客户心理、竞争对手、企业状况等因素进行综合分析，对估价进行适当调整，可在估价的基础上增加10%~30%作为第一次报价。经过讨价还价，可根据实际情况调整报价，具体内容在项目八中

论述。

模具的报价策略正确与否，直接影响模具的价格，影响模具利润的高低，影响所采用的模具生产技术管理水平等的发挥，是模具企业管理是否成功的重要体现。

综合考虑制件特点、使用范围、设计和生产工艺特殊性等因素，本书选取注塑模具、压铸模具、小型冲压模具及中大型冲压模具四大类模具为估价研究对象，根据制件结构特点及模具设计、加工等要求分别论述各自的估算方法，以便全面掌握模具价格估算方法。

（二）模具生产过程

模具生产的过程包括以下四个环节。

1. 技术开发过程

模具的技术开发过程包括制件成形工艺分析及模具结构设计等过程。模具的开发共有两种方式：

1）根据用户提供的完整CAD（2D或3D）产品图样进行模具价格估算、设计和制造。

2）用户自己设计模具或委托专门设计公司设计模具，模具制造厂家仅按照用户提供的设计图样进行模具制造。

2. 坯料的准备与外协准备过程

专业化生产方式是现代工业生产的重要特征。模具结构确定后，应尽可能考虑购买标准件或采用外协加工，缩短模具的交货时间。

坯料准备是为模具零件加工提供相应的坯料。模具材料的选用原则是：制件生产批量小的模具，宜采用廉价材料、易熔材料，如低熔点合金、铸铁（球铁）、铝、预硬钢，以及含有增强填料的塑料等；制件生产批量大的模具，宜采用高耐磨材料，如各种合金工具钢、高速钢、硬质合金等。一副模具中，不同功能的模板所选用的材料也可以不同。

3. 加工制造过程

一般包括机加工、电加工、钳加工、试模等过程。加工过程中根据加工工艺安排，有时要对材料进行热处理。钳加工包含型腔表面抛光处理、修模、模具的装配等。试模一般是必不可少的步骤。在加工过程中或加工完成后，有时要对加工精度进行一些特殊的检验等。

4. 后续过程

后续过程包括包装、运输、售后服务等。

（三）模具设计与制造特点

模具是工业生产中使用极为广泛的重要工艺装备之一，是当代工业生产的重要手段，其设计、制造及加工的方法均有很鲜明的特点。现代工业的发展和技术水平的提高，在很大程度上取决于模具工业的发展水平，由于许多先进的设计、加工技术的普遍应用，模具工业已经呈现出许多新的特点，这些都将直接影响模具的价格。

1. 模具设计特点

应用模具的目的在于保证产品质量，提高生产率和降低成本，在设计模具时应根据实际情况做全面的考虑，即应在保证制品质量的前提下，选择与制品生产纲领相适应的模具结构和制造方法，使模具成本降低到最低限度。模具设计特点体现在以下几方面：

1）模具属单件小批量生产，每一副模具的设计都是一种高智能的劳动，无重复性。

2）设计的模具要充分考虑制品特点，尽量减少制品的后续加工。

3）以最低成本满足制品的各项技术要求和生产纲领。

4) 尽量选择标准件,以便缩短模具生产周期,降低模具制造成本。

5) 设计时要考虑试模后的修模方式,应留有足够的修模余地。

6) 设计的模具零件应当耐磨、耐用。

7) 随着计算机技术的普及,模具结构设计、3D 造型、二次开发的专用模具设计 CAD 软件,根据样品反求测绘(逆向工程),自动加工编程,以及工艺 CAE 分析模拟、厂内局域网技术已得到广泛接受,采用 CAE 软件仿真确保模具设计的一次成功率和减少后续修模调试工作量已逐渐为企业所接受。模具的设计已由经验设计阶段向理论计算设计阶段发展,并逐步成熟起来,给模具的设计带来了广阔的前景。

2. 模具制造特点

模具制造也属机械制造的研究范畴。由于模具制造难度较大,与一般机械制造相比,它有许多特殊性:

1) 模具制造不仅要求加工精度高,而且还要求加工表面质量好。一般来说,模具工作部分的制造公差都应控制在 ±0.01mm 以内,有的甚至要求在微米级范围内;模具加工后的表面不仅不允许有任何缺陷,工作部分的表面粗糙度 Ra 都要求小于 $0.4\mu m$。

2) 在模具制造过程中,某些工作部分的结构和尺寸必须经过试验后才能确定,其制造具有较高的成套性。

3) 模具实际上相当于一种机械加工工具,模具的材质好,硬度要求较高,一般都是用淬火工具钢或硬质合金等材料制成。若用传统的机械加工方法制造,往往感到十分困难。

4) 模具生产周期一般较长,每制造一副模具,都必须从设计开始,大约需要一个多月甚至几个月的时间才能完成,成本相对较高。尤其是一些大、中型和精密模具,更具有技术密集、资金密集和劳动力密集等特点。

5) 模具的工作部分一般都是二维或三维的复杂曲面,而不是一般机械加工的简单几何体,有些加工工作在目前还只能由钳工完成,人为影响因素较多。

6) 模具生产是典型的单件生产,故生产工艺和管理方式都具有独特的规律。

3. 模具的加工方法

将金属材料加工成模具的方法主要有机械加工、特种加工、塑性加工、铸造和焊接等。

(1) 机械加工 机械加工是模具制造中不可缺少的一种重要的加工方法。即使是用其他加工方法制造模具,也需要用切削或磨削加工来完成某些工作,如模架加工、模坯加工、模具型面加工及孔类加工等。

机械加工的明显特点是加工精度高、生产效率高,用相同的机床和工具可以加工出各种形状和尺寸的工件。但是,用机械加工方法加工复杂的形状时,其加工速度很慢,有些材料也难以加工,并且模具材料的利用率不高,还要求有技术熟练的操作工人。尽管如此,在模具制造过程中,机械加工仍然是主要的加工手段。

(2) 特种加工 特种加工是有别于传统机械加工方法的非传统加工方法。从广义上来说,特种加工是指那些不需要用比工件更硬的工具,也不需要在加工过程中施加明显的机械力,而是直接利用电能、化学能、声能、光能等除去工件上的多余部分,以达到一定的形状、尺寸和表面粗糙度要求的加工方法,包括电火花成形加工、电火花线切割加工、电解加工、电化学抛光、电解磨削、电铸、化学蚀刻、超声波加工、激光加工等。

特种加工相对于传统的机械加工，有如下特点：

1）加工情况与工件的硬度无关，可以实现以柔克刚。
2）工具与工件一般不接触，加工过程不必施加明显的机械力。
3）可加工各种复杂形状的零件。
4）易于实现加工过程自动化。

正因为特种加工有上述这些特点，所以，特种加工在模具制造中得到越来越广泛的应用，并成为模具加工中的一种重要方法。

(3) 塑性加工　塑性加工主要是冷挤压制模法，即将淬火过的成形模（原阳模）强有力地压入软化处理的模坯（钢或其他软质材料）内，使原阳模的形状复印在被压的模坯上，制成所需要的模具工作零件。

冷挤压制模法所成形的模具完全不需要再对型面进行精加工，它制模速度快、省料，可以制成各种复杂型面的模具，且形状精确，利于用一套原模制作多副相同模具。冷挤压制成的型腔，材料纤维未被切断，金属组织更为紧密，型腔强度很高。

(4) 铸造　对于一些精度和使用寿命要求不高的模具，可用简单方便的铸造法快速制成。

1）铸铁。用于加工汽车外壳等的大型且形状不规则的模具，一般都用铸造方法制成。铸铁模在制造上的优点是可以很容易地铸出复杂的形状，尺寸不受限制，便于进行机械加工，而且价格低，润滑性好，黏附少。它的缺点是耐磨性差，精度差。

2）锌基合金。锌基合金是一种用铸造法制造简易模具的典型材料，其熔点低，铸造性能好，所以铸造精度相对较高，而且还具备像软钢一样的强度、耐磨性和润滑性。锌基合金采用铸造方法制模，多用于试制和小批量生产的场合。

为了适度提高快速制模的质量和使用寿命，可用导热性和耐久性较好的铍青铜代替锌基合金。铍青铜主要用于生产批量较大而又细微的复杂模具，但价格较高。

3）合成树脂。铸造法制模也有采用合成树脂的，主要有酚醛树脂、聚酯树脂和环氧树脂等。

合成树脂模具的优点是容易快速成形，轻而不锈，复制和维修都比较简单。但耐磨性差，遇热变形大，且强度不高、易疲劳老化。

(5) 焊接　焊接法制模是将分散加工好的模块焊接在一起，形成所需的模具。这种制模方法与整体加工方法相比，加工简单、快速、省料、尺寸大小不受限制，但精度难以保证，易残留热应变及内应力，承受冲击的能力差。主要用于精度要求不高的大型模具的制造，或是用于模具的修复。

(四) 模具价格的构成

1. 模具价格的基本构成及估算公式

如前所述，商品的价格一般由产品成本、流通费用、税金和利润四部分构成。模具也是商品，但它与在市场上流通的一般商品不大相同，往往都是由模具制造与使用的双方直接定价成交。模具的基本成本应由材料费、制造费、技术开发费（俗称设计费）、管理费、其他费用等部分组成。于是，模具的销售价格可表达为

$$P = M_1 + M_2 + M_3 + D + Q + R + T \tag{2-1}$$

式中　　P——模具销售价格（Price），即模具的总价格（含税收价）；

　　　　M_1——材料费（Material cost），包括原材料费及所有外购件的价格；

　　　　M_2——制造费（Manufacturing cost）；

　　　　M_3——管理费（Management cost）；

　　　　D——技术开发费（Development cost）；

　　　　Q——其他费用，如运输费、售后服务费、差旅费等由合同规定的费用；

　　　　R——利润（Return）；

　　　　T——税金（Tax）。

其中前4项构成模具生产成本 P_C（不含利润、税收），即

$$P_C = M_1 + M_2 + M_3 + D \tag{2-2}$$

这样式（2-1）也可写成

$$P = P_C + Q + R + T \tag{2-3}$$

2. 各项费用分解

（1）材料费

$$M_1 = m_{11} + m_{12} + m_{13} + m_{14} \tag{2-4}$$

式中　　m_{11}——模具坯料费；

　　　　m_{12}——各种辅助材料费；

　　　　m_{13}——辅助部件购入费；

　　　　m_{14}——模具标准件费。

（2）制造费

$$M_2 = G_a + M_{HT} + U + E \tag{2-5}$$

式中　　G_a——加工工时费，或称制造工费；

　　　　M_{HT}——热处理费（Heat treatment cost），其收费计算主要考虑按吨位和热处理方式，附录中的资料可以作为参考；

　　　　U——试模费，一般以3次为限，含设备使用费、试模材料费、运输费。由于此项费用计算方法和一般机加工不同，也可将其划分归入"其他费用"类，或单列一类；

　　　　E——外协加工费。

制造工费 G_a 可按下式计算

$$G_a = m_{CM} + m_{CNC} + m_{EDM} + m_{WC} + m_{GR} + m_O \tag{2-6}$$

式中　　m_{CM}——常规机加工费；

　　　　m_{CNC}——CNC 机床加工费；

　　　　m_{EDM}——电火花成形加工费；

　　　　m_{WC}——线切割加工费；

　　　　m_{GR}——磨削加工费；

　　　　m_O——其他加工费。

上述制造费用包括模具零件和专用工具（如电极等）的制造费。G_a 的特点是可以按工作小时数来计算费用。

(3) 技术开发费

$$D = D_1 + D_2 + D_3 + D_4 + D_5 \tag{2-7}$$

式中 D_1——模具结构设计费用,包括成形工艺分析与模具结构设计费用;

D_2——产品和模具3D造型费;

D_3——CAM编程费用,当前许多软件都提供了自动CAM编程及其模拟加工功能,但CAM工程师的经验对于选择合理的加工方式、加工参数等仍起重要作用,本书将其列入技术开发费;

D_4——检测费(包括根据样品反求测绘费和试模样品检测等);

D_5——计算机辅助工艺分析费用与成形过程分析费用。

在此需要指出的是,技术开发费是知识、经验、技术含量和工作量的综合体现。凡属于国内首创、进口模具国产化,或者模具开发中运用了必需的新技术、新工艺等,技术开发费用就较高;开发某一相同或系列产品的第一副模具时,技术开发费用应该较后续模具高一些,这是因为模具厂家承担了较大的风险并付出了较多的创造性劳动。

目前,常取制造工费的一定比例计算技术开发费 D。在有充分原始积累数据的基础上,对类似模具的开发也可按照技术开发费的各项项目累计。

(4) 管理费 管理费 M_3 包括管理摊派费用(即企业为管理和组织全厂生产所发生的各项费用)、商务费,以及其他间接费用等。M_3 常按材料费、制造费和技术开发费之和的一定比例计算。

(5) 其他费用 这部分费用需由双方商定,以合同方式确定,如产品的测量与建模费、模具的包装运输费、售后服务费、风险费,以及不可预见费等。

(6) 利润 总的利润为 R,定义成本利润率为 p_r(profit margin rate)。利润率高低是由各企业在细分市场的地位所决定的。当前,我国模具行业利润率一般在10%~30%之间。若采用独特工艺(包括新工艺的采用),往往意味着大量的资本投资或者长期的知识积累、交叉知识的有效运用,其模具利润自然应偏高,各企业可根据市场的变化有针对性地自我调节。

(7) 税收 税率由国家的法规确定,定义增值税率为 t_r(tax rate)。目前,我国模具行业取17%,若材料费或劳务费是含税价,在计算税收时应予以扣除。

根据上述各项细分费用,总的模具销售价格(含税价)为

$$P = (M_1 + M_2 + M_3 + D + Q)(1 + p_r)(1 + t_r) - t_r(M_1 + E) \tag{2-8}$$

(五) 当前模具价格估算的基本原则和方法

1. 制订模具价格估算方法的基本原则

从模具价格构成的表达式中可以清楚地看出,模具的生产成本是模具价格的主要组成部分。此外,模具用户针对某一欲制造的模具向制造商询问价格时,模具制造商如果依据上面公式中列出的各组成部分逐项统计汇总后报价,将是非常困难甚至是难以做到的。对模具价格构成的各组成部分逐项统计汇总,只能是模具制造成功之后的结算,要做到事前较迅捷准确地报价,不但要研究模具价格的构成,还要研究适应不同类型模具特点的不同的价格估算方法。制订模具价格的估算方法应遵循以下原则:

1) 估算方法应具有科学性,主要来源于理论计算,实践中统计的数据必须经过验证后方可选用。

2) 估算方法应具有适应性,因时间、地点、生产条件、材料价格等发生变化而改变计

算数据,要做到与时俱进和因地制宜,条件不同时模具价格理应存在差异。

3)估算方法应具有合理性、透明性和可解释性,使用时要实事求是地估算和选取本单位的相关数据。

2. 当前模具价格估算的方法

(1)工时法 所谓工时法就是按模具制造工时计算模具价格的方法。

工时法的原理是:将模具的总销售成本($P_C + Q$),或将总销售成本连同总利税($P_C + Q + R + T$),平均地分摊到企业的每一个实际工时中去,首先核算出单位工时的含金当量值,然后再根据某套模具的制造总工时计算出该模具的销售成本或销售价格。

工时法主要依据模具制造全过程中所发生的总工时费用之和再加上原材料费、设计费、专用工具费、试模费及销售费而得出。该方法不完全考虑模具体积的大小,主要根据模具的规格、结构、精度的不同,通过对模具制造全过程的总工时的计算来估算模具的价格。该方法考虑到了影响制造总工时的主要因素(制件的外形尺寸、制件的复杂程度、制件的精度;模具工作部位的表面粗糙度及模具的结构等),较为具体、合理,与模具的实际价格较为接近,应用范围较广,对小、中、大型冲压模具和型腔模具的价格估算很适用。

(2)依据模具材料费估算模具价格法 以材料费为计算基数,考虑各种条件变化对模具价格的影响,在大量统计数据的基础上,经过理论推导和实例验证总结出来的价格计算方法。本书介绍的此类方法有按材料费比例估算法(工料比法)和按材料重量估算法(重量法)两种。

以材料费比例或材料重量进行估算,主要应用对象为加工工时与材料重量有大致对应关系的模具,适于尺寸比较大、加工工时较多并难以估计的情况。大型模具(如汽车覆盖件模具)的计价,常以重量法为主,综合系数的确定按照一定的表格选取。为保证模具估价的准确性,每次材料调价后,需重新测算计算系数。也可以参见压铸模报价部分的改进方法,通过引入设定价格,将因材料价格变动导致的材料费的增减部分单独考虑,增强估价的科学性。

1)工料比法。根据用户所需制件,或用户提供的模具设计图,或者模具制造企业设计的模具草图,模具制造者按照图样确定主要零件的材料、形状、尺寸、重量以及这些材料的市场价格,计算出该副模具材料的总价,再由模具材料费与模具制造费的一定比值关系计算出模具的价格,这就是工料比法。该方法的核心是模具复杂、精度要求高、尺寸大,则模具材料肯定讲究、指标要求高、热处理难度大,制造费用高,这样,模具的生产成本就必定高,导致模具价格提高,用公式表达为

$$P_{cm} = K_m M_m \tag{2-9}$$

式中 P_{cm}——模具的生产成本;

K_m——模具的工料比,其值见表2-2;

M_m——模具的材料费。该费用包括标准模架或自制模架费用,模具工作零件、模具结构零件的材料和热处理费用,以及模具的其他标准件费用。

表2-2给出的工料比K_m值是一个范围,可以根据模具的小、中、大及简单、一般、复杂、精密等情况确定。如模具大而复杂或模具小而精密,K_m值就应该取上限;如果模具不是太小,复杂程度一般,用的材料较普通,K_m值就应该取下限。

表 2-2 模具种类及工料比 K_m

模具种类		K_m
冲压模具	冲裁模	4~6
	弯曲模	3~5
	拉深模	4~6
	复合模	5~7
	级进模	7~10
塑料模具	压缩模	4~6
	传递模	5~7
	吹塑模	4~9
	注射模	6~10
橡胶模具	橡胶压模	3~6
	橡胶挤压模	3~8
	橡胶注射模	5~10
压铸模具	一般复杂程度	7~11
锻造模具	一般复杂程度	3~7

按工料比法计算模具的销售价格简单易行、较为方便，也同实际情况接近。然而，不足之处是工料比数值取值较难把握，需一定的实际经验，并且估价人员要精通模具设计与制造知识。另外，如对模具的大小、复杂程度考虑不够细致，则一些精密或较复杂的塑料模、压铸模及多工位级进模的估价将有较大出入，这可根据实际情况给予修正。

2) 重量法。所谓重量法就是按模具的重量计算模具价格的一种计价方法。

其原理是：如果仅将构成模具总销售成本（$P_C + Q$）的每个成分，按模具的重量成比例地分摊到某副模具中去，这样所得到的模具价格就是该副模具的销售成本。具体内容详见项目六（中、大型冲压模具价格估算）。

按重量法估价时，主要依据模具轮廓尺寸所包容的体积，再考虑该体积的重量系数以及制件形状、精度和模具结构、材料等因素，在还未做出正规的模具装配图时就能方便、迅速地把模具的价格估算出来。用该方法仅重点考虑模具的体积大小，对同类型、同外形尺寸，不同结构和精度的模具考虑还不够细致和深入，准确性有一定误差。

中、大型冲压模具种类较多、轮廓尺寸大，并且多有复杂的三维曲面，模具的精度和表面粗糙度要求较高，加工和检测的难度很大。国内模具企业的调查统计显示，重量法方便、实用，较适合中、大型冲压模具的价格估算。

(3) 类比法 这里讲的类比法，指充分利用现代技术，在已生产过的各种典型模具价格计算的基础上，建立模具价格计算机辅助计算信息库，通过制件自身的主要技术参数在相同档位内进行类比，并按它们的比例关系进行快速逆运算计算出价格。这种类比法的计算准确度可保持与原模具的计算准确度一致。此种方法不仅适用于压铸模具，对其他类型的模具也适用，经过多副实际模具印证无误后，即可使用。

(4) 成本法 成本法是将产品的生产分解为一系列阶段基本任务（可行性论证、产品定义、开发、生产、使用、售后服务），通过列出各项开支的详细清单进行估价的方法。通过信息集成，模具开发前期的计价和周期预估要和后期生产、资金和人员安排密切挂钩。估算工序工时的方法常有如下几种：

1）类比参考模具的各类加工工时台账。

2）加工工时公式法。按照切削原理进行。

3）间接估算法。例如某模坯厂，按照型腔加工的大小、精度、类型，将价格和加工时间分类建立数据库，估价时分级查询即可。

4）CNC 模拟法。如果已经获取模具型腔 CAD 模型，可以通过 CAM 软件仿真给出加工时间。实际应用该法时，往往要将仿真所得加工时间乘以适当的经验系数才能符合实际。

这种方法理论上说报价较为准确，但致命的缺点是需要在模具加工好后才能把价格算出来，影响了生产合同的签订，实际中较难实现，模具制造企业里很少采用这种方法。

三、任务实施

椭圆齿轮注射模具定价任务实施过程见表 2-3。

表 2-3 椭圆齿轮注射模具定价任务实施过程

任务要求	依据目前模具市场中的材料费、制造费、技术开发费、管理费、其他费用等价格估算椭圆齿轮注射模具的市场价格	椭圆齿轮难设计，更难加工。所以，选择模具制造方法很好地解决了制造难题，满足了企业需求
市场调研	1）查询椭圆齿轮设计、加工及模具制造有关资料 椭圆齿轮应用图 1　　椭圆齿轮应用图 2 2）市场调研 椭圆齿轮是非圆齿轮中最常用的一种。当两个相同的椭圆齿轮传动时，随着椭圆偏心率的不同，可得到不同的传动比变化曲线，以完成各种机构的变速传动，或用于速度和加速度调节。但是由于对其啮合理论、设计制造技术的研究还不够深入，传统的椭圆齿轮设计过程复杂、制造设备缺乏，故其使用还不普遍。利用模具制造椭圆齿轮是一个多快好省的方法。 3）与老产品对比	
定价目标	了解椭圆齿轮价格的制约因素、定价目标、定价方法、定价策略，最终完成椭圆齿轮注射模具定价任务	

(续)

定价依据	1) 了解椭圆齿轮的基本知识、产品制造技术要求、产品制造成本、椭圆齿轮模具制造有关资料 2) 分析市场同类型产品价格 3) 了解椭圆齿轮用户群的特征 4) 分析模具设计与制造具体细节	
定价方法	1) 依据公式 $P = (M_1 + M_2 + M_3 + D + Q)(1 + p_r)(1 + t_r) - t_r(M_1 + E)$ 计算模具价格 2) 依据工时法估算模具价格 3) 依据模具材料费估算模具价格 4) 依据类比法估算模具价格 5) 依据成本法估算模具价格 6) 依据模架价格估算模具价格 7) 依据模具工作零件的电加工费用估算模具价格 根据该项目实际情况，选择成本法估算椭圆齿轮注射模具价格	理实一体教学方式
最终考核依据	工作文件10%，具体操作过程40%，工作结果30%，汇报效果10%，团队10%	百分制

四、知识拓展——模具价格现状及发展方向

（一）模具的其他一些估价方法

当前，在我国模具制造企业里大都有本企业的一套模具估价方法，这些简单易行的方法是企业从多年积累的大量估算过的模具价格中总结、提炼出来的，具有一定的代表性。但由于各企业的设备、技术水平、各种费用、地区差价等条件不同，加之这些估价方法缺乏科学理论依据，缺乏普遍性而难以推广。然而，这些估价方法快捷、简便，十分适合于模具业务洽谈的开始阶段。将这些估价方法列于下面，供读者参考。

1. 依据模架价格估算模具价格法

为了缩短模具的生产周期，各地各企业都在大力推广使用标准模架。标准模架作为商品出现是模具生产标准化、科学化、规范化的重要标志。标准模架具有下列优点：①由专业化生产，采用标准零部件的组合，模具质量稳定可靠；②大大缩短了整个模具的生产周期，从而加强了对产品更新的适应性，加强了产品的市场竞争能力，降低了整个模具的生产成本；③给模具的维修带来了极大的便利。因此，应首先选择标准模架。

在型腔模具和小型冲压模具的价格洽谈中，可根据模架的价格估算出所设计模具的价格。该方法是从大量的生产实践之中积累、提炼而得到的，它的核心思想是模架的价格同模架的材料、结构形式、精度、尺寸大小成正比例变化，而塑料件和冲压件在选择标准模架时，模架必须满足制件的各项要求。复杂的制件，模架结构可能复杂一些；精度要求高的制件，模架的精度也相应高一些；制件尺寸大，模架尺寸也必定大。模架的价格同制件的精度、尺寸、复杂程度等密切相关。一些企业根据这种情况制订出了模具的销售价格，其公式为

$$P_j = K_j M_j \tag{2-10}$$

式中　P_j——依据模架价格估算的模具销售价格；

M_j——标准模架的市场售价；

K_j——复杂系数，其值见表 2-4。

表 2-4 依据模架价格估算的复杂系数 K_j

模 具 类 型	结构复杂程度	K_j
塑料注射模具	一般	3～5
	较高	6～9
小型冲压模具	一般	6～8
	较高	9～12

依据模架价格估算模具价格，首先应能够根据制件的特点准确地定出标准模架，这样就能很快地把模具价格估算出来。当然，估价人员必须对模具的结构十分熟悉，能够准确选出合适的标准模架，否则，误差较大。

2. 依据模具工作零件的电加工费用估算模具价格法

随着工业生产的发展和科学技术的不断进步，高熔点、高强度、高硬度、高韧性的新型模具材料不断涌现，模具的结构也日益复杂、精巧，许多模具的工作零件只有用电加工才能完成。在模具生产中常用的电加工方法有：电火花成形加工、电火花线切割加工、电解加工和电铸成形等。

从生产实践中发现，模具的工作零件采用电加工时，用于电加工的费用随模具工作零件的大小、复杂程度、精度要求、寿命长短成正比例增加，这说明，模具的价格也必定随着模具工作零件的电加工费用成正比例变化。用公式表示为

$$P_d = K_d M_d \tag{2-11}$$

式中 P_d——依据模具工作零件的电加工费用估算的模具销售价格；

M_d——模具工作零件的电加工费用；

K_d——复杂系数，其值见表 2-5。

表 2-5 依据模具工作零件的电加工费用估算的复杂系数 K_d

模 具 类 型	模具工作零件复杂程度	K_d
塑料注射模具	一般	5～8
	较高	9～13
小型冲压模具	一般	6～10
	较高	11～15

其他种类模具可根据实际情况取 K_d 值。

该方法的核心是根据模具工作零件的电加工费用来确定模具的销售价格，特点是快捷、方便，缺点是分类不细，对特殊结构的模具估算出的价格准确性差一些，但该方法作为模具业务洽谈时的粗略估价，有一定可取之处。

（二）我国模具价格现状及存在的问题

随着我国社会主义市场经济的深入发展，模具已逐渐作为一种商品在市场中流通。怎样科学地计算模具成本，合理地制订模具的价格，关系到我国模具工业的前途和发展速度。目前，模具价格往往是模具用户同模具制造商简单商量，协议定价，人为因素影响很大，导致我国模具的价格十分混乱。首先，我国模具工业的发展还远远落后于整个国民经济的发展水

平，与国际模具工业的发展水平差距则更大，这使得我国模具行业利润低、设备更新周期长、模具制造精度差、模具使用寿命不高，模具价格自然就上不去；其次，我国的模具工业发展不平衡，沿海一带企业同内地企业比较，无论是在设备、经营方式上，还是在价格方面都有很大的差异；再者，我国当前处于国有、集体、私有企业共同发展阶段，制造水平、纳税情况、管理体制和经营作风均有很大不同，最终导致模具价格相差悬殊。从以上分析的现状中不难发现，在模具价格计算中存在如下问题：

1）模具的标准化与专业化生产开展不够，全国模具生产企业的设计水平、加工技术差距较大，对模具标准件的选用还没有达成共识，模具的设计费、材料费、加工费在不同的企业有不同的计算方法，结果导致模具价格十分混乱。

2）由于全国的模具生产厂家情况不同，有的属专业生产厂家，大多数则属产品厂的附属分厂或车间，因而税收也有所不同，而税收是影响模具销售价格的一个极重要因素。

3）我国不同地区之间的价格差距也是影响模具价格的一个重要因素。

4）在模具价格的构成中，模具的加工费约占整个模具生产成本的70%~80%左右。各个企业由于采用不同的加工设备和加工方法，加工工时不易计算准确，更难办的是单位工时平均含金额是依据各企业情况由上一年度自行测算，其数值不能随行就市，这些问题都使得模具的价格计算很难有一个统一标准。

5）对模具行业的特点认识不足，没有给予应有的重视。时至今日，社会上仍有"模具不过是一种半手工业劳动"的偏见，忽略了现代模具生产是人才、技术和资金高度密集的产业，模具价格中含有很高的技术价值。

6）对模具成本计算方法了解不全面、不深刻。一些企业为了能够接到模具订单，不惜以牺牲质量、寿命等为代价，竞相压价，造成模具价格严重失衡。另外，制造者和用户对模具价格认识上差距很大，比较难以取得一致的认识。

总之，当前模具销售价格较混乱，价格上的人为因素影响很大，模具的估价方法更是五花八门，这说明我国的模具工业还不成熟，要赶上国际一流水平，无论在技术上，还是在管理上，都需要做很大的努力。

（三）模具价格的发展方向

随着企业信息化水平的提升，国内外模具企业将更加重视成本逐项估算法，追求报价的精确性和对后续生产作业计划的可指导性。一般来说，报价分为最初报价、后续报价、补充报价三个阶段，不同报价阶段应采用不同的估价方法。对于有经验的模具设计师，在初期阶段，只要看清零件结构和尺寸，就可直接画出模具简图、给出材料及各种配件清单，材料价格可根据模具结构简图计算。估价所依据的信息越充分，估价也就越准确，成本逐项估算法越是应用在模具开发的后期阶段越准确。

本书所介绍的各种价格计算方法，无论在理论上还是在具体参数的选择上，都还有进一步完善和加强的必要。随着模具行业和企业价格数据的积累，通过计算机软件的二次开发，如各种类型模具的规范设计软件、各种加工工艺的仿真软件以及两种软件结合的加工仿真软件开发等，可以预料，一种根据制件的不同特点，既能结合企业实际情况，又能真实体现具体加工工艺状况的模具价格计算办法终将成为模具制造、使用双方不可或缺的管理手段。

模具是工业生产中使用极为广泛的重要工艺装备，是发展工业生产的基础，现代化工业的发展和技术水平的提高在很大程度上取决于模具工业的发展水平。随着高效率、高寿命、高精度的模具大力发展，CAD/CAM/CAE/CIMS 系统的不断进步以及模具标准件的全面商品化，人们必将开发出一套具有科学性、合理性和适用性的深受模具制造者和用户欢迎的价格计算方法，真正地把模具价格估算发展到模具价格计算上来，使模具价格能够准确地体现其价值。

当前，依靠数控技术和计算机技术的大力帮助，许多价格方面的应用软件如雨后春笋般地涌现，极大地推动了模具价格计算方法的深入发展。相信在不久的将来，当用户拿制件实物或设计草图寻找模具制造者协商模具价格时，模具设计技术人员即可很快打印出模具设计图样，且由于模具制造的手工劳动大幅度降低，代之以先进的数控设备加工，故而工作时间可立刻计算出来，再通过计算机的模拟加工和装配，迅速地将模具的价格计算出来，图文并茂、生动直观，更具说服力，像我国东风汽车公司的模具计算机报价系统是未来模具自动报价系统的雏形。

思考习题与训练

2-1　模具估价、模具报价和模具计价有什么不同？

2-2　模具生产的过程包括哪几个环节？

2-3　模具价格由哪几个方面构成？计算公式 $P = M_1 + M_2 + M_3 + D + Q + R + T$ 中各字母含义是什么？

2-4　模具的技术开发费包括哪些方面？

2-5　依据模具材料费估算模具价格法有何优缺点？

2-6　依据模具工作零件的电加工费用估算模具价格的原理是什么？

2-7　你认为我国模具价格现状及存在的问题主要有哪些？

2-8　当前模具价格估算的方法有哪些？

注射模具价格估算

能力目标

1. 能正确理解型腔模具的含义及制造特点
2. 能正确理解塑料注射模具的常规制造工艺及特殊制造工艺特点
3. 具有以市场经济为出发点灵活机动选取估价参数的能力
4. 具有分析和计算一般复杂程度塑料注射模具价格的能力

知识目标

1. 掌握型腔模具的含义及型腔模具制造特点
2. 掌握工时参数估算法的相关说明、影响因素和估算公式
3. 掌握材料比价估算法的相关说明、影响因素和估算公式
4. 根据市场规律选择合适的塑料注射模具价格估算方法

任务一　塑料注射模具价格估算方法一
（工时参数估算法）

一、任务导入——肥皂盒注射模具定价

肥皂盒注射模具定价任务导入见表3-1。

二、知识链接——塑料注射模具价格估算

（一）塑料注射模具价格估算知识准备

1. 型腔模具的含义及制造特点

（1）型腔模具的含义　型腔模具是塑料成型模具（注射模、压缩模、传递模、吹塑模、吸塑模、发泡模）、金属体积成形模具（压铸模、锻造模、粉末冶金模、失蜡铸造压型模）、玻璃成形模具（压制模、吹制模、吹压模）、橡胶成形模具（压胶模、挤胶模、注射模）及陶瓷成形模具等多种成形模具的统称。

由于这些型腔模具在制品成形工艺、模具材质、模具结构、模具制造工艺等方面不尽相同，更由于这些型腔模具在制品行业中应用的多寡悬殊，有些型腔模具的应用面很窄、行业性强，所以本书只重点论述使用量大、涉及面广的塑料注射成型模具和金属压力铸造成形模具的价格计算方法问题。

表 3-1　肥皂盒注射模具定价任务导入

学习情境	实训地点：模具实训中心网络教室 教学条件：肥皂盒工程图及技术参数资料，由快速成型加工出的肥皂盒实物 4 副，塑料模具设计手册，游标卡尺等	具体要求
学习任务	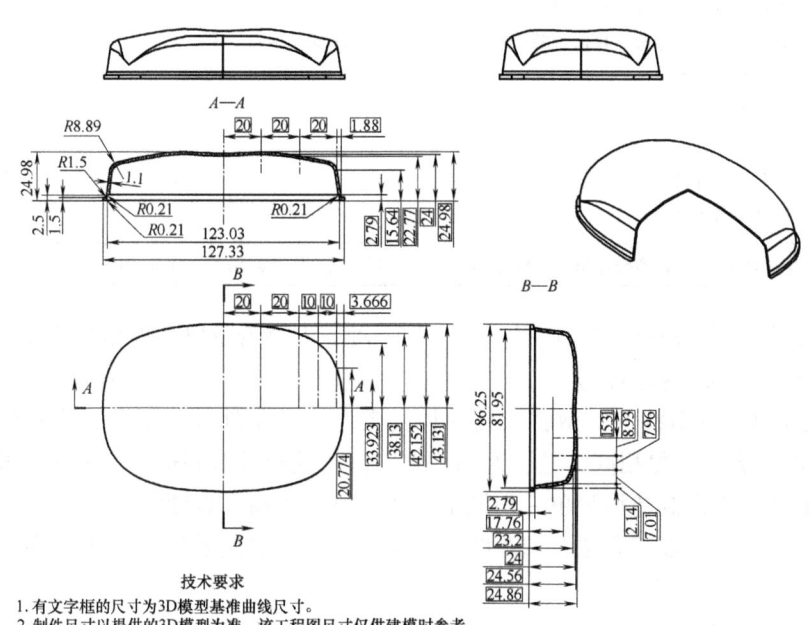 a) 肥皂盒上盖 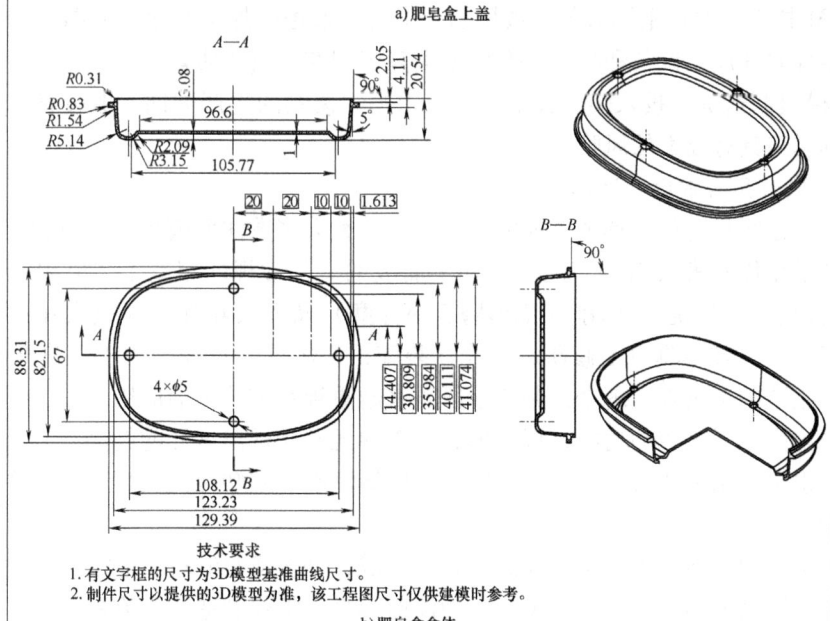 b) 肥皂盒盒体 肥皂盒工程图（材料：PE）	根据所学模具设计与制造技术知识及塑料注射模具价格估算方法，完成肥皂盒注射模具定价任务

技术要求
1. 有文字框的尺寸为3D模型基准曲线尺寸。
2. 制件尺寸以提供的3D模型为准，该工程图尺寸仅供建模时参考。

(续)

能力目标	掌握塑料注射模具价格常用的2种估算方法，能够用工时参数估算法对肥皂盒注射模具实施定价	
任务要求	① 掌握型腔模具的含义及制造特点 ② 掌握塑料注射模具的常规制造工艺 ③ 掌握塑料注射模具价格的常用估算方法 ④ 能够运用工时参数估算法估算一般复杂程度的注射模具价格	
教学法安排	① 多媒体教学 ② 网络实作 ③ 学生分组讨论 ④ 职业技能评价	理实一体 教学方式
最终考核	工作文件10%，具体操作过程40%，工作结果30%，汇报效果10%，团队10%	百分制

注射模具是塑料成型模具里使用最为广泛的一种，本书着重以注射模具为对象，其他型腔模具可以根据相似程度参照估算。

（2）型腔模具的制造特点　型腔模具的种类繁多，且制件成形工艺、模具结构、模具材质、模具精度等方面不尽相同，甚至差别很大，但型腔模具的制造具有下述共同特点：

1）模具的成形零件制造均为单件小批量生产，且精度高、难度大。

2）目前，普通机械加工方法，如车削、刨削、铣削、磨削及钳工加工等在制造过程中应用仍较普遍。

3）新工艺、新技术在模具型腔制造中正迅速地替代普通机械加工，如无接触仿形装置、CAD/CAM技术、数控坐标磨削、数控加工中心、数控电加工技术、逆向工程及三坐标测量技术等多种先进加工设备和技术，有效地提高了型腔模具的质量。

4）型腔模具制造资金投入多、技术水平要求高、模具的生产周期一般较长，复杂、大型的型腔模具制造具有较大的风险。

2．塑料注射模具的常规制造工艺

动模和定模是塑料注射模具最主要的两大部件。绝大多数注射模具的动模和定模中的型腔、型芯均是采用优质模具钢经多道工序加工而成的。其常规的制造工艺流程是：经铣削（仿形铣、数控铣、工具铣）、磨削（成形磨、坐标磨）及电火花加工（电火花成形、电火花线切割）成形，又经模具钳工修研、抛光、装配，再经反复试模与修整，直至检验合格后才完成模具制造的全过程。现今，制造手段越来越重视数控技术的应用，车、铣、磨、电加工等方法中均强化了数控的功能，现代模具加工中无不体现出这样的趋势。

有些情况也常采用一些特殊的工艺手段，如电铸型腔、超塑冷挤压型腔、锌基合金铸型腔、环氧树脂浇注型腔等工艺。

当前，模架的制造通常由模架专业制造企业完成，许多模具制造企业通过采购模架来满足本身的需要，这已成为主流方式。图3-1为注射模具的常规制造工艺流程。

3．塑料注射模具价格的常用估算方法

（1）常用方法　目前，注射模具的价格估算方法在企业里有多种，常用的有：①类比法；②材料比价法；③成本法；④工时法。

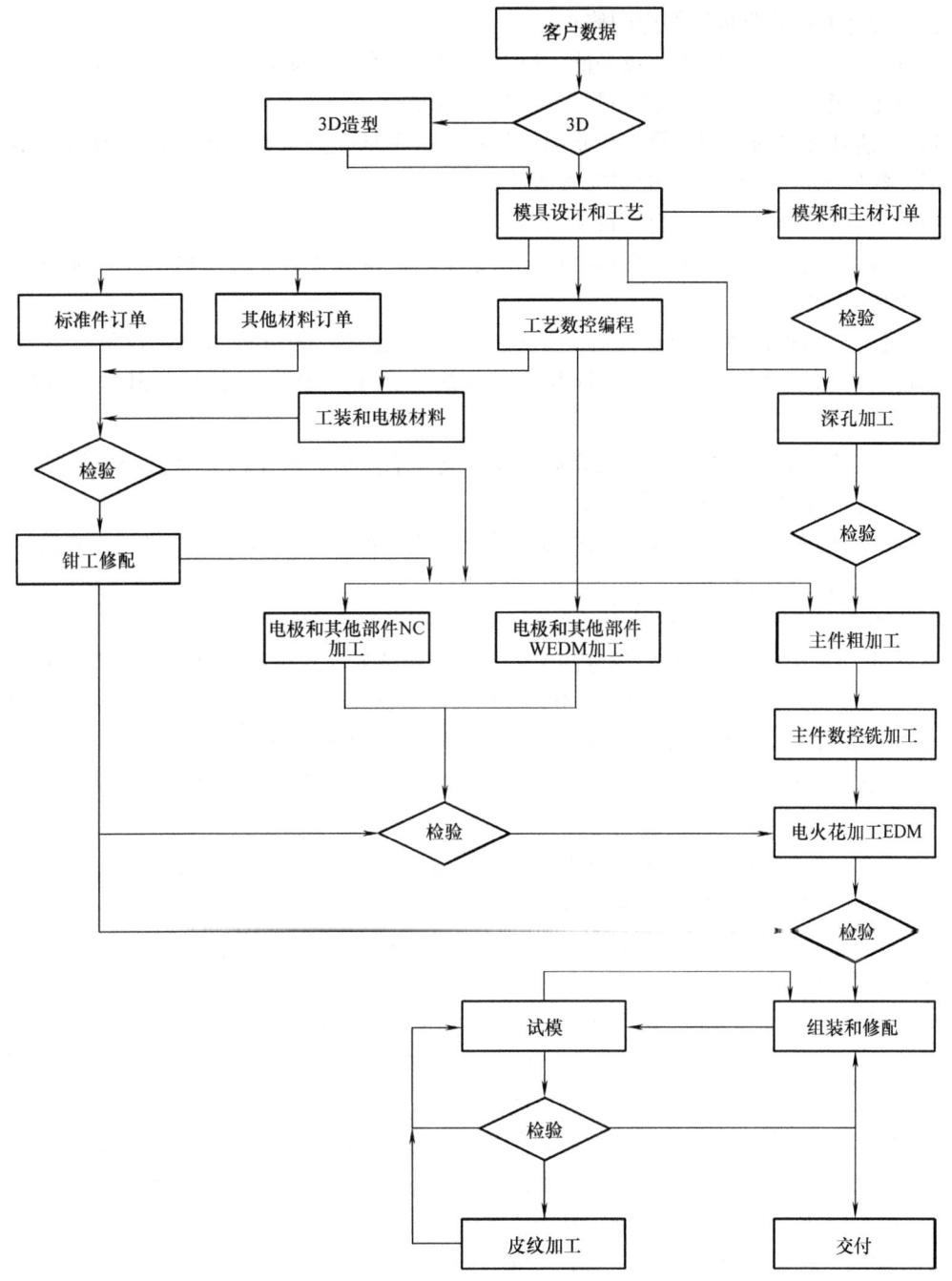

图 3-1 注射模具的常规制造工艺流程

上述四种方法在项目二中已作了共性的介绍，本项目将主要对工时估算法和材料比价估算法作重点介绍。

（2）使用时的注意要点

1）本项目涉及的估算注射模具价格的方法及有关参数，均是以注射模具的常规制造工艺为基础推导和设定的。对于采用其他特殊工艺制造的注射模具，若仍想用本项目推荐的估算方法，对有关参数要进行相应的修正。

2) 由于人员的技术能力、设备能力以及管理能力会对企业的效率和成本有不同程度的影响，因此，模具价格估算方法的侧重点在于估算方法。

3) 本估算方法的数据尽量体现我国模具行业的平均先进水平，仅仅作为参考，不可简单套用，各具体企业应按各自的实际数据计算。

4) 出口模具的价格根据当时行情另议。

5) 对技术上有特殊要求或交货期短于正常生产周期的模具，其价格应在本项目估算出的价格的基础上适当加价。

6) 对于典型性制件的成形模具，如电视机壳体模具，既可按本办法计价，也可采用目前在模具行业上已约定形成的计价办法，即以"元/in"作为模具计价基本单位的办法进行估价。

7) 本估算方法算出的结果只是企业自身的成本估算值，对于已完全市场化的模具行业可以作为与客户谈判时企业希望价的参考依据。

对本项目所指的型腔模具估价时必须遵循上述规定，否则，计算出的模具价格误差较大。

（二）工时参数估价法

1. 工时参数估价法的主要对象与相关说明

将项目二中的模具基本价格成分的构成公式用作估算注射模具价格时，下角加 z，即

$$P_z = M_{z1} + M_{z2} + M_{z3} + D_z + Q_z + R_z + T_z \tag{3-1}$$

式中许多构成成分的估算方法在各种模具估价办法中基本相同。工时参数估价法与其他方法不相同的地方在于对加工工作量（即 M_{z2} 和 D_z）的估算方法，对此，可以将 M_{z2} 和 D_z 解析如下：

1) M_{z2}：制造工费，由各工种（或各工序）制造工时与相应的工时单价的乘积或制造总工时与综合平均工时单价的乘积组成。

2) D_z：技术开发费，包括逆向工程、3D 成形及成形工艺分析、模具设计和 CAE 仿真等，它也可以通过工时计费。

设 T_{zm} 为制造工时，T_{zd} 为技术开发工时，A_z 为单位工时的平均费用，则

$$M_{z2} = T_{zm} A_z \tag{3-2}$$

$$D_z = T_{zd} A_z \tag{3-3}$$

工时参数估价法需要计算的主要对象是 T_{zm}、T_{zd} 和 A_z，这三个参数则是通过模具和产品的主要技术参数计算得到。其他成本因素如 M_{z1}、M_{z2} 中的外购（协）专业服务（如皮纹等）、M_{z3}、Q_z、R_z、T_z 的计算都与其他计算方法相同。

本项目中工时参数估价法是将设计与加工的工时一起考虑和计算的（一般设计工时是加工工时的 15%~25%），设 M_z 为设计制造费，T_{zmd} 为设计、制造工时之和，由式（3-2）和式（3-3）可得

$$M_z = M_{z2} + D_z$$

则

$$M_z = T_{zm} A_z + T_{zd} A_z = A_z (T_{zm} + T_{zd}) = A_z T_{zmd} \tag{3-4}$$

2. 工时参数估价法的影响因素和估算公式

工时参数估价法将重要的技术因素对制造加工造成影响的程度以系数的方式表达，由于

影响模具估价的因素很多，如模具的规格大小、结构繁简、精度高低等，而且各因素之间互为基础，详细计算十分困难。根据快捷、相对准确、方便的原则，本书选择常见的、影响比较直接和比重较大的因素作为计算依据。通过对注射模具制造全过程的分析，影响制造总工时的主要因素有制件的外形尺寸（长、宽、高）、制件几何体的复杂程度、制件的精度、模具成形部位的表面粗糙度、制件成形复杂度对模具结构的影响等。据此，本项目采用如下几种技术参数，并相应给出了模具制造总工时的计算公式。

1) 产品尺寸系数（K_{z1}）——产品的大小决定了模具的加工量，以此系数从工作量方面来调节。

2) 模具结构复杂系数（K_{z2}）——主要表达模具结构对制造的影响，模具结构的复杂性是由许多方面组成的，在此，只选用最主要的方面，忽略其他次要因素，以此系数从结构复杂性对工作量影响的方面来调节。

3) 产品表面特征系数（K_{z3}）——主要表达产品的复杂性对加工量的影响，如喇叭网孔、散热孔或面栅、薄板深筋等。

4) 产品精度系数（K_{z4}）——塑料产品的精度不仅在于模具的加工精度，还与塑料产品在注射过程中的收缩控制能力有关，这就与模具流道与浇口系统、冷却系统、塑料品种、收缩率的选取等设计、加工因素有关，会对模具制造工时产生影响。

设综合影响系数为K_{z0}，它等于各种修正系数之乘积，即有

$$K_{z0} = K_{z1}K_{z2}K_{z3}K_{z4} \tag{3-5}$$

以上几个参数都是用于对基本数据进行修正的，这个基本数据就是本书要引入的一个重要概念：基点当量以及它的两个基本组成部分——基点工时和基点工价。

(1) 基点工时 以一种假设的最基本的产品结构、最简单的几何形状、最基本的要求、平面分型、一模一件、表面要求一般、尺寸为100mm×100mm×100mm的盒形产品作为基准，将该产品的注射模具所用工时设定为一个标准值，称为基点工时。设T_{z01}为基点工时，根据实践经验，塑料注射模具基点工时定为80h为宜。

(2) 基点工价 按现代常用加工工艺各工种在其中占的比例关系和各工种的单价，算出每个工时的平均费用，称为基点工价。设A_{j1}为基点工价，以当前的物价水平，经过测算暂定70元为宜。则有

$$A_z = K_{zj1}A_{j1}$$

式中 K_{zj1}——单位工时平均费用影响系数。

各模具制造企业在人员、设备、管理等方面相差甚大，所以单位工时平均费用A_z也不相同。该值应由企业现有决算计算得出，并在测算期内保持稳定，根据不同时期的实际情况进行阶段性修正。

经过以上分类定义，可以看出，对T_{zm}和T_{zd}的分析计算，就转变成对T_{z01}和K_{z0}的分析、研究、计算。因此，式（3-4）就有如下变化

$$M_z = T_{zm}A_z + T_{zd}A_z = A_zT_{z01}K_{z0} \tag{3-6}$$

从中可以看出，式（3-6）中只有K_{z0}是最主要的研究对象，需要详细分解计算。

3. 影响系数的因素和计算公式

(1) 产品尺寸系数K_{z1}（见表3-2） 求出以产品外形尺寸（即模具型腔表面尺寸）与分型面组成的产品包络体积（也可看作型腔体积），以该体积乘以0.5~0.9（调整系数

K_{z11}），再除以基准产品的包络体积，得到的即是产品尺寸系数 K_{z1}，即

$$K_{z1} = 型腔体积 \times \frac{K_{z11}}{1000000}$$

K_{z11} 为调整系数，它是基点工时中纯加工工时与整副模具工时（设计、编程、加工、试模等工时的总和）之间的比值，一般取 0.5~0.9。

表3-2 产品尺寸系数 K_{z1}

同一型腔分割	长/mm	宽/mm	高/mm	型腔体积/mm³	K_{z1}
1					
2					
3					
4					
5					
6					
合计					
一模同型多腔数 N		调整系数 K_{z11}		取值	
		0.5~0.9			
另一型腔分割					
合计					
一模异型多腔数 N		调整系数 K_{z11}		取值	
		0.5~0.9			
壁厚/mm	长/mm	宽/mm	高/mm	产品表面积/mm²	产品体积/mm³

当制件为一模多腔时（无论制件是否相同），产品的总尺寸系数 K_{z1} 等于各个型腔的尺寸系数之和。

在实际计算时，塑料制件的边界和高度可能是不规则的，这给体积计算带来很大困难，可按以下五种方法解决：

1）客户有三维数据模型时，三维设计软件都有计算体积的功能，这样计算出来的体积准确度很高。

2) 如不具备上述条件，可采用分层分割法，将不同深度的截面分别计算，得出相近的数据再给予合计。

3) 对不规则曲面形状，可采用近似典型几何形状的折算方式，如柱形、梯形、球形和三角形等，同样得出相近的数据。

4) 对于一些在出模方向深度较深，投影面积却相对较小的产品，产品尺寸系数不能充分反映的产品，其加工影响因素的权重应体现在结构复杂系数上。

5) 当某些小凸台或底面积相对于整个产品的截面非常小时，该部分在计算深度时可视加工的难易程度采取忽略、减半、全部计算等调整方法解决。

(2) 模具结构复杂系数 K_{z2}（见表3-3） 影响模具结构的要素很多，不可能将所有结构要素都设定系数，这不仅太烦琐，也没有必要，仅仅将其中最主要的、影响较大的结构要素，如抽芯状况、斜顶出状况、主分型面状况、开模次数、进料系统和模具寿命等要素，设定为结构复杂系数的子系数，就基本可满足计算要求。

表3-3 模具结构复杂系数 K_{z2}

结构要素			系数数值	选用说明	系数代号
抽芯	1处	局部	0.05~0.1	当抽芯相对于模具很小时取0.05	K_{z21}
		全部	0.15~0.25		
	2处	局部	0.1~0.2	当抽芯相对于模具很小时取0.1	
		全部	0.3~0.6	哈夫模取0.6	
	3处	局部	0.15~0.3	当抽芯相对于模具很小时取0.15	
		全部	0.45~0.8	哈夫模取0.8	
	4处以上	局部	0.2~0.4	当抽芯相对于模具很小时取0.2；超过4处则每增加1处加0.05~0.1	
		全部	0.6~1		
复合抽芯	1处	直线	0.2~0.4		K_{z22}
		曲线	0.3~0.6		
斜推块	1处	二维	0.05~0.1		K_{z23}
		三维	0.1~0.15		
	每增加1处	二维	0.02~0.05	当方向不同时取较高值	
		三维	0.03~0.1		
主分型面	平面	镶拼式型芯	0~0.1	型芯高度≥240mm取0.05；≥400mm取0.1；型芯高度应包括嵌入部分	K_{z24}
		整体型芯	0.1~0.4	型芯高度≥100mm取0.1；≥200mm取0.15；≥300mm取0.2；≥400mm取0.28；≥450mm取0.34；≥500mm取0.4	
		整体型腔	0.1~0.4		

(续)

结构要素			系数数值	选用说明	系数代号
主分型面	异型面	镶嵌式型芯	0.07~0.2	型芯高度≥240mm 取 0.05；≥400mm 取 0.1 的基础上根据曲面的复杂性增加 0.02~0.1；型芯高度应包括嵌入部分	K_{z25}
		整体型芯	0.12~0.5	型芯高度≥100mm 取 0.1；≥200mm 取 0.15；≥300mm 取 0.2；≥400mm 取 0.28；≥450mm 取 0.34；≥500mm 取 0.4 的基础上根据曲面的复杂性增加 0.02~0.1	
		整体型腔	0.11~0.45	型芯高度≥100mm 取 0.1；≥200mm 取 0.15；≥300mm 取 0.2；≥400mm 取 0.28；≥450mm 取 0.34；≥500mm 取 0.4 的基础上根据曲面的复杂性增加 0.01~0.05	
开模次数		2 次	0.1~0.2		K_{z26}
		3 次	0.15~0.25		
进料形式	点浇口	1 点	0.05~0.1		K_{z27}
		2 点以上	0.1~0.3		
	潜伏浇口	2 点以内	0.1~0.2		
		每增加 1 点	0.02~0.05		
	热流道	1 点	0.02~0.04		
		2 点	0.05~0.1		
		2 点以上每增加 1 点	0.01~0.02		
寿命		50 万模次以上	0.05~0.15		K_{z28}
		70 万模次以上	0.15~0.25		
		100 万模次以上	0.25~0.4		

需要注意的一些事项：
1）基本系数取 1。

$$K_{z2} = 1 + \sum K_{z2i}$$

当模具是无侧抽芯、无斜面顶出、平面一次分型、直浇口或侧浇口时，模具的 $\sum K_{z2i} = 0$，

则 $K_{z2}=1$。

2）有抽芯时选取系数需注意：

① 侧抽芯。侧抽芯宽度等于或大于制件该侧宽度一半时，按"全部"方式选取系数；侧抽芯宽度尺寸≥150mm 时也按"全部"方式选取系数。

② 复式直线抽芯。抽芯机构的运动轨迹为直线运动，空间三维斜抽芯也按复式抽芯中"直线"型计算系数。

③ 复式曲线抽芯。抽芯机构的运动轨迹为圆弧线。沿圆弧线方向抽出的抽芯机构，其曲率半径大小和抽出距离长短决定模具结构的复杂程度。若结构复杂、抽出距离长，则系数选大值；若结构简单、抽出距离短，则系数选小值。

一副模具中有两处或两处以上的复式抽芯机构时，其系数计算方法为：结构、尺寸完全相同时，每增加一处其系数增加原系数的 0.5~0.6 倍；结构相同、尺寸不同或结构、尺寸均不相同时，每增加一处其系数增加 1 倍。

3）斜顶机构。二维斜推块是指斜推块活动方向与模架的 X 或 Y 方向平行；三维空间斜推块是指斜推块活动方向与模架的 X 或 Y 方向都不平行。

4）分型面。分型面的加工难度不仅与是否曲面有关，而且与是否镶嵌及型芯的高度有关，现在广泛使用数控加工设备，使得曲面加工比较容易，但对于折面、台阶等分型面，其加工匹配程度要求高；对于整体式高型芯的加工和根部处理，因受刀具强度的限制，效率会明显下降。为此，分型面系数要加以考虑。

综合考虑分型面形状、型腔深度、整体与镶嵌等因素对刀具加工效率等的影响，可分别取不同系数，见表 3-3。

5）开模结构。主要指二次以上的开模机构或顶出机构，在计算上要与抽芯、斜推块等加以区别，不能重复计算。

6）浇口系统

① 潜伏浇口包括香蕉浇口。

② 热流道系统可能是整套采购的，如果在采购整套部件中计算过了就不要重复计算。

7）模具寿命。当前，模具的型腔材料一般均采用 P20 类材料，在正常使用和维护保养的情况下寿命在 50 万模次内是基本可行的，大于 50 万模次的要选用基体硬度较高的材料，在加工中会增加工时和费用。

8）K_{z2i} 参数值是个范围，可根据企业自身的情况和模具的具体情况选取和调整。

（3）产品表面特征系数 K_{z3}　现在数控加工技术应用越来越普遍，几何形状的复杂程度对制造的影响度在下降，真正对工作时间产生影响的因素是面栅、网孔、薄片筋、表面粗糙度以及陡壁深腔、高型芯等。除将陡壁深腔、高型芯因素归类于模具结构复杂系数中计算外，其他见表 3-4。

在使用表 3-4 时应注意如下几点：

1）基本系数取 1。

$$K_{z3}=1+\sum K_{z3i} \tag{3-7}$$

当模具无侧面栅、无网孔、无深筋、表面抛光在 1000 粒以下时，模具的 $\sum K_{z3i}=0$，则 $K_{z3}=1$。

表 3-4 产品表面特征系数 K_{z3}

产品表面特征因素			系　　数	选 用 说 明	系数代号
面栅	碰穿式	镶块	(0.4~0.6)×外面积比	外面积比是指面栅面积与产品外表面面积之比	K_{z31}
		整体	(0.7~0.9)×外面积比		
	对插式	镶块	(0.6~0.8)×外面积比		K_{z32}
		整体	(1~1.2)×外面积比		
网孔	细密孔	镶块	(1.35~1.65)×外面积比	孔径 2mm，间距≤孔径×1.5	K_{z33}
		整体	(1.8~2.2)×外面积比		
	疏孔	镶块	(0.8~1)×外面积比		K_{z34}
		整体	(1.1~1.3)×外面积比		
片筋	薄片	长度≤50mm	0.02~0.04	小端<1mm 且深度≥20mm	K_{z35}
		长度>50mm，每增长 30mm	0.005~0.015		
	深筋	长度≤50mm	0.02~0.04	深度≥30mm	K_{z36}
		长度>50mm，每增长 30mm	0.015~0.025		
薄壁		1~1.5mm	0.2~0.4	产品面积≥10000mm²	K_{z37}
		≤1mm	0.3~0.7	产品面积≥3000mm²	
表面处理	抛光	1000 粒以下	0	有皮纹要求的，抛光取本档系数	K_{z38}
		1200 粒	0.015~0.025		
		1500 粒	0.035~0.045		
		2000 粒	0.065~0.075		
		3000 粒	0.09~0.11		
		8000 粒	0.16~0.2		
		12000 粒	0.22~0.26		
		14000 粒	0.28~0.32		

2）当相对应的面栅、网孔在型腔、型芯上分别采用整体和镶嵌方式，在系数取值时取整体，不能重复取值。

3）皮纹处理一般都是外协加工，按市场价作为采购费（外协费）计算。

4）K_{zi} 参数值是个范围，可根据企业自身的情况和模具的具体情况选取。

（4）产品精度系数 K_{z4}

1）塑料件产品精度等级标准。注射成型的产品精度除受模具制造精度影响外，还受塑料本身的收缩特性和成型时的工艺条件等方面的影响，要精确控制所有的产品尺寸是很困难的。实际上，产品的许多尺寸是非关键尺寸，即使是关键尺寸也存在一些互配的现象，因此掌握好关键尺寸的精度要求是正确选择产品精度系数的关键。

在国家标准 GB/T 14486—2008 中，将不同塑料件的公差等级要求分为高精度、一般精度、未标注公差的尺寸精度三种，根据工程实际的需要，选用不同的精度等级。常用塑料制件公差等级的选用见表3-5。表中未列出的塑料，可根据制品成型后的尺寸稳定性参照选择等级。

表3-5 常用塑料制件公差等级的选用（GB/T 14486—2008）

材料代号	模塑材料		公差等级		
			标注公差尺寸		未标注公差尺寸
			高 精 度	一般精度	
ABS	丙烯腈-丁二烯-苯乙烯共聚物		MT2	MT3	MT5
EP	环氧树脂		MT2	MT3	MT5
PA	聚酰胺	无填料填充	MT3	MT4	MT6
		30%玻璃纤维填充	MT2	MT3	MT5
PC	聚碳酸酯		MT2	MT3	MT5
PE-HD	高密度聚乙烯		MT4	MT5	MT7
PE-LD	低密度聚乙烯		MT5	MT6	MT7
PF	酚醛树脂（苯酚-甲醛树脂）	无机填料填充	MT2	MT3	MT5
		有机填料填充	MT3	MT4	MT6
POM	聚甲醛	≤150mm	MT3	MT4	MT6
		>150mm	MT4	MT5	MT7
PP	聚丙烯	无填料填充	MT4	MT5	MT7
		30%无机填料填充	MT2	MT3	MT5
PPE	聚苯醚		MT2	MT3	MT5
PS	聚苯乙烯		MT2	MT3	MT5
PSU	聚砜		MT2	MT3	MT5
PVC-U	未增塑聚氯乙烯		MT2	MT3	MT5
PVC-P	软质聚氯乙烯		MT5	MT6	MT7

在 GB/T 14486—2008 中将塑料制品的尺寸公差等级分为七级，同时考虑受模具活动部分的影响，又分 a、b 两套数值，塑料制品尺寸公差见表3-6。注意：表中数值公差范围不包括脱模斜度。

表3-6 塑料制件尺寸公差（GB/T 14486—2008）

基本尺寸/mm	精度等级												
	MT1		MT2		MT3		MT4		MT5		MT6		MT7	
	a	b	a	b	a	b	a	b	a	b	a	b	a	b
	尺寸公差值/mm												
>0~3	0.07	0.14	0.10	0.20	0.12	0.32	0.16	0.36	0.20	0.40	0.26	0.46	0.38	0.58
>3~6	0.08	0.16	0.12	0.22	0.14	0.34	0.18	0.38	0.24	0.44	0.32	0.52	0.46	0.66
>6~10	0.09	0.18	0.14	0.24	0.16	0.36	0.20	0.40	0.28	0.48	0.38	0.58	0.56	0.76
>10~14	0.10	0.20	0.16	0.26	0.18	0.38	0.24	0.44	0.32	0.52	0.46	0.66	0.66	0.86
>14~18	0.11	0.21	0.18	0.28	0.20	0.40	0.28	0.48	0.38	0.58	0.52	0.72	0.76	0.96
>18~24	0.12	0.22	0.20	0.30	0.22	0.42	0.32	0.52	0.44	0.64	0.60	0.80	0.86	1.06
>24~30	0.14	0.24	0.22	0.32	0.26	0.46	0.36	0.56	0.50	0.70	0.70	0.90	0.98	1.18
>30~40	0.16	0.26	0.24	0.34	0.30	0.50	0.42	0.62	0.56	0.76	0.80	1.00	1.12	1.32
>40~50	0.18	0.28	0.26	0.36	0.34	0.54	0.48	0.68	0.64	0.84	0.94	1.14	1.32	1.52
>50~65	0.20	0.30	0.30	0.40	0.40	0.60	0.56	0.76	0.74	0.94	1.10	1.30	1.54	1.74
>65~80	0.23	0.33	0.34	0.44	0.46	0.66	0.64	0.84	0.86	1.06	1.28	1.48	1.80	2.00
>80~100	0.26	0.36	0.38	0.48	0.52	0.72	0.72	0.92	1.00	1.20	1.48	1.68	2.10	2.30
>100~120	0.29	0.39	0.42	0.52	0.58	0.78	0.82	1.02	1.14	1.34	1.72	1.92	2.40	2.60
>120~140	0.32	0.42	0.46	0.56	0.64	0.84	0.92	1.12	1.28	1.48	2.00	2.20	2.70	2.90
>140~160	0.36	0.46	0.50	0.60	0.70	0.90	1.02	1.22	1.44	1.64	2.20	2.40	3.00	3.20
>160~180	0.40	0.50	0.54	0.64	0.78	0.98	1.12	1.32	1.60	1.80	2.40	2.60	3.30	3.50
>180~200	0.44	0.54	0.60	0.70	0.86	1.06	1.24	1.44	1.76	1.96	2.60	2.80	3.70	3.90
>200~225	0.48	0.58	0.66	0.76	0.92	1.12	1.36	1.56	1.92	2.12	2.90	3.10	4.10	4.30
>225~250	0.52	0.62	0.72	0.82	1.00	1.20	1.48	1.68	2.10	2.30	3.20	3.40	4.50	4.70
>250~280	0.56	0.66	0.76	0.86	1.10	1.30	1.62	1.82	2.30	2.50	3.50	3.70	4.90	5.10
>280~315	0.60	0.70	0.84	0.94	1.20	1.40	1.80	2.00	2.50	2.70	3.90	4.10	5.40	5.60
>315~355	0.64	0.74	0.92	1.02	1.30	1.50	2.00	2.20	2.80	3.00	4.30	4.50	6.00	6.20
>355~400	0.70	0.80	1.00	1.10	1.44	1.64	2.20	2.40	3.10	3.30	4.80	5.00	6.70	6.90
>400~450	0.78	0.88	1.10	1.20	1.60	1.80	2.40	2.60	3.50	3.70	5.30	5.50	7.40	7.60
>450~500	0.86	0.96	1.20	1.30	1.74	1.94	2.60	2.80	3.90	4.10	5.90	6.10	8.20	8.40
>500~630	0.97	1.07	1.40	1.50	2.00	2.20	3.10	3.30	4.50	4.70	6.90	7.10	9.60	9.80
>630~800	1.16	1.26	1.70	1.80	2.40	2.60	3.80	4.00	5.60	5.80	8.50	8.70	11.90	12.10
>800~1000	1.39	1.49	2.10	2.20	3.00	3.20	4.60	4.80	6.90	7.10	10.60	10.80	14.80	15.00

注：1. 表中a为不受模具活动部分影响的尺寸公差值；b为受模具活动部分影响的尺寸公差值。

2. 表中只规定公差值，对有公差标注的尺寸，其上、下偏差应根据工程的实际需要分配；对无公差标注的尺寸，其上、下偏差取表中公差值的一半，并冠以"±"号。

3. 表中规定的数值，应以制件成形24h后或经"后处理"后，在温度为（23±2）℃、相对湿度为（65±5）%时测量为准。

2) 塑料产品精度域判别和选取见表3-7。

表3-7 塑料产品精度系数 K_{z4}

产品尺寸精度要求	高精度尺寸数	系数 K_{z4}
塑料制件的尺寸精度均为一般	0	1.00
塑料制件的尺寸有高精度与一般精度	2个以内	1.05
	3~5个	1.1
	6~10个	1.3
	11~20个	1.5
	>20个	1.5~2.0

注:1. 在与客户商谈时应确认关键尺寸,非关键尺寸不要作为选取精度系数的对象。
  2. 以关键尺寸中的可互配尺寸作为参考选取精度系数时要慎重。

(5) 工时参数估算法系数汇总及说明(见表3-8)

表3-8 工时参数估算法系数汇总及说明

求值	主要参数	说明	公式
M_z	A_z	基点工费=70元/h	$M_z = A_z T_{z01} K_{z0}$
	T_{z01}	基点工时=80/h(以尺寸为100mm×100mm×100mm的盒形产品作为基准)	
	K_{z0}	各系数乘积	
K_{z0}	K_{z1}	产品尺寸系数	$K_{z0} = K_{z1} K_{z2} K_{z3} K_{z4}$
	K_{z2}	模具结构复杂系数	
	K_{z3}	产品表面特征系数	
	K_{z4}	产品精度系数	
K_{z1}		取产品型腔体积和基准体积比值	K_{z1} = 产品型腔体积/1000000 × (0.5~0.9)
K_{z2}		基本系数为1;$K_{z2i} = K_{z21}, K_{z22}, K_{z23}, K_{z24}, K_{z25}, K_{z26}, K_{z27}, K_{z28}$	$K_{z2} = 1 + \sum K_{z2i}$
K_{z3}		基本系数为1;$K_{z3i} = K_{z31}, K_{z32}, K_{z33}, K_{z34}, K_{z35}, K_{z36}, K_{z37}, K_{z38}$	$K_{z3} = 1 + \sum K_{z3i}$
K_{z4}		依据高精度尺寸的个数取值	K_{z4} 最低取值为1

三、任务实施

(一) 肥皂盒制件工艺性分析

1. 制件分析

1) 制件材料为聚乙烯 (PE),聚乙烯的流动性能好,溢边值为 0.02mm 左右,加热时间长则发生分解、烧伤,收缩率范围大,收缩值大,方向性明显,易变形、翘曲,结晶度及模具冷却条件对收缩率影响大,应控制模具温度,保持冷却均匀稳定。

2) 成型工艺宜采用高压注射,料温均匀,填充速度要快,保压充分。不宜采用直浇口,易增大内应力,或产生不匀,方向性明显增大变形,应注意选择进料口位置,防止产生缩孔、变形。成型材料质软、易脱模,塑料件有浅的侧凹槽时可强行脱模。

2. 模具分析

1) 该塑件尺寸适中,一般精度要求,且为套件 (5万套/批),为降低成型费用,采用一模两腔,一侧为上盖,另一侧为盒体。

2) 根据制件的形状及外观质量要求分析,选择侧浇口,将浇口开设在分型面上肥皂盒边缘处。浇注系统形状及尺寸如图3-2所示。

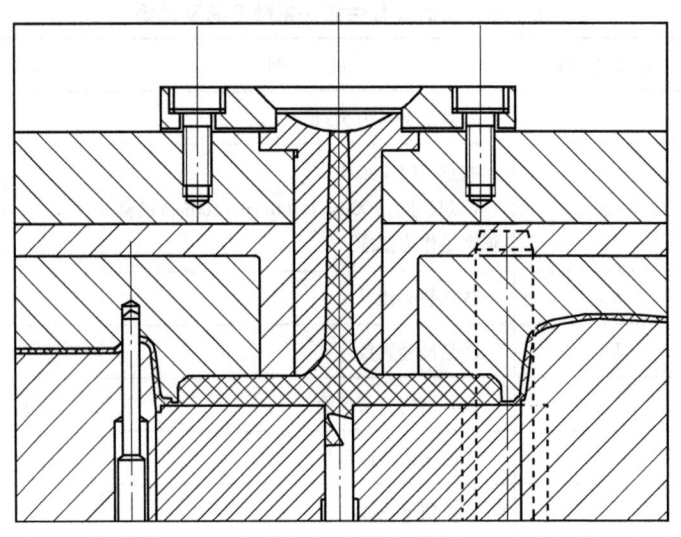

图 3-2 浇口形状

3) 选注射机型号为:XS-ZY-125。

4) 推出机构为推板推出。

5) 根据模具结构及制件等综合考虑,采用外连接直通式冷却水管。

(二) 肥皂盒注射模具定价任务实施

肥皂盒注射模具定价任务实施过程见表3-9。

表 3-9 肥皂盒注射模具定价任务实施过程

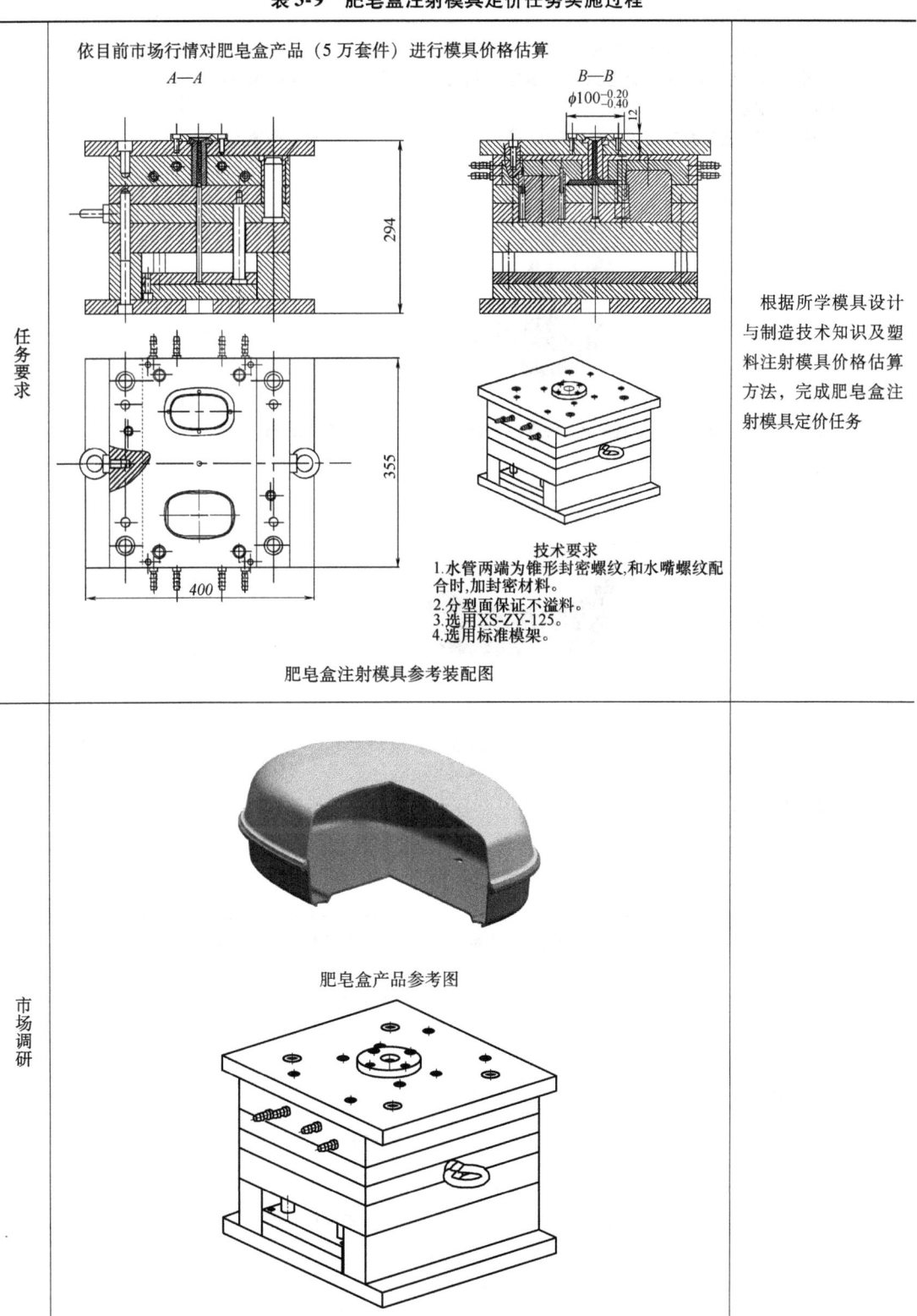

（续）

市场调研	① 上网查找肥皂盒注射模具价格及模具制造有关资料 示例1：设计生产工具盒、肥皂盒，加工制造工具盒、肥皂盒模，价格：￥10000.00/套；产地：广东东莞 示例2：提供精密肥皂盒塑料模具及注射加工，价格：￥8200.00/副；产地：浙江宁波 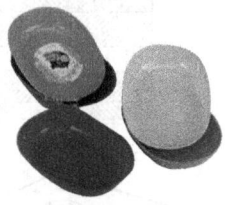 示例3：肥皂盒模具、香皂盒模具，价格：￥7000.00/套，产地：浙江台州  ② 市场调查 在当地模具市场调查肥皂盒注射模具及肥皂盒制品情况 ③ 与老产品对比 与肥皂盒注射模具老产品进行价格比较
定价目的	模具业务洽谈时，在还没有把模具设计出来之前就要估算出模具价格，以便确定是否签订合同
定价方法	采用工时参数估算法计算

定价依据及详细说明	求	值	主要参数说明	公 式
	M_z	A_z	根据当前物价水平，基点工费 = 70 元/h	$M_z = A_z T_{z01} K_{z0}$
		T_{z01}	基点工时 = 80h （以尺寸为 100mm × 100mm × 100mm 的盒形产品作为基准）	
		K_{z0}	各系数乘积 $K_{z0} = K_{z1} K_{z2} K_{z3} K_{z4}$	

（续）

	求 值		主要参数说明	公 式
定价依据及详细说明	K_{z0}	K_{z1}	产品尺寸系数	$K_{z0} = K_{z1} K_{z2} K_{z3} K_{z4}$ $= 0.39 \times 1 \times 1 \times 1.05$ $= 0.41$
		K_{z2}	模具结构复杂系数	
		K_{z3}	产品表面特征系数	
		K_{z4}	产品精度系数	
	K_{z1}		取产品型腔体积和基准体积比值 $K_{z1} = 型腔体积 \times \dfrac{K_{z11}}{1000000}$	K_{z1} = 产品型腔体积/$1000000 \times (0.5 \sim 0.9) =$ $130(长) \times 89(宽) \times 21$ $(高)/1000000 \times 0.8$ $(K_{z11}) \times 2(2腔) = 0.39$
	K_{z2}		基本系数为1； $K_{z2i} = K_{z21}, K_{z22}, K_{z23}, K_{z24}, K_{z25}, K_{z26}, K_{z27}, K_{z28}$	$K_{z2} = 1 + \sum K_{z2i}$ 当模具是无侧抽芯、无斜面顶出、平面一次分型、直浇口或侧浇口时，模具的 $\sum K_{z2i} = 0$，则 $K_{z2} = 1$
	K_{z3}		基本系数为1；$K_{z3i} = K_{z31}, K_{z32}, K_{z33}, K_{z34}, K_{z35}, K_{z36}, K_{z37}, K_{z38}$	$K_{z3} = 1 + \sum K_{z3i}$ 当模具是无侧面栅、无网孔、无深筋、表面抛光在1000粒以下时，模具的 $\sum K_{z3i} = 0$，则 $K_{z3} = 1$
	K_{z4}		依据高精度尺寸的个数选取	有2个关键尺寸，K_{z4} 取值为 1.05
	模具总价		$P_z = M_{z1} + M_{z2} + M_{z3} + D_z + Q_z + R_z + T_z$ 考虑到管理费 M_3 的计算常采用材料费、制造费和技术开发费之和的 0.18 比例计算，即 $M_{z3} = (M_{z1} + M_z) \times 0.18$。取成本利润率为 $p_r = 0.2$。增值税率为 $t_r = 0.17$。简化得到模具总价 $P_z = [1.18(M_{z1} + M_z) + Q_z] \times 1.2 \times 1.17 - 0.17(M_{z1} + E)$ $= [1.18 \times (2850 + 2296) + 650] \times 1.404 元 - 0.17 \times (2850 + 600)元$ $= 8852 元$	$M_{z1} = m_{11} + m_{12} + m_{13} + m_{14} = 2850 元$ $M_z = A_z T_{z0} K_{z0}$ $= 70 \times 80 \times 0.41 元$ $= 2296 元$ 取其他费用 $Q_z = 650$ 元，外协费 $E = 600$ 元
每组人数	5人			现场讨论
提交资料				
签订合同				
最终考核依据	工作文件10%，具体操作过程40%，工作结果30%，汇报效果10%，团队10%			百分制

四、知识拓展——注射模估价实例

(一) 估价前的准备工作

1. 对产品和模具结构的识别

1) 尽可能多地从客户处了解塑料制件和模具的要求,进行记录和整理,将与模具价格估算相关的技术条件列出。

2) 对塑料制件要有较详细的了解,勾画出模具结构草图,对一些主要特征如分型面、抽芯和顶出机构、动定模镶块、是否采用热流道系统、气体辅助系统,以及制件的关键尺寸等加以确定。

3) 将塑料制件与尺寸、结构、产品、精度等相关的因素分别识别出来。

2. 计算 K_{z0}

1) 填写产品模具技术因素表(见表3-10)。

表3-10 产品模具技术因素表

产品	长/mm	宽/mm	高/mm	表面积/mm²	体积/mm³
	皮纹类型	皮纹面积/mm²	面栅类型	面栅面积/mm²	产品壁厚/mm
	网孔类型	网孔面积/mm²	薄片筋长/mm	深筋长/mm	表面抛光
	产品材料	高精度尺寸数			
模具	长/mm	宽/mm	高/mm	出模腔数	型腔体积/mm³
	型腔形式	型芯形式	主分型面	局部抽芯数	大抽芯数
	型腔材料		型芯材料		其他主要材料
	材料硬度		材料硬度		材料硬度
	复合直线抽芯	复合曲线抽芯	二维斜推块	三维斜推块	浇口形式	热流道
	寿命	面栅结构	网孔结构		

2) 利用各系数的取值表,将各种因素对照相关系数表填入各表相应计算栏目,以便确定相应的系数,由计算公式算出 K_{z1}、K_{z2}、K_{z3}、K_{z4},并求出 K_{z0}。

3. 计算整副模具的价格

1) 确定模具的数据,如模具材料、特殊外加工费(皮纹制作费、外协试模费等)、整套购入部件费等。

2) 确定管理费率、利润率、税率等。

3) 按式(3-1)计算出模具的价格。

4）对选用的各种参数进行判断和适当的调整。

（二）手机前壳塑料注射模具估价实例

手机前壳塑料模具的基本信息见表 3-11，产品及模具简图见图 3-3，工时参数估价总表见表 3-12。

表 3-11 手机前壳基本信息表

	工 件 号		机 型	折叠式手机	产 品 名	前 壳
产品	长/mm	宽/mm	高/mm	表面积/mm²		体积/mm³
	80	50	15	6400		5120
	皮纹类型	皮纹面积/mm²		面栅类型	面栅面积/mm²	产品壁厚/mm
						0.8
	网孔类型	网孔面积/mm²		薄片筋长/mm	深筋长/mm	表面抛光
						SPI—SPE A3
	产品材料	高精度尺寸数				
	PC	10				
模具	长/mm	宽/mm	高/mm	出模腔数	型腔体积/mm³	模架材料
	500	400	400	2	120000	50C
	型腔形式	型芯形式	主分型面	局部抽芯数		大抽芯数
	整体镶块	整体镶块	平面	8		1×2
	型腔材料	S136	型芯材料	8407	其他主材	635
	材料硬度	52~54HRC	材料硬度	52~54HRC	材料硬度	58~62HRC
	复合直线抽芯	复合曲线抽芯	二维斜推块	三维斜推块	浇口形式	热流道
			8		潜式 2×2	非针阀式 1 点
	寿命	面栅结构	网孔结构			
	50 万模次以上					

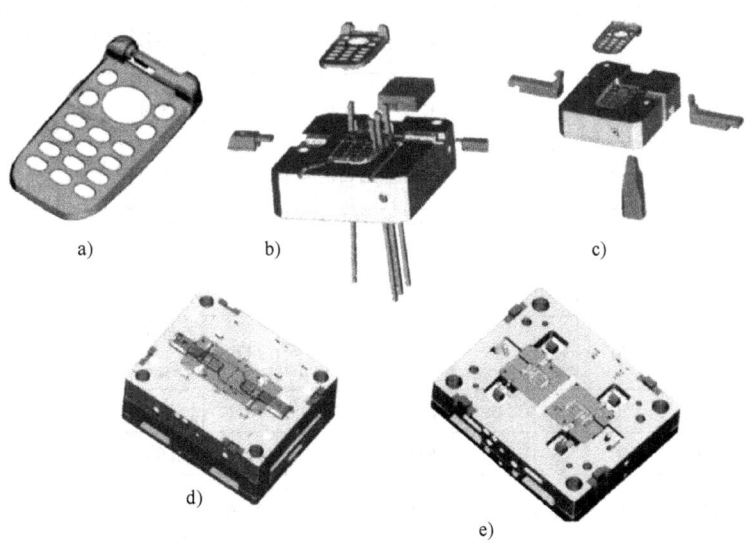

图 3-3 手机前壳产品及模具简图

a) 产品正图 b) 模具型芯 1 c) 模具型腔 1 d) 模具型芯 2 e) 模具型腔 2

表 3-12 手机前壳工时参数估价总表

客户	客户名	机种名	产品名	注塑材料	密度/(kg/m³)	产品	长(L)/mm	宽(W)/mm	高(H)/mm	产品体积/mm³	产品质量/kg
		折叠手机	前壳	PC	1190		80	50	15	5120	0.006

模具	长(L)/mm	宽(W)/mm	高(H)/mm	质量/kg	注射机吨位/t	型腔	型芯	每模取件数	取件方式	产品表面	热流道
	500	400	400	948	100	镶块	镶块	1模2件,相同	机械手	1200粒	非针阀式

模具零件名	长(L)/mm	宽(W)/mm	高(H)/mm	数量	质量/kg	材料	单价/(元/kg)	金额/元	零件名	数量	材料	单价/(元/kg)	金额/元
基本模架	500	400	400	1	948	50C	6.4	6070	斜推块/kg	8	635	102.6	821
定模座板	500	400	40	1	114	50C	6.4	731	斜导柱				0
自动脱料板						45C	5.6	0	顶杆	36		12.7	457
型腔板	500	400	100	1	223	50C	6.4	1426	顶管	12		29.6	355
型芯板	500	400	100	1	223	50C	6.4	1426	弹簧	4		210	840
顶出推板						45C	5.6	0	合计				2473
模脚支架						45C	5.6	0		选购件明细			
推杆固定板						45C	5.6	0	零件名	数量	规格	单价/(元/kg)	金额/元
推板						45C	5.6	0	热流道	1	非针阀式	10000	10000
动模座板	500	400	40	1	114	50C	6.4	731	截流腔				0
其他					0	718	55.6	0	隔热板				0
模架合计								10384	备件				0
定模镶件	1	320	150	70	1	26	S136	94	2479	面处理/mm²	0	亚光	2.393	0
定模镶件	2	100	100	50	4	16	635	102.6	1611	热处理	120		6.75	810
定模镶件	3	100	60	50	8	19	SKD61	57.3	1080	雕刻				0
动模镶件	1	320	150	70	1	26	8407	89.7	2366	外部试模				0
动模镶件	2	100	100	50	4	16	635	102.6	1611	试模材料/kg	50	0.0	32.1	1605
动模镶件	3	100	60	50	8	19	SKD61	57.3	1080	运输费				0

(续)

模具零件名		模架材料/部品明细							选购件明细				
		长(L)/mm	宽(W)/mm	高(H)/mm	数量	质量/kg	材料	单价/(元/kg)	金额/元	零件名	数量	材料	单价/(元/kg)	金额/元
滑块	1	120	100	60	4	23	635	102.6	2320					0
	2					0	718	55.6	0					0
	3					0	718	55.6	0					0
合计									12546	合计				12415
		工艺性材料明细								整套购入部件或客户专定外购服务				
电极	1	100	70	50	2	2.4	精石墨	102.6	86	热流道系统				0
	2	150	50	50	2	8.9	纯铜	47	157	液压缸				0
	3					0	纯铜	47	0	电动机				0
	4					0	纯铜	47	0	面处理/mm²	0	一层皮纹	2.564	0
夹具	1					0	718	55.6	0	出口包装				0
	2					0	718	55.6	10	出口经费				0
	3					0	718	55.6	0					0
其他		200	100	60	2	18.84	PX5	25.6	482					0
合计									725	合计				0

基点工时/h	K_{z1}	K_{z2}	K_{z3}	K_{z4}	K_{z0}	基点工价/(元/h)	工费/元	管理费率	管理费/元	利润率	利润/元	税率	税额/元	估算价/元
80	1.8	3.2	2	1.3	15	70	84000	0.18	22057	0.15	21690	17%	28269	194559

钢材单价调整表					其他材料单价调整表				塑料单价调整表			
材料	无税价/(元/kg)	与45C差价/(元/kg)	含税价/(元/kg)	密度/(kg/m³)	材料	无税价/(元/kg)	含税价/(元/kg)	密度/(kg/m³)	材料	无税价/(元/kg)	含税价/(元/kg)	密度/(kg/m³)
45C	5.6	0	6.5	7850	精石墨	102.6	120	2400	ABS	12.8	15	1090
50C	6.4	0.8	7.5		粗石墨	29.9	35	2100	AS	12.6	14.8	1090
S55C	6.8	1.2	8		纯铜	47	55	8900	HIPS	10.3	12	1000
45锻件	9	3.4	10.5						PS	10	11.7	1050

(续)

钢材单价调整表					其他材料单价调整表				塑料单价调整表			
材料	无税价/(元/kg)	与S45C差价/(元/kg)	含税价/(元/kg)	密度/(kg/m³)	材料	无税价/(元/kg)	含税价/(元/kg)	密度/(kg/m³)	材料	无税价/(元/kg)	含税价/(元/kg)	密度/(kg/m³)
国产P20	15.4	9.8	18	7850	硬铍铜	555.6	650	8100	PP	9.8	11.5	910
2738	22.2	16.6	26		2A12	29.1	34	2710	硬PVC	9.4	11	1400
718	55.6	50	65		隔热板/m²	854.7	1000		HDPE	9.4	11	960
738	22.2	16.6	26						LDPE	10.1	11.8	920
PX5	25.6	20	30						PC	32.1	37.5	1190
NAK80	56.4	50.8	66						PA66	26.9	31.5	1130
DH2F	81.2	75.6	95									
SKD61	57.3	57.3	67									
S136	94	88.4	110									
8407	89.7	84.1	105									
635	102.6	97	120									

调 整 表

型腔	型芯	每模取件数	取件方式	表面要求	热流道	皮纹类别	无税价/(元/cm²)	含税价/(元/cm²)
整体	整体	1模1件	手动	一层皮纹	自制简易	亚光	2.4	2.8
镶块	镶块	1模2件相同	自动落料	二层皮纹	非针阀式	喷砂	1.7	2
镶拼	镶拼	1模2件2不同	机械手	三层皮纹	针阀式	一层皮纹	2.6	3
		1模3件相同		亚光		二层皮纹	5.1	6
		1模4件相同		喷砂		三层皮纹	6.8	8
		1模4件2不同		1000粒				
		1模3件3不同		1200粒	整系统购入			
		1模6件相同		1500粒				
				2000粒				
				3000粒				
				8000粒				
				12000粒				
				14000粒				

任务二 塑料注射模具价格估算方法二（材料比价估算法）

一、任务导入——肥皂盒注射模具定价（表3-13）

表3-13 肥皂盒注射模具定价任务导入（采用材料比价估算法）

学习情境	实训地点：模具实训中心网络教室 教学条件：肥皂盒工程图及技术参数资料，由快速成型加工出的肥皂盒实物4套，塑料模具设计手册，游标卡尺等	具体要求
学习任务	肥皂盒工程图（材料：PE）参见表3-1相应内容	根据所学模具设计与制造技术知识及塑料注射模具价格估算方法，完成肥皂盒注射模具定价任务
能力目标	掌握塑料注射模具价格常用的2种估算方法，能够用材料比价估算法对肥皂盒注射模具实施定价	
任务要求	① 掌握型腔模具的含义及制造特点 ② 掌握塑料注射模具的常规制造工艺 ③ 掌握塑料注射模具价格的常用估算方法 ④ 能够运用材料比价估算法估算一般复杂程度的注射模具价格	
教学法安排	① 多媒体教学 ② 网络实作 ③ 学生分组讨论 ④ 职业技能评价	理实一体教学方式
最终考核	工作文件10%，具体操作过程40%，工作结果30%，汇报效果10%，团队10%	百分制

二、知识链接——塑料注射模具材料比价估算法

（一）材料比价估算法的注意事项

1. 材料比价估算法的理论依据

材料比价估算法是注射模具制造业在实际工作中使用得比较多的一种有效、快捷的计价方法。该方法有如下理论依据：

1）塑料制件的大小与模具的大小成正比关系，模具的大小与模具材料的使用量成正比关系。当材料价格以某种确定的形式存在时，产品的大小变化和模具的价格变化就具有一定的比例关系。

2）产品的结构、尺寸和形状必定影响模具的结构、加工性能等，也必定影响加工时间。模具的技术复杂性可通过相关的技术复杂系数来反映。

3）长期的实践证明，不同大小的模具和不同复杂程度的模具可以模具用材量为基点，以一种相关的比例系数来反映技术复杂性，并达到估算模具价格的目的。

4）以模具材料为计算的基点，材料价格的波动必定会影响模具的价格。

5）材料价格的波动对最后结果的影响是通过系数被放大的，因此，必须对模具材料价格估算基点予以设定，差额另外修正。

2. 材料比价估算法与工时参数估算法的关系

相似之处：

1）都对加工技术难点给予一定的系数值来参与运算和修正。

2）都需要以一个基准点作为计算的基点。

不同之处：

1）基准点各不相同，工时参数法是以假设基点工时为计算基础，材料比价计算是以某一设定模具材料价格为计算基础。

2）采用材料比价法估算，灵活性更强，又免去了复杂的产品尺寸系数的计算，显得更简便，可适应各种场合的模具价格估算，其估算精度也可以满足企业的要求。

（二）材料比价估算法的主要对象与相关说明

1. 材料比价估算法的主要对象

在市场经济的状况下，材料价格的变化和不确定因素使得以材料价格为估算基础变得较为困难，因此，作为估算模具价格基础设定的不变价格，就是在消除原材料价格变化影响的条件下，将工时费转化成与模具吨位有关的比例系数，估算出模具价格。材料价格的差价放在最后并入，以消除不必要因素的影响，又能在较长一段时期内适用。

模具计价的基本公式为式（2-1），用作估算注射模具价格时下角加 z，即

$$P_z = M_{z1} + M_{z2} + M_{z3} + D_z + Q_z + R_z + T_z$$

其中，$M_{z1} = m_{z11} + m_{z12} + m_{z13} + m_{z14}$。

本估算法只将 M_{z1} 中的 m_{z11} 和 m_{z12} 归入材料基点的计算。为了消除市场材料价格浮动对计算结果的影响，将 M_{z1} 分解为

$$M_{z1} = M_{z1j} + M_{z1c} = \sum (m_{z1i} P_{zij}) + \sum (m_{z1i} P_{zic}) + m_{z13} + m_{z14}$$

式中 M_{z1j}——模具主要材料（m_{z11} 和 m_{z12}）按设定价格计算的材料费；

M_{z1c}——模具主要材料（m_{z11} 和 m_{z12}）按市场价计算的材料费与按设定价格计算的材料费的差价；

m_{z1i}——模具主要材料重量；

P_{zij}——各模具主要材料（m_{z11} 和 m_{z12}）设定价；

P_{zic}——各模具主要材料（m_{z11} 和 m_{z12}）市场价与设定价之间的差价。

根据以上的分解，将 $\sum (m_{z1i} P_{zij})$ 作为计算基础，即

$$M_{z1i} = \sum (m_{z1i} P_{zij})$$

在代入公式时需注意：

1）仅计算主要的模具材料，以便于快速计算和不太显著影响计算精度为原则。

2）本任务中将模架、型腔、型芯和一般零件的用材，按表 3-14 所示归类为计算基准，其设定价目见表 3-14。

表3-14 主要基点材料设定价目表

材料名称	45、50C、55、45锻材	国产P20、618、PX5、638	2738、718、NAK80、SKD61	DH2F、S163、635、8407	电极铜	电极粗石墨、电极精石墨
设定单价/(元/kg)	7.5	30	75	100	50	45

3）标准件和辅助部件（m_{z13}和m_{z14}）不作为基准材料。

M_{z2}、M_{z3}、D_z、R_z、T_z采用与M_{z1j}的比例系数K_{z0}'关系来估算出价格，即K_{z0}'包含了M_{z2}、M_{z3}、D_z、R_z、T_z，那么模具的估价公式为

$$P_z = M_{z1j}(1+K_{z0}') + M_{z1c} + m_{z13} + m_{z13} + Q_z$$
$$= M_{z1j}(1+K_{z1}'+K_{z2}'+K_{z3}'+K_{z4}') + M_{z1c} + m_{z13} + m_{z14} + Q_z \quad (3-8)$$
$$K_{z0}' = K_{z1}' + K_{z2}' + K_{z3}' + K_{z4}'$$

式中 K_{z1}'——模具材料硬度系数；

K_{z2}'——模具结构复杂系数；

K_{z3}'——产品表面复杂系数；

K_{z4}'——产品精度系数。

2. 相关说明

1）相对于模具工时估算法，材料比价估算法的系数分类、系数值分类都有所不同，包含了M_{z2}、M_{z3}、D_z、R_z、T_z，适用于快速计算。

2）若材料价（设定价和差价）包含税金，则算出的价格就已经含有税金了。如果是不含税金的，就要在最后计算结果上再加上税金。如没有特别提示，本任务采用含税的方法。

3）为体现快速、简捷的特点，在系数中已经包含利润、管理费，不再另外计算。

4）根据经验数据，综合系数K_{z0}'的一般取值范围见表3-15。

表3-15 系数K_{z0}'取值表

模具状况	模具大小	系数范围
简单	小	3~3.5
	中	2.5~3
	大	2~2.5
一般	小	3.5~5.5
	中	3~5
	大	2.5~4.5
较复杂	小	5.5~8
	中	5~7
	大	4.5~6

(续)

模具状况	模具大小	系数范围
复杂	小	8~11
	中	6.5~9
	大	5.5~7.5
高复杂	小	11~15
	中	9~12
	大	7~10

注：模具大、中、小很难精确划分，按行业习惯，一般0.5t以下为小型模具，0.5~3t为中型模具，3t以上为大型模具。当然也可以再细分为中小型、中大型、超大型模具。这里划分大、中、小型只是让读者可以粗略地认识系数波动的规律。

5）通常情况下，大多数常规模具的K_{z0}'值在3~7之间。当产品非常小，但形状复杂和精度较高时，或产品体积很大、结构很简单时，这种计算方式的偏差较大，这需要根据经验进行适当的调整。

6）模具基点材料仅指毛坯材料，不使用模架的价格，因此在计算时要把加工工艺中的加工余量计算进去。如模架的价格也包含在材料基点内，则系数就要根据具体情况调整。

（三）材料比价估算法的影响因素和估算公式

1. 模具材料硬度系数K_{z1}'（见表3-16）

表3-16 K_{z1}'取值表

模具材料硬度HRC	<25	25~32	32~36	36~44	44~52	>52
K_{z1}'	1	1.2~1.5	1.5~2	2~2.5	2.5~3	3~4

模具材料硬度主要是指模具工作零件（如型腔、型芯）的材料硬度，这直接关系到加工的效率。

2. 模具结构复杂系数K_{z2}'（见表3-17）

表3-17 K_{z2}'取值表

结构要素			系数数值	选用说明	系数代号
抽芯	1处	局部	0.1~0.2	当抽芯相对于模具很小时取0.05	K_{z21}'
		全部	0.2~0.3		
	2处	局部	0.15~0.25	当抽芯相对于模具很小时取0.1	
		全部	0.3~0.5	哈夫模取0.5	
	3处	局部	0.2~0.3	当抽芯相对于模具很小时取0.15	
		全部	0.5~0.8	三哈夫模取0.8	
	4处以上	局部	0.25~0.35	当抽芯相对于模具很小时取0.2；若超过4个，每个根据复杂程度增加0.05~0.1	
		全部	0.6~1		
复合抽芯	1处	直线	0.3~0.5		K_{z22}'
		曲线	0.5~1		

(续)

结构要素			系数数值	选用说明	系数代号
斜推块	1处	二维	0.1~0.15	每增一处增加 0.05~0.1；当方向不同时取 0.1	K_{z23}'
		三维	0.2~0.3	每增一处增加 0.1~0.15；当每个方向不同时，取 0.15	
主分型面	平面	镶拼式型芯	0~0.3	型芯高度≥240mm 取 0.1；≥350mm 取 0.2；≥450mm 取 0.3；型芯高度应包括嵌入部分	K_{z24}'
		整体型芯	0~1	型芯高度≥100mm 取 0.1；≥200mm 取 0.2；≥300mm 取 0.35；≥400mm 取 0.6；≥450mm 取 0.8；≥500mm 取 1	
		整体型腔	0~1		
	异型面	镶拼式型芯	0~0.6	型芯高度≥240mm 取 0.1；≥350mm 取 0.2；≥450mm 取 0.3；型芯高度应包括嵌入部分，在此基础上根据曲面的复杂性加 0.1~0.3	K_{z25}'
		整体型芯	0~1.6	型芯高度≥100mm 取 0.1；≥200mm 取 0.2；≥300mm 取 0.35；≥400mm 取 0.6；≥450mm 取 0.8；≥500mm 取 1；在此基础上根据曲面的复杂性加 0.2~0.6	
		整体型腔	0~1.3	型芯高度≥100mm 取 0.1；≥200mm 取 0.2；≥300mm 取 0.35；≥400mm 取 0.6；≥450mm 取 0.8；≥500mm 取 1；在此基础上根据曲面的复杂性加 0.1~0.3	
开模次数	2次		0.1~0.2		K_{z26}'
	3次		0.2~0.5		
进料形式	热流道	1点	0.1~0.2	以截流腔的大小来选取	K_{z27}'
		2点	0.3~0.7		
		2点以上每增1点	0.08~0.12		

3. 产品表面复杂系数 K_{z3}'（见表3-18）

表3-18 K_{z3}'取值表

产品表面特征因素			系数数值	说明	系数代号
面栅	碰穿式	镶块	(1.5~2.5)×外面积比	外面积比是指面栅面积与产品外表面面积之比	K_{z31}'
		整体	(2.5~3.5)×外面积比		
	对插式	镶块	(2~3)×外面积比		K_{z32}'
		整体	(3.5~4.5)×外面积比		
网孔	细密孔	镶块	(3~4)×外面积比	孔径≥2mm，间距≤孔径×1.5	K_{z33}'
		整体	(5~6)×外面积比		
	疏孔	镶块	(2.5~3.5)×外面积比		K_{z34}'
		整体	(4~5)×外面积比		

(续)

产品表面特征因素			系数数值	说明	系数代号
片筋	薄片	长≤50mm	0.1~0.15	小端<1mm且深度≥20mm，根据长度选择	K_{z35}'
		每长50mm	0.1~0.15		
薄壁		1~1.5mm	0.2~0.4	产品面积≥10000mm²	K_{z36}'
		≤1mm	0.3~0.7	产品面积≥3000mm²	
表面处理	抛光	1000粒以下	0.5	有皮纹要求的，抛光取本档系数	K_{z37}'
		2000粒以下	0.5~0.8		
		8000粒以下	0.8~1.5		
		14000粒以下	1.5~2.5		

4. 产品精度系数 K_{z4}'（见表3-19）

该系数的详细说明参见技术参数法部分。

表3-19 K_{z4}' 取值表

产品尺寸精度要求	高精度尺寸数	系数 K_{z4}'
塑料制件上的尺寸精度为一般	0	0
塑料制件上的尺寸有高精度与一般的精度	2个以内	0.1
	3~5	0.2
	6~10	0.5
	11~20	1
	>20	1~2

5. 材料比价估算法系数汇总及说明（见表3-20）

表3-20 材料比价估算法系数汇总及说明表

求值	主要参数	说明	公式
K_{z0}'	K_{z1}'	模具材料硬度系数	$K_{z0}' = K_{z1}' + K_{z2}' + K_{z3}' + K_{z4}'$
	K_{z2}'	模具结构复杂系数	
	K_{z3}'	产品表面复杂系数	
	K_{z4}'	产品精度系数	
K_{z1}'		取产品型腔、型芯材料的硬度	由 K_{z1}' 对应表格选取
K_{z2}'		基本系数为1；$K_{z2i}' = K_{z21}'$, K_{z22}', K_{z23}', K_{z24}', K_{z25}', K_{z26}', K_{z27}'	$K_{z2}' = \sum K_{z2i}' \geq 1$
K_{z3}'		基本系数为1；$K_{z3i}' = K_{z31}'$, K_{z32}', K_{z33}', K_{z34}', K_{z35}', K_{z36}', K_{z37}'	$K_{z3}' = \sum K_{z3i}' \geq 1$
K_{z4}'		以高精度尺寸的个数计	K_{z4}' 可以为0

三、任务实施

（一）肥皂盒制件工艺性分析

1. 制件分析

同任务一。

2. 模具分析

同任务一。

(二) 肥皂盒注射模具定价任务实施

肥皂盒注射模具定价任务实施过程见表3-21。

表3-21　肥皂盒注射模具定价任务实施过程汇总及说明表（采用材料比价估算法）

任务要求	依目前市场行情对肥皂盒产品（5万套件）进行模具价格估价			根据所学模具设计与制造技术知识及塑料注射模具价格估算方法，完成肥皂盒注射模具定价任务（采用材料比价估算法）
市场调研	参见表3-9中相关内容			
定价目的	模具业务洽谈时，在还没有设计出模具之前就要把模具价格估算出来，以便确定是否签订合同			
定价方法	采用材料比价估算法计算			
定价依据及详细说明	求值	主要参数	说明	公式
	K_{z0}'	K_{z1}'	模具材料硬度系数	$K_{z0}' = K_{z1}' + K_{z2}' + K_{z3}' + K_{z4}'$
		K_{z2}'	模具结构复杂系数	
		K_{z3}'	产品复杂系数	
		K_{z4}'	产品精度系数	
	K_{z1}'		取产品型腔、型芯材料的硬度	由 K_{z1}' 对应表格选取 $K_{z1}' = 1.8$
	K_{z2}'		基本系数为1；$K_{z2i}' = K_{z21}'$，K_{z22}'，K_{z23}'，K_{z24}'，K_{z25}'，K_{z26}'，K_{z27}'	$K_{z2}' = \sum K_{z2i}' \geq 1$ 选取 $K_{z2i}' = 1.3$
	K_{z3}'		基本系数为1；$K_{z3i}' = K_{z31}'$，K_{z32}'，K_{z33}'，K_{z34}'，K_{z35}'，K_{z36}'，K_{z37}'	$K_{z3}' = \sum K_{z3i}' \geq 1$ 选取 $K_{z3}' = 1.5$
	K_{z4}'		以高精度尺寸的个数计	选取 $K_{z4}' = 0.3$
	模具总价		$P_z = M_{z1j}(1+K_{z0}') + M_{z1c} + m_{z13} + m_{z14} + Q_z$ $= M_{z1j}(1 + K_{z1}' + K_{z2}' + K_{z3}' + K_{z4}') +$ $M_{z1c} + m_{z13} + m_{z14} + Q_z$ $= [1125 \times 5.9 + 130 + 600 + 400 + 600（其他费用）]元$ $= 8367.5 元$	$K_{z0}' = 1.8 + 1.3 + 1.5 + 0.3 = 4.9$ $m_{z13} = 600 元$ $m_{z14} = 400 元$ $M_{z1j} = \sum(m_{z1i} P_{zij}) = 70 \times 7.5 元 + 20 \times 30 元 = 1125 元$ $M_{z1c} = \sum(m_{z1i} P_{zic}) = 70 \times 3 元$ （市场差价）$+ 20 \times (-4) 元$（市场差价）$= 130 元$
每组人数	5人			现场讨论
提交资料				
签订合同				
最终考核依据	工作文件10%，具体操作过程40%，工作结果30%，汇报效果10%，团队10%			百分制

四、知识拓展——材料比价估算实例

手机前壳塑料模具的基本信息见表3-11，产品及模具简图见图3-3，依材料比价法计算总表见表3-22。

表3-22 手机前壳材料比价估算法估价总表

客户	客户名	机种名	部品名	注塑材料	密度/(kg/m³)	产品	长(L)/mm	宽(W)/mm	高(H)/mm	产品体积/mm³	产品质量/t
		折叠手机		前壳	PC	1190		80	50	15	5120	0.006

模具	长(L)/mm	宽(W)/mm	高(H)/mm	质量/kg	注射机吨位/t	型腔	型芯	每模取件数	取件方式	产品表面	热流道
	500	400	400	948	100	镶块	镶块	1模2件，相同	机械手	1200粒	非针阀式

模架材料/部品明细								其他零件/部品明细					材料设定价(含税)/(元/kg)	
模具零件名	长(L)/mm	宽(W)/mm	高(H)/mm	数量	质量/kg	材料	设定价/元	金额差价/元	零件名	数量	材料	单价/(元/kg)	金额/元	45C	5.5
定模座板	500	400	40	1	120	50C	660	240	斜推块	8		635	120	960	50C	6.5
截流腔座板						45C	0	0	斜导柱					0	55C	7
自动脱料板					0	45C	0	0	顶杆	36			15	540	45锻件	9
型腔板	500	400	100	1	223	50C	1226	446	顶管	12			35	420	国产P20	18
型芯板	500	400	120	1	257	50C	1414	514	弹簧	4			245	980	2738	25
型芯底板					0	45C	0	0	导柱导套	4			250	1000	618	27
顶出推板					0	45C	0	0	合计					3900	718	65
模脚支架	500	80	100	2	98	50C	539	196	选购件明细						738	26
推杆固定板	500	240	25	1	48	50C	263	96	零件名	数量	规格	单价/(元/kg)	金额/元		PX5	28
推板	500	240	35	1	58	50C	321	117	热流道	1	非针阀式		10000	10000	NAK80	66
动模座板	500	400	40	1	120	50C	660	240	截流腔					0		

（续）

模具零件名		模架材料/部品明细							选购件明细					材料设定价(含税)/(元/kg)	
		长(L)/mm	宽(W)/mm	高(H)/mm	数量	质量/kg	材料	设定价/元	金额差价/元	零件名	数量	材料	单价/(元/kg)	金额/元	DH2F	90
其他						0	45C	0	0	隔热板				0	SKD61	65
模架合计					400	924		5083	1848	备件				0	S163	100
定模镶件	1	320	150	70	1	26	S136	2374	528	表面处理/cm²	0	亚光		0	8407	95
	2	100	100	50	4	16	635	1413	471	热处理	120kg		8	960	635	110
	3	100	60	50	8	19	SKD61	1225	38	雕刻				0		
动模镶件	1	320	150	70	1	26	8407	2374	396	外部试模				0		
	2	100	100	50	4	16	635	1413	471	试模材料	50kg	PC	37.5	1875		
	3	100	60	50	8	19	SKD61	1225	38	运输费				0	硬铍铜	650
滑块	1	120	100	60	4	23	635	2035	678					0	铍铜	380
	2					0	45C	0	0					0	2A12	34
	3					0	45C	0	0					0	隔热板/m²	1000
合计								12058	2619	合计				12835		
工艺性材料明细										整套购入部件或客户专定外购服务					精石墨	120
电极	1	100	70	50	2	2.4	精石墨	59	143	热流道系统				0	粗石墨	35
	2	150	50	50	2	8.9	纯铜	267	1000	液压缸				0	纯铜	40
	3					8.9	纯铜	0	0	电动机				0		
	4					8.9	纯铜	0	0	表面处理/cm²	一层皮纹	3		0		

（续）

工艺性材料明细								整套购入部件或客户专定外购服务		精石墨	120
夹具	1				0	S45C	0	0	出口包装		0
	2				0	S45C	0	0	出口经费		0
	3				0	S45C	0	0			0
其他	200	100	60	2	18.84	PX5	339	226			
合计							665	469	合计		

基点材料价/元	K_{z1}'	K_{z2}'	K_{z3}'	K_{z4}'	K_{z0}'	基价/元	材料差价/元	其他材料价/元	管理费/元	利润率	利润/元	税率	税额/元	估算价/元
17805	3.2	2	2	0.5	7.7	154017	4936	16735						177362

钢材单价调整表					其他材料单价调整表				塑料单价调整表			
材料	设定价/(元/kg)	与45C差价/(元/kg)	含税价/(元/kg)	密度/(kg/m³)	材料	无税价/(元/kg)	含税价/(元/kg)	密度/(kg/m³)	材料	无税价/(元/kg)	含税价/(元/kg)	密度/(kg/m³)
45C	5.5		6.5		精石墨	102.6	120	2400	ABS	12.8	15	1090
50C	5.5		7.5		粗石墨	29.9	35	2100	AS	12.6	14.8	1090
S55C	5.5		8		纯铜	47	55	8900	HIPS	10.3	12	1000
45锻件	5.5		10.5						PS	10	11.7	1050
国产P20	18		18						PP	9.8	11.5	910
2738	18		26		铍铜硬	555.6	650	8100	硬PVC	9.4	11	1400
618	18		27		铍铜	324.8	380	8100	软PVC	6.2	7.2	1250
718	65		65	7850	2A12	29.1	34	2710	HDPE	9.4	11	960
738	18		26		隔热板/m²	854.7	1000		LDPE	10.1	11.8	920
PX5	18		30						PC	32.1	37.5	1190
NAK80	65		66						PA66	26.9	31.5	1130
DH2F	90		95							0		
SKD61	65		67							0		
S136	90		110									
8407	90		105									
635	90		120			0				0		

（续）

调 整 表								
型腔	型芯	每模取件数	取件方式	表面要求	热流道	皮纹类别	无税价（元/cm²）	含税价（元/cm²）
整体	整体	1模1件	手动	一层皮纹	自制简易	亚光	2.4	2.8
镶块	镶块	1模2件相同	自动落料	二层皮纹	非针阀式	喷砂	1.7	2
镶拼	镶拼	1模2件2不同	机械手	三层皮纹	针阀式	一层皮纹	2.6	3
		1模3件相同		亚光		二层皮纹	5.1	6
		1模4件相同		喷砂		三层皮纹	6.8	8
		1模4件2不同		1000粒			0	
		1模3件3不同		1200粒	整系统购入		0	
		1模6件相同		1500粒			0	
				2000粒			0	
				3000粒			0	
				8000粒			0	
				12000粒			0	
				14000粒			0	

思考习题与训练

3-1 型腔模具的含义及制造特点是什么？

3-2 注射模的估价方法有哪些？比较其特点。

3-3 基点工时的核心思想是什么？

3-4 材料比价估算法的理论依据是什么？

3-5 依据模具材料费估算模具价格法有何优缺点？

3-6 图 3-4 为 $\phi 110mm \times 90°$ 顺水三通管接头制件，所用材料为 HPVC，试用工时参数估算法和材料比价估算法对其塑料注射模进行估价。

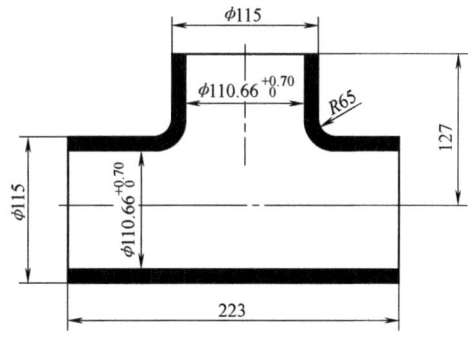

图 3-4 三通管接头

3-7 图 3-5 为剃须刀端盖制件，所用材料为 PMMA，试用工时参数估算法和材料比价估算法对其塑料注射模进行估价。

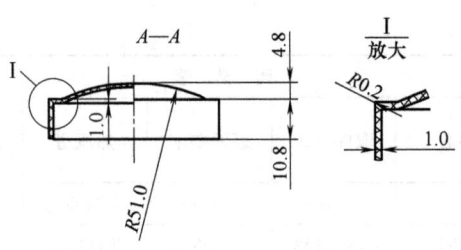
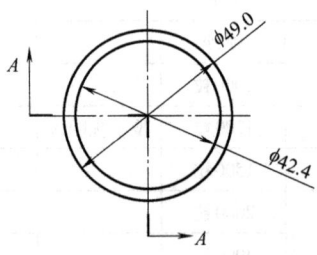
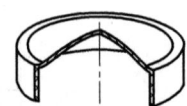

图 3-5 剃须刀端盖

项目四

压铸模具价格估算

能力目标

1. 能正确理解压铸模具的常规制造工艺及典型制造工艺特点
2. 具有以市场经济为出发点灵活选取压铸模具估价参数的能力
3. 具有分析和计算一般复杂程度压铸模具价格的初步能力

知识目标

1. 掌握压铸模具价格估算的理论依据
2. 掌握当量工时参数估价法的相关说明、影响因素和估算公式
3. 掌握材料比价估算法的相关说明、影响因素和估算公式
4. 根据市场规律选择合适的压铸模具价格估算方法

任务 压铸模具价格估算方法

一、任务导入——冷却腔压铸模具定价（表4-1）

表4-1 冷却腔压铸模具定价任务导入

学习情境	实训地点：模具实训中心网络教室 教学条件：冷却腔工程图及技术参数资料，由快速成型加工出的冷却腔实物4套，压铸模具设计手册，游标卡尺等	具体要求
学习任务	 冷却腔制件图（材料：YL102）	根据所学模具设计与制造技术知识及压铸模具价格估算方法，完成冷却腔压铸模具定价任务

(续)

能力目标	掌握压铸模具价格常用的2种估算方法，能够用工时参数估价法对冷却腔压铸模具实施定价任务	
任务要求	① 掌握压铸模具的含义及制造特点 ② 掌握压铸模具的常规制造工艺及特殊制造工艺 ③ 掌握压铸模具价格的常用估算方法及压铸模具的估价依据 ④ 能够运用工时参数估价法估算一般复杂程度的压铸模具价格	
教学法安排	① 多媒体教学 ② 网络实作 ③ 学生分组讨论 ④ 职业技能评价	理实一体教学方式
最终考核	工作文件10%，具体操作过程40%，工作结果30%，汇报效果10%，团队10%	百分制

二、知识链接——压铸模具价格估算

（一）压铸模具价格估算概述

压铸模具是金属铸造成形模具的一种。压铸成形时，先将熔化了的一定数量的金属液体在规定温度下倒入压铸机的浇铸口内，通过压射缸的活塞头（压射头）将金属液体在高压作用下，迅速推进至模具的型腔中瞬间成形，并在一定的压力下保持一定时间后打开模具，取出最终压铸件。压铸模具的工作条件极其恶劣（模具在高温、高压、高速冲击下工作），但压铸成形是金属成形方法中生产效率较高、表面质量好、尺寸精度较高、毛坯清理工作简单的金属成形方法。压铸模具是金属成形模具中量大、面广、商品率较高的模具，目前被广泛应用于现代的工业生产中。

1. 压铸模具价格特点

根据压铸模具行业的特点，压铸模具价格可以看成是由材料费、辅助材料费、标准件费、热处理费、工时费、技术开发费、管理费、利润、税金等构成，其中材料费、辅助材料费、标准件费、热处理费、工时费、技术开发费、管理费等构成生产成本，生产成本的计算是模具价格估算的重点。

2. 压铸模具工时费

依据大量压铸模实例测算统计，采用常用模具材料时，生产成本约占模具销售价格的73%~75%。由于模具是以单件生产为主要生产方式，是一种技术密集型的产业，其工时费在生产成本中占有很大的比例，所以，模具生产成本的计算核心是工时费的计算。各个企业由于生产条件不同，设备状况不同，所采用的生产工艺差异较大，不仅制作的模具寿命、精度等级不同，而且同一副模具在不同的企业所用工时也有很大的差异。本项目的工时费计算是取全国平均先进水平，即数控加工工时占全部加工工时的70%以上作为计算基础。中国模协调查统计表明，随着先进生产技术设备的逐渐采用，生产效率不断提高，工时费用所占比例也在逐渐下降。实际统计显示，采用常规模具材料时，按全国平均先进水平的工时费约占生产成本的40%~60%，这是本项目提出的计算方法的主要依据。

3. 压铸模具材料费

接到客户提供的制件图样或样品及各种特殊要求后，首先进行简单的工艺分析和模具结构设计，依据简单的结构设计列出原材料、辅助材料和标准件清单，再分别计算出材料费和标准件费。材料费按下料尺寸分别求出材料重量后再乘以各自的单价累计相加求得。客户要求增加的如动模镶块、定模镶块、浇口套、分流锥等备品的材料费用也应统计到材料费中一起计算。

4. 压铸模具的标准件和外购装置费

标准件费用按实际采购价格累计相加求出。标准件包括外购和自制的导柱、导套、推板导柱、推板导套、斜销、螺钉、弹簧、推杆、复位杆、各种小型芯、小型异形型芯、冷却系统的水管、水管接头、集水器、连接头、高压油管、油管接头等。客户要求配备的上述各种备件也按标准件计算。

5. 压铸模具的热处理费

为了提高热处理质量和实现专业化生产，在价格计算时热处理费单独列出或以外协方式列出，本书采用单独列出方式计算。对于已经拥有热处理加工能力的单位，可按外协加工价格单独列出计算。

6. 压铸件精度等级的选取

按国家标准 GB/T 6414—1999 规定，压铸件的精度等级为 CT5~CT7 级。实践证明，当铸件尺寸是在同一半模中形成时，其精度等级可提高 1~2 级，即按 CT3~CT5 级选取；当铸件尺寸是在动、定模中共同形成时，其精度等级可提高 1 级，按 CT4~CT6 级选取；当铸件尺寸是在动模与活动部分（活动型芯）、定模与活动部分（活动型芯）或动模、定模同时与活动部分（活动型芯）共同形成时，其精度等级按 CT5~CT7 级选取。各种精度等级的铸件尺寸公差数值见表 4-2。

表 4-2 压铸件尺寸公差数值（GB/T 6414—1999） （单位：mm）

毛坯铸件基本尺寸		铸件尺寸公差等级 CT														
大于	至	1	2	3	4	5	6	7	8	9	10	11	12	13	14	15	16
—	10	0.09	0.13	0.18	0.26	0.36	0.52	0.74	1	1.5	2	2.8	4.2	—	—	—	—
10	16	0.10	0.14	0.2	0.28	0.38	0.54	0.78	1.1	1.6	2.2	3	4.4	—	—	—	—
16	25	0.11	0.16	0.22	0.3	0.42	0.58	0.82	1.2	1.7	2.4	3.2	4.6	6	8	10	12
25	40	0.12	0.17	0.24	0.32	0.46	0.64	0.9	1.3	1.8	2.6	3.6	5	7	9	11	14
40	63	0.13	0.18	0.26	0.36	0.5	0.7	1	1.4	2	2.8	4	5.6	8	10	12	16
63	100	0.14	0.2	0.28	0.4	0.56	0.78	1.1	1.6	2.2	3.2	4.4	6	9	11	14	18
100	160	0.15	0.22	0.3	0.44	0.62	0.88	1.2	1.8	2.5	3.6	5	7	10	12	16	20
160	250	—	0.24	0.34	0.5	0.72	1	1.4	2	2.8	4	5.6	8	11	14	18	22
250	400	—	—	0.4	0.56	0.78	1.1	1.6	2.2	3.2	4.4	6.2	9	12	16	20	25
400	630	—	—	—	0.64	0.9	1.2	1.8	2.6	3.6	5	7	10	14	18	22	28
630	1000	—	—	—	0.72	1	1.4	2	2.8	4	6	8	11	16	20	25	32
1000	1600	—	—	—	0.8	1.1	1.6	2.2	3.2	4.6	7	9	13	18	23	29	37
1600	2500	—	—	—	—	—	2.6	3.8	5.4	8	10	15	21	26	33	42
2500	4000	—	—	—	—	—	—	4.4	6.2	9	12	17	24	30	38	49
4000	6300	—	—	—	—	—	—	7	10	14	20	28	35	44	56
6300	10000	—	—	—	—	—	—	—	11	16	23	32	40	50	64

注：1. 在等级 CT1~CT15 中对壁厚采用低一级公差。

2. 对于不超过 16mm 的尺寸，不采用 CT13~CT16 的一般公差，这些尺寸应标注个别公差。

3. 凡客户对尺寸精度提出更高要求，经过特殊努力确实能做到时，可视具体情况协商增加费用。

7. 注意事项

1）工时费与浇注金属的种类无关。现代的压铸模具成形部位的粗加工一般是在淬火前进行，精加工均在淬火后进行，浇注的金属不同时，模具所用材料也不同，模具的寿命肯定也不相同，但材料改变对加工工时的影响较小，可忽略不计。

2）在模具价格估算时，凡是能直接计算出价格的部分，一律单独列项计算；对于不能直接计算的部分，则采用理论分析和实际统计数据相结合的方法进行估算。

3）在进行估算时，对外购、外协部分的材料、辅助材料、专用装置、热处理等项费用一律采用含税价。除特殊注明者外，设定的计量单位：货币为元，时间为 h（小时），质量为 kg（公斤），长度为 dm（分米），本项目各计算公式中不再单独标注。

4）估算结果的精度取值各企业可自行决定。

（二）压铸模具加工的典型工艺流程

目前，企业因生产设备、技术差异较大，其生产工艺也不相同，这里以国内普遍执行的生产工艺流程为计算依据，典型工艺流程图如图 4-1 所示。

（三）压铸模具价格估算方法

前面已分析了压铸模具的价格组成，模具价格的计算重点是生产成本的计算，生产成本计算的核心是所需加工工时的计算。本书通过对压铸模具加工所需工时的计算理论和计算方法的讨论，提出压铸模具价格的估算公式。同时，对其他常用的估算方法也提出具体的计算公式，并形成了一整套的压铸模具价格计算体系和综合使用方法。依据项目二中的公式，用作估算压铸模具价格时，下角加 y。

1）模具销售价格的综合估算公式

$$P_y = m_{y11} + m_{y12} + m_{y13} + m_{y14} + D_y + U_y + W_{y1} + (15\% \sim 20\%)(m_{y13} + m_{y14}) + G_{ya} + M_{y3} + Q_y + R_y + T_y \tag{4-1}$$

2）生产成本的计算公式

$$M_{y01} = m_{y11} + m_{y12} + m_{y13} + m_{y14} + D_y + U_y + W_{y1} + (15\% \sim 20\%)(m_{y13} + m_{y14}) + G_{ya} + M_{y3} \tag{4-2}$$

3）以生产成本形式表示的模具销售价格

$$P_y = M_{y01} + Q_y + R_y + T_y \tag{4-3}$$

式中 W_{y1}——热处理费。

其他代号的意义见本书项目二。

1. 当量工时估算法

当量工时估算法就是将模具中的某一具有代表意义的局部加工工时指定为标准当量工时，将其他部位或模具各元件的加工工时折算成标准当量工时后，相加求出整副模具的加工工时的方法。用当量工时作为模具加工工时的估算方法就称为当量工时估算法。

（1）当量工时的创建和估算范围

1）当量工时理论的创建。根据组成模具的所有构件的加工工艺，通过切除金属量计算出工时数的方法最准确，但计算工作量太大，报价初期很难应用，随着模具价格数据的积累和计算机软件的开发，这种精确计算的速度提高以后，必定会得到广泛的应用。为了科学、合理、准确、快速地计算出模具的加工工时，本书提出当量工时估算法。

任何一个压铸件按外表面封闭后所包容的最大体积都是一个固定不变的数值（当有侧

抽芯时，一部分切除金属量可能转移到活动型芯上）。该数值是计算模具加工中切除金属量的一个重要参考部分，称为切除金属当量。为了计算方便，将该体积用垂直于分型面的最大高度和它的平均截面积的乘积表示，则切除金属当量就等于制件的最大高度乘以平均截面积。

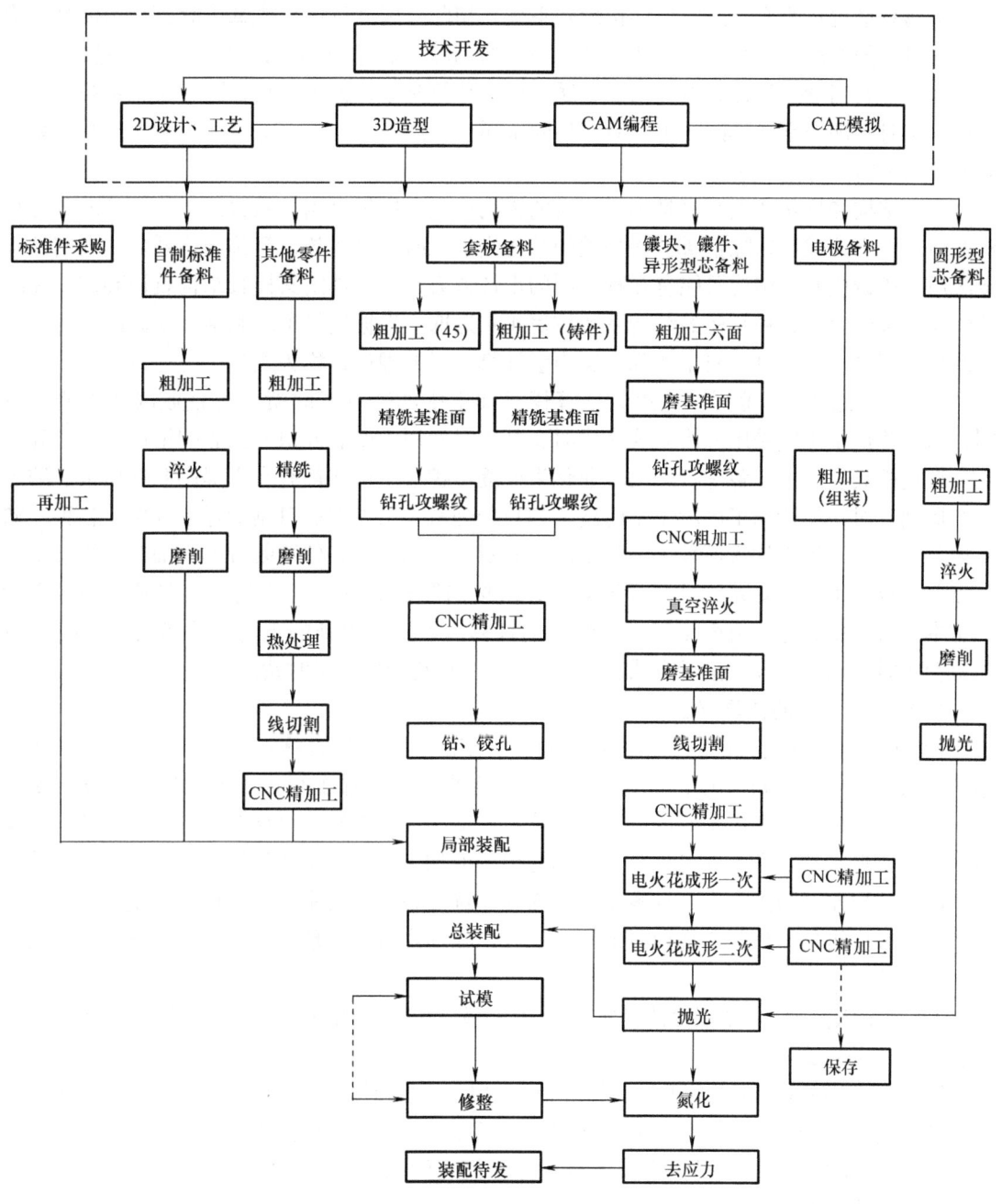

图 4-1　典型工艺流程图

组成压铸模具的各个构件的尺寸和形状都与切除金属当量有直接关系，切除金属当量越大，则组成压铸模具的各个构件的尺寸也越大，各个构件切除金属量也随之加大，各个构件切除金属量与切除金属当量成正比。为了计算方便，将组成模具各个构件的切除金属量折算成切除金属当量的比例系数，这样，全副模具切除金属总量就转变成了切除金属当量的倍数。在规范设计条件下，当切除金属当量和模具结构形式确定时，制件形状虽有多种变化，其组成模具各个构件的切除金属数量折算成切除金属当量的比例系数却保持不变，全副模具切除金属总量也不改变。当模具结构形式不变，切除金属当量增大或减少时，全副模具切除金属总量也随之增大或减少。因此，全副模具的切除金属总量与它的切除金属当量成正比，现将切除金属当量作为计算模具切除金属总量的计算基数，再将模具切除金属总量换算成模具加工工时，即全副模具的加工工时与切除金属当量成正比。以切除金属当量为基数计算出来的加工工时，称为当量工时。

制件结构和形状特点对模具加工工时的影响很大，用折算当量系数法，将模具的各种结构变化特点折算成与切除金属当量相关的结构当量工时比例系数，简称结构系数。当制件确定之后，压铸模具的结构可能有几种不同的设计方案，一经选定其模具结构就被确定。在统计资料的基础上，各种结构的结构系数按表4-4选取。根据当量工时和结构系数即可计算出该制件的模具加工工时。根据切除金属当量计算工时的理论，称为当量工时理论。

2) 工时费的估算范围。这里只估算模具加工中的基本工时费。各企业因加工能力不同，对某些加工工序采用外协方式完成时，其工时费用不变。外协费只影响增值税的计算。

现代模具生产中，各种特殊的专业化生产逐步扩大，这些都有利于提高制造质量、缩短生产周期。对一些特殊工序所用工时，如热处理费、试模费、自制的标准件费、各种外购专用装置费等，不必计入模具基本加工的工时费。而标准件、外购装置的再加工和安装费与其需要的再加工量、安装的难易程度有关，可按购置费15%~20%的比例单独列项，不计入基本工时费中，这样可简化基本工时费的计算。本书所提到的工时一律指机台工时（对非机台工时采用当量计算法折算成机台工时），工时费指机台工时费。

(2) 当量工时的估算方法

1) 依据上述理论，设定一个特定的制件，该制件的模具为单一平面、一次分型、典型结构，将按典型工艺和全国平均先进水平计算出来的模具加工当量工时设定为标准当量工时，对某制件模具的加工工时的计算就简化成用标准当量工时乘以该制件的切除金属当量及各种结构比例系数之和，即可计算出该制件模具的加工工时。具体计算方法是：确定标准当量工时、选取制件最大高度、计算平均截面积、选取各种结构系数和表面形状复杂系数，五项数据相乘就可估算出某制件模具的加工工时。根据当量工时理论确定的估算方法称为当量工时估算法。

2) 求最大高度。在高度测量时应将最上和最下位置处截面积较小的凸起（凸台或单独存在的筋片等）去除。

3) 求截面系数。在当量工时计算法中，截面系数的计算较为麻烦，首先要求出按外表面封闭后所包容的最大体积。按外表面封闭的具体封闭方法说明如下：

① 当制件主要外表面是由定模形成或由定模与侧抽芯形成，主要内表面是由动模形成时，应将内表面和侧孔封闭。

② 当制件主要外表面是由动模形成或由动模与侧抽芯形成，主要内表面是由定模形成时，应将内表面和侧孔封闭。

③ 当外表面中采用镶拼结构形成较大截面积的凹下部分时，应采用上述类似方法封闭。

④ 当制件封闭后的体积较大时，为提高计算速度，对制件外面局部小孔的体积允许不封闭。

⑤ 按上述方法封闭后，先求出体积再求出平均截面积，最后按平均截面积计算出截面系数。

（3）工时费的计算公式

1）计算公式

$$G_{ya} = A_{y1} T_{y01} K_{y0} \tag{4-4}$$

$$K_{y0} = K_{yf} K_{y1} K_{y2} K_{yt} K_{y3} \tag{4-5}$$

式中　G_{ya}——工时费；

A_{y1}——每小时工时的平均费用，简称工时单价；

T_{y01}——基点工时；

K_{y0}——综合修正系数；

K_{yf}——表面形状复杂系数；

K_{y1}——型腔深度系数；

K_{y2}——型腔截面系数；

K_{yt}——截面积调整系数；

K_{y3}——模具结构系数。

2）计算公式中的参数

① 工时单价 A_{y1}。当前，工时单价经过测算为 45～55 元，取 50 元。各企业因加工设备不同，加工工艺不同，测算结果可能与本书的测算结果有差异，应按企业实际情况取值。确定之后，工时单价就是一个确定的数值。当市场物价指数变动、加工设备更新、工艺方法发生重大改进时，该数值必须作相应变动。

② 基点工时 T_{y01}。按照当量工时理论和方法，以箱形制件的模具为参照，设长、宽、高均为 100mm，单一平面、一次分型、简单制件及结构典型的压铸模具，将按全国平均先进水平测算出来的模具加工工时设定为一个标准值，称为基点工时。基点工时的含义：当模具的型腔深度系数、型腔截面系数、表面形状复杂系数、模具结构系数均等于 1 时的模具加工所需的当量工时，其数值为 190～210h，取 200h。各企业也可按自己的设备情况和工艺特点另行测算基点工时的数值，一旦确定之后，基点工时就是一个在一定期间内保持不变的数值。当加工设备更新、工艺方法发生重大改进时，基点工时的数值也必须作相应的调整。

③ 表面形状复杂系数 K_{yf}。制件内、外表面的形状对加工工时的影响很大，其复杂程度很难用确切的数值描述。实际上，制件表面形状简单的只是少数，多数为复杂表面，只是复杂程度不同，本书应用的方法是给定数值范围后用对比方法选取。具体数值见表 4-3。

表 4-3　表面形状复杂系数 K_{yf}

表面形状	简　　单	中　　等	复　　杂
K_{yf}	1～1.1	1.1～1.2	1.2～1.3

④ 型腔深度系数 K_{y1}。当型腔最大深度≤100mm 时，考虑型腔以外部分的模具加工量的影响，将型腔深度系数设定为 1。当型腔最大实际深度（或制件在垂直于分型面方向上的高度）>100mm 时，以型腔的最大实际深度除以 100mm 所得的数值，即为该制件的型腔深度

系数。型腔深度为分型面两侧深度之和。当一模多腔时，其深度按各型腔的平均深度计算。

⑤ 型腔截面系数 K_{y2}。将制件在垂直于分型面方向上的平均截面积 $=10000\text{mm}^2$ 时的截面系数设定为1。

各种制件的型腔截面系数的选取方法如下：

a) 当制件在垂直于分型面方向上的平均截面积 $<10000\text{mm}^2$ 时，考虑到模具套板和其他各模具构件的加工工时变化较小等因素，可取截面系数为1。

b) 当制件在垂直于分型面方向上的平均截面积 $>10000\text{mm}^2$ 时，将制件沿垂直于分型面方向上的实际平均截面积除以 10000mm^2，直接求出该制件的截面系数。实际计算时应按上面介绍的方法先求出制件按最大外表面封闭后所形成的体积，再求出平均截面系数，即

$$K_{y2} = \frac{\text{体积}(\text{mm}^3)/\text{高度}(\text{mm})}{10000\text{mm}^2}$$

c) 当制件尺寸很小，采用一模多腔模具结构时，不论制件是否相同，每个型腔的截面系数可按各型腔在分型面上的实际投影面积计算，其总截面系数等于各个型腔的截面系数之和。按上述方法计算出的总截面系数 <1 时，取型腔截面系数为1。

d) 当制件自身高低差较大或有局部较高的突台、筋片、针刺以及由侧抽芯机构形成的表面（此时该部分的长、宽、高的方向已改变）时，其加工方法发生变化导致工时的改变，应综合考虑模具在加工时加工方法的变化情况，将制件按横向或纵向分块，分别计算截面系数后相加求出总的平均截面系数，即

$$K_{y2} = \sum \frac{\text{体积}(\text{mm}^3)/\text{高度}(\text{mm})}{10000\text{mm}^2}$$

⑥ 截面积调整系数 K_{yt}。当制件有较高的局部凸起的突台、筋片、针刺时，对加工的影响较大，制件在不同高度上的截面积多数情况下是不等的，有时相差较大。对上述情况除采取分开计算外，还应对截面系数进行调整，设调整系数为 $K_{yt} = 1 \sim 1.3$。截面积调整系数的选取原则为：在高度方向截面积变化大时选大数，反之选小数。

⑦ 模具结构系数 K_{y3}。影响模具加工工时的结构要素很多，仅对其中最主要的、影响较大的结构要素，如侧抽芯状况、特殊结构、图案雕刻、分型面形状、开模次数、筋片状况六个要素设定系数，作为结构系数的子系数，即可满足计算要求。各种模具结构系数见表4-4。

表4-4 模具结构系数 K_{y3}

结构要素			系数代号	选用说明	系数范围
侧抽芯	普通侧抽芯	局部	K_{y31}	每处	0.1
		全部		每处，当局部抽芯宽度 $\geq 120\text{mm}$ 或宽度 $\geq$ 半个制件宽度时	0.15
	复式侧抽芯	直线	K_{y32}	因制件内腔包紧力过大，采用两种或两种以上的抽芯机构配合完成抽芯动作的抽芯机构	$0.2 \sim 0.3$
				用抽芯器直接抽出型芯时，因胀型力大于抽芯器的锁紧力，或为防止压铸机增压时型芯后退，需附加一种活动锁紧装置的抽芯机构	$0.2 \sim 0.3$

(续)

结构要素			系数代号	选用说明	系数范围
侧抽芯	复式侧抽芯	直线	K_{y32}	抽芯机构的抽出方向与相应的型芯抽出方向不一致	0.4 ~ 0.5
				一种抽芯机构中含有另一种与其抽出方向不一致的抽芯机构	0.4 ~ 0.5
		曲线		沿圆弧线轨迹抽出的抽芯机构	0.5 ~ 0.8
				沿螺旋线轨迹抽出的抽芯机构或顶出机构	
特殊结构	每处		K_{y33}	制件脱出方向与模具主分型面不垂直	0.2 ~ 0.4
				定模中设有顶出机构	
				嵌件：①制件带有嵌件；②模具设有反复使用的可更换嵌件；③按嵌件数量多少和安装的复杂程度选取系数	
图案雕刻	每块		K_{y34}	采用镶拼结构	0.05
分型面	单一平面		K_{y35}		1.0
	非单一平面			按高低分型差值大小选取系数	1.15 ~ 1.3
开模次数			K_{y36}	2次	0.15
				3次	0.2
密集分布筋片针刺	按出模方向每处		K_{y37}	整体	0.1
				镶拼	0.3

$$K_{y3} = K_{y31} + K_{y32} + K_{y33} + K_{y34} + K_{y35} + K_{y36} + K_{y37}$$

注：1. 所有抽芯结构不得重复计算。
    2. 各种模具结构系数给定一个范围是因为结构形式、尺寸变化呈现多样性，一旦结构、尺寸确定之后，模具结构系数就是一个确定的数值。

（4）模具生产成本的计算　生产成本是模具从投产开始到样品检验合格整个过程中所耗用的全部费用（包括企业管理费）。在生产成本计算时，采用我国财务系统成本核算的有关规定，凡是模具自身所耗用的费用直接计入该模具的费用中，凡不是模具自身所耗用的其他各项费用一律按机台工时分配方法分配。

具体计算公式同式（4-2），即

$$M_{y01} = m_{y11} + m_{y12} + m_{y13} + m_{y14} + D_y + U_y + W_{y1} + (15\% \sim 20\%)(m_{y13} + m_{y14}) + G_{ya} + M_{y3}$$

式中　M_{y01}——模具生产成本；

m_{y11}——模具原材料按现时市场价格计算的材料费，其中，m_{y111i}为主要模具钢用材料费，m_{y112i}为主要结构钢用材料费，m_{y113i}为其他钢材用材料费，即

$$m_{y11} = \sum m_{y111i} + \sum m_{y112i} + \sum m_{y113i}$$

m_{y12}——电极材料费（$m_{y12} = \sum m_{y12i}$）；

m_{y13}——外购装置费,用于购买压铸模具的各种专业化生产的配套装置($m_{y13} = \sum m_{y13i}$);

m_{y14}——标准件费,为简化计算,将自制的标准件也按采购价格统计($m_{y14} = \sum m_{y14i}$);

D_y——技术开发费,取工时费的20%~25%,其中,D_{y1}为模具2D设计及工艺设计费,D_{y2}为3D造型费,D_{y3}为编程费,D_{y4}为CAE仿真技术费,即

$$D_y = D_{y1} + D_{y2} + D_{y3} + D_{y4}$$

U_y——试模费,按压铸机吨位和试模地点计算,以三次试模费用之和计算,客户要求到现场调试时的旅差费也应计算在内;

W_{y1}——热处理费;

G_{ya}——工时费,工时费的计算见式(4-4);

M_{y3}——企业管理费,取基本生产费用的8%~10%。

$$M_{y3} = (8\% \sim 10\%)[m_{y11} + m_{y12} + m_{y13} + m_{y14} + D_y + U_y + W_{y1} + (15\% \sim 20\%)(m_{y13} + m_{y14}) + G_{ya}]$$

其中,标准件、外购件的再加工和安装费占其购置费的15%~20%,即15%~20%($m_{y13} + m_{y14}$);热处理费按下式计算

$$W_{y1} = a_1\rho(A_{y11}B_{y11}H_{y11} + \sum G_{1i}\Delta_{1i}) + \sum a_2\rho(C_{y21}d_{y21}h_{y21} - A_{y11}B_{y11}H_{y11} + \sum G_{2i}\Delta_{2i}) + a_3\rho\sum G_{3i}\Delta_{3i} \tag{4-6}$$

式中 a_1、a_2、a_3——各种模具材料综合热处理的平均价格;

ρ——模具材料的密度;

Δ_{1i}、Δ_{2i}、Δ_{3i}——针对模具钢、结构钢、其他钢种3类材料,热处理零件的重量占毛坯重量的百分比;

A_{y11}——模具镶块的长度;

B_{y11}——模具镶块的宽度;

H_{y11}——动、定模镶块合型后的高度;

G_{1i}——不包括动、定模镶块和可动型芯的其余模具钢零件毛坯重量;

G_{2i}——需要热处理的结构钢零件毛坯重量;

G_{3i}——需要热处理的其他钢种零件毛坯重量;

C_{y21}——模具套板长度;

d_{y21}——模具套板宽度;

h_{y21}——模具套板合型后的高度。

式(4-6)中,$a_1\rho(A_{y11}B_{y11}H_{y11} + \sum G_{1i}\Delta_{1i})$、$\sum a_2\rho(C_{y21}d_{y21}h_{y21} - A_{y11}B_{y11}H_{y11} + \sum G_{2i}\Delta_{2i})$、$a_3\rho\sum G_{3i}\Delta_{3i}$分别计算模具钢、结构钢、其他钢种3类材料的热处理费用,套板设为结构钢,模具镶块设为模具钢。

活动型芯一般情况下采用拼接结构,其热处理费已包含在镶块中。只有采用与滑块一体的整体结构时才单独计算。当套板采用结构钢而不再进行热处理时,或者采用铸件(铸钢、球墨铸铁),其热处理费已由铸件生产厂家负责,不必再计算其热处理费用,具体计算时将式(4-6)中的$C_{y21}d_{y21}h_{y21} - A_{y11}B_{y11}H_{y11}$删除即可。

(5)模具销售价格的估算 知道了模具的生产成本,模具销售价格的估算公式为

$$P_y = \frac{P_{yq} - T_{yj}}{0.8547} \qquad (4\text{-}7)$$

$$P_{yq} = M_{y01} + Q_y + R_y \qquad (4\text{-}8)$$

$$T_{yj} = \frac{m_{y11} + m_{y14} + m_{y12} + m_{y13} + W_{y1} + W_{y2} + Q_{y1}}{1 + 0.17} \qquad (4\text{-}9)$$

$$T_y = P_y - P_{yq} \qquad (4\text{-}10)$$

式中　　P_y——销售价格；

　　　　P_{yq}——税前价格；

　　　　T_{yj}——进项税（可抵扣项目）；

　　　　W_{y2}——外协费，包括样品反求测绘（逆向工程）费；

　　　　Q_{y1}——其他可抵扣的费用；

　　　　R_y——利润，一般为生产成本的10%～15%，当采用昂贵模具材料、模具结构复杂以及制件质量要求高时，利润率可适当提高；

　　　　Q_y——其他费用，包括模具的包装费、运输费、运输中的保险费等；

0.8547、0.17——计算系数和增值税税率；

　　　　T_y——应缴增值税。

其余各代号的意义同前。

（6）当量工时估算法的计算步骤　按式（4-2）、式（4-4）～式（4-10）计算模具价格时，其计算步骤分解见表4-6。

上述的计算方法和计算顺序可设计成标准计算表格一（参见表4-8）。使用时，只要将模具材料尺寸、数量、电极用材料费、标准件费、试模费、热处理费、外协费、外购装置费（以上费用缺项时可不填写）等，以及表面形状复杂系数、型腔深度系数、型腔截面系数、截面积调整系数、模具结构系数的数值输入表中，计算机会自动计算出全部数据，详见中国模具工业协会编著的《模具计价手册》实例。表中的热处理费已按公式输入，电极用材料费按尺寸的计算数据输入。

2. 材料比价估算法

（1）概述　压铸机吨位选择与制件在分型面上的最大投影面积和制件重量有关，同样，压铸模具的结构和尺寸与制件的结构、尺寸、重量有关，可见，压铸机的吨位与压铸模具的加工工时有着内在的联系。为了使模具价格计算更具操作性，在前述当量工时理论计算的基础上，消除材料价格因素影响的条件，将工时费转化成与压铸机吨位有关的比例系数，保留模具结构系数对价格的影响，就变成材料费比例估算法，简称材料比价估算法。该方法灵活性强，免去了复杂的截面系数等的计算，可适应各种场合的模具价格估算，其计算准确度能够满足要求。

在具体数据转化的过程中，需要解决两个问题：一是比例系数不能随材料价格变化而变化，应该是一个只在规定范围内选取的固定数值，即消除材料价格变动对模具价格的影响；二是基点工时费（工时单价与基点工时的乘积）随各企业实际测算数据不同而改变时，比例系数也能随之自动变更，以达到与当量工时估算法的计算结果的一致性和按各企业实际情况估算模具价格的目的。

（2）模具设定价格　模具设定价格就是以材料的设定价格为基础，完成两种计算方法的数据转换用的模具价格。引入模具设定价格（即模具设定生产费用）的概念，是为了在材料价格设定条件下求出工时费，消除材料价格调整对材料比价估算法各种比例系数的影响，达到两种估算方法的计算结果保持一致的目的。

$$M_{yS} = m_{y11S} K_{y0} \quad (4\text{-}11)$$

式中　M_{yS}——模具设定价格；

　　　m_{y11S}——模具主要材料按设定价格计算的材料费；

　　　K_{y0}——综合修正系数，

$$K_{y0} = (K_{y4} - K_{y5}) K_{y3} \quad (4\text{-}12)$$

式中　K_{y3}——模具结构系数（见表4-4）；

　　　K_{y4}——压铸机吨位系数（见表4-5）；

　　　K_{y5}——误差调整系数，计算公式见式（4-13）。

$$K_{y5} = 0.00025 \times (10000 - \text{各企业实际测算基点工时} \times \text{实际测算工时单价}) \quad (4\text{-}13)$$

当各企业实际测算基点工时与工时单价的乘积（基点工时条件下的工时费）与本书测算数值不同时，应设定误差调整系数。该误差调整系数的作用就是在上述工时费发生变化时，压铸机的吨位系数也能随之自动调整，达到按各企业的实际情况计算模具价格的目的，实现了与当量工时估算方法的计算结果的一致性。

表4-5　大、中、小型模具的压铸机吨位系数 K_{y4}

压铸机类型	小型	中型	大型	超大型
	压铸机吨位/t	压铸机吨位/t	压铸机吨位/t	压铸机吨位/t
	≤250	250~500	500~1000	1000~2000	>2000
平均先进水平基点工时的工时费：50×200元=10000元	5.0~4.6	4.6~4.2	4.2~3.8	3.8~3.5	3.3~3.0
各单位实际选用的吨位系数	$K_{y4} - K_{y5}$			

注：1. 压铸机吨位系数与吨位大小和制件形状有关，同档位（小型、中型、大型）内压铸机的吨位对不同的制件，所选系数大小可不相同。其选择方法为：压铸机的吨位大时，系数 K_{y4} 选小值；制件在垂直于分型面方向上的截面积变化小时，系数 K_{y4} 选大值。

2. 因模具结构要求或其他原因造成模具尺寸比常规设计尺寸大时，系数选小值；模具尺寸减小时，系数选大值。特殊情况下可超出表格中给定的数值。

对于2000t以上的超大型压铸机用模具，因其尺寸大、重量重，要求模具制造单位具备超大型的加工设备及其配套设备，工时单价与本书测算的数值相差较大，加上制件形状和结构复杂变化等原因，这里只给出一个暂时使用的参考值（对压铸机吨位≥2000t时，可暂用公式 $K_{y5} = 0.000125 \times (10000 - \text{各企业实际测算基点工时} \times \text{实际测算工时单价})$），各企业可根据实际情况另行设定调整系数。随着时间的推移，工时单价及其他各种计算条件可能发生较大变化时，误差调整系数的数值应重新推算。

经过以上调整后，只要压铸机的吨位系数选择恰当，当工时单价、基点工时数调整幅度较大时，两种估算方法的计算误差可控制在允许范围之内。

（3）模具设定生产费用　为了消除材料价格调整对计算结果的影响，这里同样引入模具设定生产费用的概念，令模具设定生产费用与设定价格的比例系数为75%。模具设定生产费用的计算公式为

$$M_{y01S} = 75\% M_{yS} + m_{y11C} \quad (4\text{-}14)$$

式中 M_{y01S}——模具设定生产费用;

m_{y11C}——模具材料现时市场价格与设定价格的差价。

(4) 工时费的计算。工时费的计算公式为

$$G_{ya} = M_{y01S} - m_{y11} - m_{y14} - m_{y12} - U_y - W_{y1} - m_{y13} - (15\% \sim 20\%)(m_{y14} + m_{y13}) \quad (4\text{-}15)$$

式中 m_{y11}——按当前市场价格计算的材料费;

G_{ya}——工时费。

其余各代号的意义和计算方法同前。

(5) 生产成本的计算 模具生产成本的计算公式与式(4-2)相同,即

$$M_{y01} = m_{y11} + m_{y12} + m_{y13} + m_{y14} + D_y + U_y + W_{y1} + (15\% \sim 20\%)(m_{y13} + m_{y14}) + G_{ya} + M_{y3}$$

(6) 模具销售价格及其他费用的估算 模具的其他各项费用的计算方法与前面的计算公式相同,现将所用相关公式及计算比例引用如下:

1) 计算公式。热处理费、销售价、税前价格、进项税、增值税等仍然分别按式(4-6)~式(4-10)计算。具体计算见本项目计价实例。

2) 计算比例。企业管理费等于生产基本费用的 8% ~ 10%;利润一般为生产成本的 10% ~ 15%,当采用昂贵模具材料、模具结构复杂以及制件质量要求高时,利润率的比例系数可适当提高;技术开发费一般为工时费的 20% ~ 25%。

(7) 材料比价估算法的估算步骤 按式(4-2)、式(4-11)~式(4-15)计算模具价格的步骤分解见表4-6。具体计算方法和计算步骤可设计成标准计算表格二(参见表4-8),使用时,只要将模具材料尺寸、数量、电极用材料费、标准件费、试模费、热处理费、外协费、外购装置费(缺项时可不填入)等按表格要求输入计算表内,再将选取的结构系数、压铸机的吨位系数输入表内,计算机会自动计算出全部数据,详见计价实例。表中的热处理费已按公式输入,电极用材料费按尺寸计算数据输入。

表4-6 两种估算方法步骤分解

步骤	项目		当量工时估算法	材料比价估算法
1	材料费	当前价	$m_{y11} = m_{y111} + m_{y112} + m_{y113}$	
		设定价		$m_{y11S} = m_{y111S} + m_{y112S} + m_{y113S}$
		差价		$m_{y11C} = m_{y11} - m_{y11S}$
		电极	可按镶块、活动型芯等相应尺寸计算	
2	外购费	标准件	$(m_{y13} + m_{y14})[1 + (15\% \sim 20\%)]$	
		外购件		
3	外协费		按实际发生计算	
4	试模费		以3次为限	
5	热处理费		$W_{y1} = a_1\rho(A_{y11}B_{y11}H_{y11} + \sum G_{1i}\Delta_{1i}) + \sum a_2\rho(C_{y21}d_{y21}h_{y21} - A_{y11}B_{y11}H_{y11} + \sum G_{2i}\Delta_{2i}) + a_3\rho\sum G_{3i}\Delta_{3i}$	

(续)

步骤	项目		当量工时估算法	材料比价估算法
6	系数	公用	$K_{y3} = K_{y31} + K_{y32} + K_{y33} + K_{y34} + K_{y35} + K_{y36} + K_{y37}$	
		单用	K_{yf},K_{y1},K_{y2},K_{yt}	K_{y4},K_{y5}
		K_{y0}	$K_{y0} = K_{yf}K_{y1}K_{y2}K_{yt}K_{y3}$	$K_{y0} = (K_{y4} - K_{y5}) K_{y3}$
7	工时费		$G_{ya} = A_{y0}T_{y01}K_{y0}$	$G_{ya} = M_{y01S} - m_{y11} - m_{y13} - m_{y14} - U_y - W_{y1} - m_{y12} - (15\% \sim 20\%)(m_{y13} + m_{y14})$
8	设计费		$D_y = D_{y1} + D_{y2} + D_{y3} + D_{y4} = (15\% \sim 20\%) G_{ya}$	
9	模具设定价格			$M_{yS} = m_{y11S}K_{y0}$
10	模具设定生产费			$M_{y01S} = 75\% M_{yS} + m_{y11C}$
	生产成本		$M_{y01} = m_{y11} + m_{y12} + m_{y13} + m_{y14} + D_y + U_y + W_{y1} + (15\% \sim 20\%)(m_{y13} + m_{y14}) + G_{ya} + M_{y3}$	
11	其他费用		$Q_y = (2\% \sim 3\%) M_{y01}$	
12	管理费		$M_{y3} = (8\% \sim 10\%)[m_{y11} + m_{y12} + m_{y13} + m_{y14} + D_y + U_y + W_{y1} + (15\% \sim 20\%)(m_{y13} + m_{y14}) + G_{ya}]$	
13	利润		$R_y = (10\% \sim 15\%) M_{y01}$	
14	税金		$T_y = P_y - P_{yq}$	
15	销售价格		$P_y = \dfrac{P_{yq} - T_{yj}}{0.8547}$	

3. 压铸模具价格估算方法的综合运用

在实际工作中，需要注意以下两点：一是掌握压铸模具价格估算原理，二是掌握各种估算方法。只要做到熟练地应用各种计算表格，无论制件如何复杂，都能在较短的时间内算出模具的价格。当然，对于特别复杂的制件，还要请有关专业人员一起研究模具结构，列出材料及其各种配件的清单后再进行计算。材料比价估算法是在当量工时估算法的基础上经过数据转换而来的，所以，当量工时估算法是计算基础。各种价格计算方法的使用原则是：以当量工时估算法计算的模具价格为准，以材料比价估算法为常用辅助方法。

当量工时估算法虽然准确，但其截面系数的计算比较麻烦，当制件结构非常复杂时其截面系数的计算尤为麻烦，在多数情况下需要通过三维造型手段才能计算出来，计算速度较慢。因此，只有为了确定模具价格计算的合理性及核对各种系数的选择是否合理，以及为了建立模具价格计算机辅助计算信息库时才采用当量工时估算法。

大量的数据分析和计算表明，上述计算方法基本解决了各种数据的转换工作。第一，实现了无论材料价格如何调整，两种计算方法的计算结果与材料价格同步增减。第二，当工时单价、基点工时在较大范围变动时，两种计算方法的计算结果也能基本保持同步增减。第三,所有计算方法一律表格化,基本表格相同,方法简单,易于掌握,计算速度快,把诸多复杂的各种计算简化成直接向表中填写或更改数字的简单工作,极大地提高了工作效率。当然,由于受收集到的数据资料限制,计算方法有待继续提高和完善。

上述各种计算方法都是在常用制件和规范设计的基础上推导出来的。在具体工作中,无论采用哪种计算方法计算出的模具价格,在分析价格构成时,都应符合本项目中提到的基本原则:采用常用材料制造模具时,生产成本占销售价格的73%~75%,工时费占生产成本的40%~60%。当制件结构特殊并采用特殊设计方案时,如大型扁平、镜框类制件,有时只有很少部分的凸起,尺寸大、重量轻,模具结构并不复杂,其成形部分加工量相对较少,计算结果会出现工时费占生产成本的比例低于40%的情况。又如制件尺寸不大、结构复杂、又有多处复式抽芯的摩托车发动机用气缸头类模具,虽然制件重量不大,模具却较大,切除金属当量不大,模具尺寸已超出适合吨位压铸机的安装尺寸,只能选较大吨位的压铸机,计算结果会出现工时费占生产成本的比例高于60%的情况。采用特殊材料(价格昂贵的材料)时,其工时费所占比例也会超出上述比例。以上这些情况都属模具价格计算中的特例,应妥善处理。此外,对超大型模具(2000t以上压铸机用),目前市场用量较少,本书所给定的数据仅供参考。

三、任务实施

冷却腔压铸模具估价实例的基本信息见表4-7,制件图及模具图见图4-2,压铸模具价格估算表见表4-8。

表4-7 冷却腔压铸模具基本信息表

最大外形尺寸	180mm×150mm×110mm	模具结构特点:平面一次分型,侧浇结构。两个侧抽芯,均采用斜销抽出机构
所用材料价格/(元/kg)	H13:现时价=30、大尺寸=35、设定价=20、大尺寸=25; 45铸件:现时价=7、设定价=4	

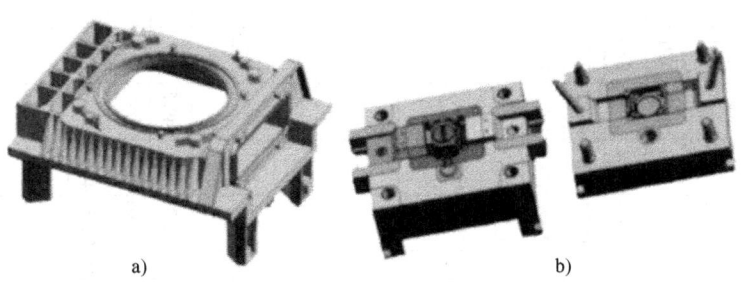

图4-2 冷却腔制件图及模具图
a)制件图 b)模具图

模具价格估算

表 4-8 冷却腔压铸模具价格估算表

计算表格一（当量工时估算法） 制件最大尺寸：180mm×150mm×110mm

	材料尺寸/dm			数量	毛坯质量/kg	材料费/元			标准件价格/元	辅助材料		销价/元	税金/元	税前价/元	利润/元	其他费/元	管理费/元	生产成本/元	设计费/元	试模费/元	热处理费/元	外协费/元	外购费/元	标准件费/元	工时费/元	A_{y}/(元/h)	T_{y0}/h	系数	
	长	宽	高			现时价	设定价	差价		品种	价格/元																		
模具钢	3	2.7	1.4	1	102.11	3063	2042	1021	800	纯铜									材料规格									K_{y0}	3.12
	3	2.7	1.5	1	109.4	3282	2188	1094											品种	现时价(元/kg)	设定价(元/kg)							K_{yf}	1.3
	1.3	1.3	1.1	1	16.74	502.2	334.8	167											模具钢	H13	30	20							K_{y1}	1.1
	1.05	0.9	0.7	1	5.96	178.7	119.1	59.6												一般	35	25							K_{yt}	1.3
	1.55	1.5	1.1	1	23.03	690.9	460.6	230												大尺寸	30	20							K_{y2}	1.2
	1.55	1.5	1.1	1	23.03	690.9	460.6	230												其他	35	25							K_{y3}	1.4
小计					280.27	8408	5605	2803		石墨	1193								结构钢	45	7	4						K_{y31}	0.3
铸件	6	5.2	1.5	1	850.1	5951	3400	2550												其他	7	4							K_{y32}	
	6	5.2	2	1	112.38	786.6	449.5	337											铸件	铸钢件	7	4							K_{y33}	
	3.1	4	0.3	2	66.993	469	268	201												铸铁件	7	4							K_{y34}	
结构钢	5.2	1	1.2	2																								K_{y35}	1
	1.8	1.8	1.1	2	64.184	449.3	256.7	193																				K_{y36}	
小计					1093.7	7656	4375	3281										3034.3				3.5						K_{y37}	0.1
合计					1373.9	16064	9980	6084	800		1193	81152	8757	72395	6407	1922	4746	64066.5	6246.2			2.1		160		31231	50	10000		
																		2826.59			0.2	0.08					200		

注：生产成本占销售价的79%，工时费占生产成本的49%，两种计算方法误差为3%。

计算表格二（材料比价估算法）

	材料尺寸/dm			数量	毛坯质量/kg	材料费/元			标准件 价格/元	辅助材料		销售价/元	税金/元	税前价/元	利润/元	其他费/元	管理费/元	生产成本/元	设计费/元	试模费/元	热处理费/元	外协费/元	外购费/元	标准件费/元	设定价/元	工时费/元	压铸机吨位/t	系数	
	长	宽	高			现时价	设定价	差价		品种	价格/元																		
模	3	2.7	1.4	1	102.11	3063	2042	1021	800	纯铜											外购件						K_{y0}	6.44
具	3	2.7	1.5	1	109.4	3282	2188	1094																			K_{y4}	4.6
钢	1.3	1.3	1.1	1	16.74	502.2	334.8	167												再加工							K_{y3}	1.4
	1.05	0.9	0.7	1	5.96	178.7	119.1	59.6																			K_{y31}	0.3
	1.55	1.5	1.1	1	23.03	690.9	460.6	230																			K_{y32}	0
	1.55	1.5	1.1	1	23.03	690.9	460.6	230											安装费								K_{y33}	0
			小计		280.27	8408	5605	2803																			K_{y34}	0
铸	6	5.2	1.5	1	850.1	5951	3400	2550		石墨	1193																K_{y35}	1
件	6	5.2	2	1																							K_{y36}	0
	5.2	1	1.2	2	112.38	786.6	449.5	337																			K_{y37}	0.1
结	3.1	4	0.3	2	66.993	469	268	201																				
构	1.8	1.8	1.1	2	64.184	449.3	256.7	193																				
钢			小计		1093.7	7656	4375	3281	800		1193									3.5								
			合计		1373.9	16064	9980	6084	800		1193	83230	9059	74171	6564	1969.1	4862	65638	800	2826.59	0	0	160	64271	32444	250		
												3034.3					0.08	54287.2	0.2		2.1				6488.7			

四、知识拓展——压铸模具价格估算实例

泵体压铸模具估价实例的基本信息见表 4-9,制件图及模具简图见图 4-3,压铸模具价格估算表见表 4-10。

表 4-9 泵体压铸模具基本信息表

最大外形尺寸		200mm×165mm×196mm	模具结构特点:高低平面一次分型,侧浇结构。四个侧抽芯,其中两个采用斜销抽出机构,两个采用抽芯器抽出
所用材料价格/(元/kg)	H13:现时价=30、大尺寸=35、设定价=20、大尺寸=25; 45 铸件:现时价=7、设定价=4		

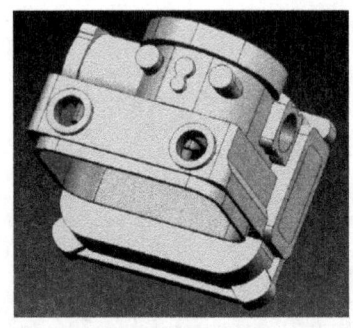

图 4-3 泵体制件图及模具图
a) 制件图 b) 模具图

项目四 压铸模具价格估算

表 4-10 泵体压铸模具价格估算表

计算表格一（当量工时估算法） 制件最大尺寸：200mm×165mm×196mm

		材料尺寸/dm			数量	毛坯质量/kg	材料费/元			标准件		辅助材料		管理费/元	生产成本/元	设计费/元	试模费/元	热处理费/元	外协费/元	外购标准件费/元	工时费/元	税金/元	税前价/元	利润/元	销售价/元	A_{y1}/(元/h)	T_{y01}/h	系数	
		长	宽	高			现时价	设定价	差价	价格/元		品种	价格/元																
模具钢		3.8	3.5	1.25	1	149.7	4491	2994	1497	1600		纯铜				品种	材料规格	现时价/(元/kg)	设定价/(元/kg)									K_{y0}	10.5
		3.8	3.5	2.65	1	317.4	9521	6347	3173.6							模具钢	H13 一般	30	20									K_{yf}	1.2
		1.9	2.1	1.2	2	86.23	2587	1725	862.27								大尺寸	35	25									K_{y1}	1.96
		1.8	2.2	2.1	2	149.8	4493	2995	1497.6								其他 一般	30	20				外购件					K_{yt}	1.1
		1.5	1.5	0.6	1	12.16	364.7	243.1	121.56								大尺寸	35	25									K_{y2}	2.13
		1.3	0.9	0.8	1	8.428	252.8	168.6	84.282							结构钢	45	7	4									K_{y3}	1.9
	小计						21709	14473	7236.4	1600			2949				其他	7	4									K_{y31}	0.6
铸件		7	6.8	1.8	1	723.6						石墨				铸件	铸钢件	7	4				再加工					K_{y32}	
		7	6.8	3	1	1719	12036	6878	5158.5								铸铁件	7	4									K_{y33}	
		6.8	1	1.6	2	195.9	1372	783.8	587.81																			K_{y34}	
		3.6	1	1.6	2	103.7	726.1	414.9	311.23														安装费					K_{y35}	1.3
结构钢		2	2.15	1.2	2	92.93	650.5	371.7	278.8																			K_{y36}	
		2	2.4	2.1	2	181.5	1271	726.1	544.9																			K_{y37}	
		3.8	4	0.3	2	82.12	574.8	328.5	246.36																				
	小计					2376	16630	9503	7127.2	1600			2949						4.85						7722.1		10000		
	合计					3099	38339	23976	14364	1600			2949	14521	196032	20941	1600	3.45	4000	1120	104704	28623	221516	19603	250139	50	200		
															0.08			6258.37											
																						5881							

注：生产成本占销售的78%，工时费占生产成本的53%，两种计算方法误差为3%。

97

模具价格估算

计算表格二（材料比价估算法）

材料	材料尺寸/dm			数量	毛坯质量/kg	材料费/元			标准件		辅助材料		销售价/元	税金/元	利润/元	其他费/元	管理费/元	生产成本/元	设计费/元	试模费/元	热处理费/元	外协费/元	外购费/元	标准件费/元	设定价/元	工时费/元	压铸机吨位/t	系数	
	长	宽	高			现时价	设定价	差价	价格/元		品种	价格/元																	
模具钢	3.8	3.5	1.25	1	149.7	4491	2994	1497	1600		纯铜																	K_{y0}	8.17
	3.8	3.5	2.65	1	317.4	9521	6347	3173.6															外购件					K_{y4}	4.3
	1.9	2.1	1.2	2	86.23	2587	1725	862.27																				K_{y3}	1.9
	1.8	2.2	2.1	2	149.8	4493	2995	1497.6													再加工							K_{y31}	0.6
	1.5	1.5	0.6	1	12.16	364.7	243.1	121.56																				K_{y32}	0
	1.3	0.9	0.8	1	8.428	252.8	168.6	84.282														安装费						K_{y33}	0
小计					723.6	21709	14473	7236.4	1600																			K_{y34}	1.3
铸件	7	6.8	1.8	1	1719	12036	6878	5158.5			石墨	2949																K_{y35}	0
	7	6.8	3	2	195.9	1372	783.8	587.81																				K_{y36}	0
	6.8	1	1.6	2	103.7	726.1	414.9	311.23																				K_{y37}	0
	3.6	1	1.6	2	92.93	650.5	371.7	278.8																					
	2	2.15	1.2	2	181.5	1271	726.1	544.9																					
结构钢	2	2.4	2.1	2	82.12	574.8	328.5	246.36													4.85								
	3.8	4	0.3	2																		3.45							
小计					2376	16630	9503	7127.2				2949																	
合计					3099	38339	23976	14364	1600			2949	251347	28799	22548	19695	5908	14589	196945	21082	1600	6258.37	0	4000	1120	195882	105409	500		

注：1. 本表为两表联动计算表。
2. 所有计算公式均输入表格中，单击单元格内数据即可显示计算公式。

思考习题与训练

4-1 压铸模具与注射模具在设计与制造方法上有什么异同点?

4-2 压铸模具的材料选择有什么特点?

4-3 压铸模具当量工时估算法的核心思想是什么?

4-4 压铸模具材料比价估算法的理论依据是什么?

4-5 图4-4为某一仪表盖板制件,所用材料为ZL104,试估算其压铸模具价格。

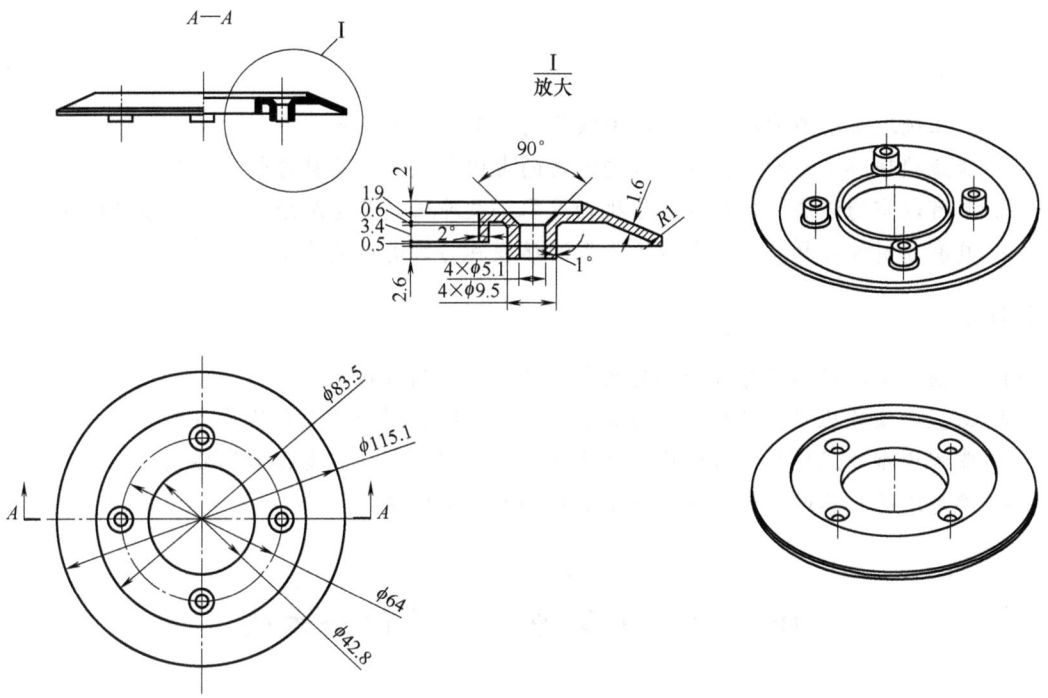

图4-4 盖板

项目五 小型冲压模具价格估算

能力目标

1. 能正确理解小型冲压模具与级进模具的含义及制造特点
2. 能正确理解小型冲压模具与级进模具的常规制造工艺及特殊制造工艺特点
3. 具有以市场经济为出发点灵活机动选取小型冲压模具与级进模具估价参数的能力
4. 具有分析和计算一般复杂程度小型冲压模具与级进模具价格的能力

知识目标

1. 掌握小型冲压模具与级进模具的含义及模具的制造特点
2. 掌握小型冲压模具工时参数估算法的相关说明、影响因素和估算公式
3. 掌握小型冲压模具材料比价估算法的相关说明、影响因素和估算公式
4. 熟悉级进模具逐项估价法，并了解局部直接类比法

任务一 小型冲压模具估价方法

一、任务导入——仪表底板冲裁模具定价（表5-1）

表5-1 仪表底板冲裁模具定价任务导入

学习情境		具体要求
	实训地点：模具实训中心网络教室 教学条件：仪表底板工程图及技术参数资料，冷冲压模具设计手册，游标卡尺等	
学习任务	 仪表底板工程图（$t=1mm$，材料：1Cr13）	根据所学模具设计与制造技术知识及冲压模具价格估算方法，完成仪表底板冲裁模具定价任务

(续)

能力目标	掌握小型冲压模具价格常用的2种估算方法，能够用工时参数估算法对仪表底板冲裁模具实施定价	
任务要求	① 掌握小型冲压模具的含义及制造特点 ② 掌握小型冲压模具的常规制造工艺 ③ 掌握小型冲压模具价格的常用估算方法 ④ 能够运用基点工时估算法估算一般复杂程度的小型冲压模具价格	
教学法安排	① 多媒体教学 ② 网络实作 ③ 学生分组讨论 ④ 职业技能评价	理实一体教学方式
最终考核	工作文件10%，具体操作过程40%，工作结果30%，汇报效果10%，团队10%	百分制

二、知识链接——小型冲压模具价格估算方法

（一）小型冲压模具的特点

1. 小型冲压模具的含义

所谓小型冲压模具是相对于中、大型冲压模具而言，其体积（或称规格）要比后者小。目前，模具行业一般以模具底板的半周长来划分，当模具底板的半周长小于1400mm时，统称为小型冲压模具。在小型冲压模具价格估算方法中，基点工时估算法和重量估算法应用最为广泛。本项目重点介绍这两种方法。

2. 小型冲压模具的种类

小型冲压模具依工序类型的不同可分为单工序小型冲压模具和多工序小型冲压模具。单工序小型冲压模具包括落料模、冲孔模、弯曲模、成形模、拉深模等；多工序小型冲压模具包括复合模、级进模等。本项目重点介绍单工序小型冲压模具以及较为常见的小型复合模的估价方法，对于其他类型小型冲压模具的价格估算，可参考此类模具的价格估算原理和方法，适当进行一些调整。

3. 小型冲压模具的制造工艺

小型冲压模具与中、大型冲压模具除了在规格大小方面有所区别外，它们在结构与材质方面也不尽相同，所以在制造工艺上也存在着差异。小型冲压模具的常规制造工艺流程如图5-1所示。其中精加工的主要手段为数控加工、电火花加工和磨削（成形磨削、数控坐标磨削、光学曲线磨削）加工等。本项目所涉及的关于小型冲压模具价格估算的方法及参数值，是以其常规制造工艺为基础而设定的，对于采用其他特殊工艺方法制造的小型冲压模具，其价格估算中的有关参数要作相应的修正。

（二）小型冲压模具的价格估算方法

1. 工时参数估算法

（1）工时参数估算法的公式及参数　根据小型冲压模具的特点以及行业惯例，它的生产成本一般以其制造工费为基准进行核算。因此，小型冲压模具的销售成本的表达式为

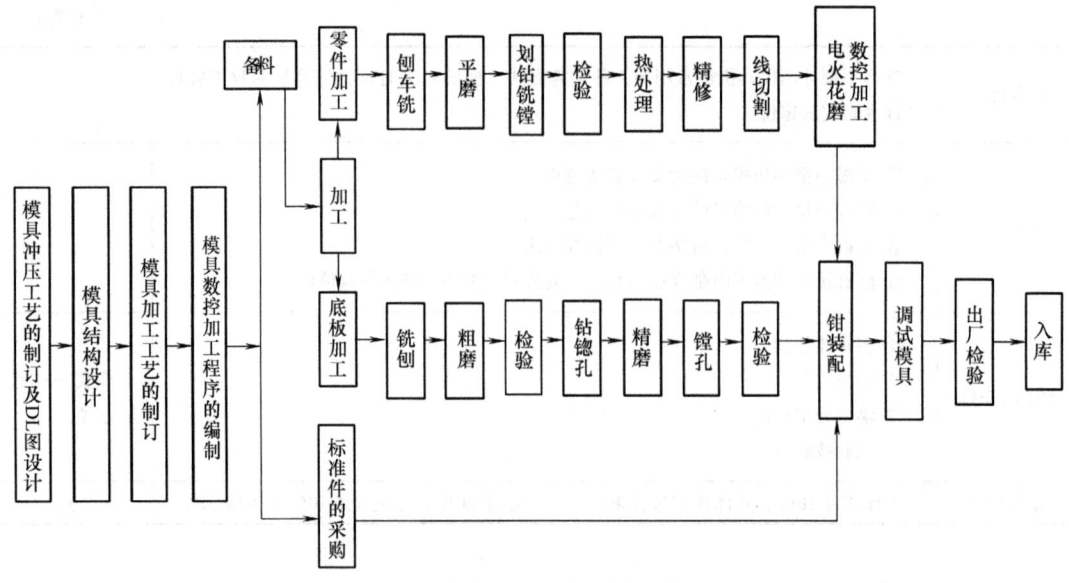

图 5-1 小型冲压模具的常规制造工艺流程

$$M_{xe} = G_{xa}(1+d_x) + M_{x1} + M_{x3} + U_x + Q_x$$
$$= [G_{xa}(1+d_x) + M_{x1} + U_x](1+g_x) + Q_x \tag{5-1}$$

式中 M_{xe}——小型冲压模具的销售成本；

G_{xa}——小型冲压模具的制造工费；

d_x——小型冲压模具的设计费系数；

M_{x1}——小型冲压模具的材料费；

U_x——模具的试模费；

Q_x——其他由合同确定的包装运输费等费用；

M_{x3}——模具制造的管理费；

g_x——模具制造的管理费系数。

由式 (5-1) 可知，小型冲压模具的制造工费 G_{xa} 和材料费是其销售成本的主要组成部分。

(2) 小型冲压模具制造工费的计算公式及参数

1) 小型冲压模具制造工费的计算公式。小型冲压模具的制造工费 G_{xa}，是其制造全过程中发生的全部工时费用的总和，即

$$G_{xa} = \sum T_x A_x \tag{5-2a}$$

式中 $\sum T_x$——小型冲压模具制造全过程中的总工时 (h)；

A_x——单位工时的平均费用，简称工时单价 (元/h)。

模具的制造总工时 $\sum T_x$ 与冲模的类型、结构、规格、精度、凹（凸）模刃口带的周长以及模架外购或自制等因素直接相关。因此，可以得出如下估算小型冲压模具制造总工时的公式，即

$$\sum T_x = T_{x0} K_{x20} + \sum N_{xi} \tag{5-2b}$$

式中 T_{x0}——小型冲压模具的制造基点工时，见表 5-2；

K_{x20}——基点工时修正系数,见表5-3;

N_{xi}——小型冲压模具由于各种不同的因素所增加的工时。

由式(5-2b)可知,模具制造的总工时由基点工时和因相关因素增加的工时两部分组成。其中影响制造总工时的主要因素有六项,称为因素工时,分别以 N_{x1}、N_{x2}、N_{x3}、N_{x4}、N_{x5}、N_{x6} 来表示,其中

N_{x1}——冲裁件周长因素工时;

N_{x2}——自制铸铁标准底板模架的因素工时;

N_{x3}——自制钢底板模架的因素工时;

N_{x4}——采用慢走丝线切割机床加工的因素工时;

N_{x5}——多孔冲孔模的因素工时;

N_{x6}——复合模冲各种型孔的因素工时。

2)小型冲压模具制造工费计算公式中的参数

① 工时单价 A_x。工时单价 A_x 是将完全成本中的原材料费、设计费、试模费、销售费用等非制造费用去除后的非完全成本与制造过程中实际发生的所有工时之和的比值。

由于小型冲压模具的类型很多,而且模具的结构、规格、精度等也不尽相同,所以工时单价 A_x 的数值在不同类别、规格、精度的模具上也应有区别。据调查,小型模具的工时单价一般为 20~100 元/h。

② 小型冲压模具的制造基点工时 T_{x0}。基点工时的含义:常见的典型结构类型的模具,按全国平均先进水平制造的工时称为基点工时。在这里用 T_{x0} 表示,T_{x0} 因模具结构、规格的不同而不同,详见表5-2。

表5-2 小型冲压模具的制造基点工时 T_{x0} （单位:h）

模具类型	模具结构或冲件形状	凹模周界/mm									
		63×50 (ϕ63)	80×63 (ϕ80)	100×80 (ϕ100)	125×100 (ϕ125)	160×125 (ϕ160)	200×160 (ϕ200)	250×200 (ϕ250)	315×200 (ϕ315)	400×315 (ϕ400)	500×400 (ϕ500)
落料模	固定卸料工件下漏	37	40	45	56	68	98	125	183	278	365
	弹压卸料工件下漏	41	43	49	60	72	105	131	191	285	373
	固定卸料工件下顶	43	46	53	65	76	110	138	199	298	388
	弹压卸料工件下顶	47	50	56	68	81	114	143	205	306	395
	凹模倒装工件上打	43	46	53	65	76	110	138	199	299	388
	平均值 T_{x0}'	39	45	51	61	75	107	135	195	293	382
冲孔模	固定卸料工件下漏	38	40	46	56	68	98	126	185	278	369
	弹压卸料工件下漏	41	43	49	59	73	105	130	190	285	373
	弹压倒装工件上打	43	46	53	65	76	110	138	199	298	388
	工件上打废料下漏	47	50	56	67	80	113	143	202	303	391
	平均值 T_{x0}'	42	45	51	62	74	107	134	194	291	380
复合模	倒装	56	59	66	77	91	126	157	221	326	418
	顺装	62	66	73	86	99	135	169	235	344	418
	平均值 T_{x0}'	59	63	71	82	95	131	161	228	335	418

（续）

模具类型	模具结构或冲件形状	凹模周界/mm								
		63×50 (ϕ63)	80×63 (ϕ80)	100×80 (ϕ100)	125×100 (ϕ125)	160×125 (ϕ160)	200×160 (ϕ200)	250×200 (ϕ250)	315×200 (ϕ315)	400×315 (ϕ400)	500×400 (ϕ500)
弯曲模	V形	27	31	35	38	41	48	53	63	73	90
	U形	41	43	48	51	59	69	79	88	99	108
	平均值 T_{x0}'	34	37	43	45	50	59	66	76	86	99
拉深模	圆形落料拉深	40	41	43	47	53	59	68	81	106	121
	矩形拉深	57	62	68	79	93	113	153	201	258	325
	平均值 T_{x0}'	49	50	56	63	73	86	111	141	182	223

注：1. 括号中的圆形件基点工时参考表5-3修正。
　　2. 矩形凹模板周界以"长×宽"表示，圆形凹模板周界以"直径"表示。
　　3. 各类模具的基点工时中均不含模架工时。
　　4. 各类模具的基点工时，均是以其凸、凹模型面采用电火花、线切割加工为基础条件而设定的，若采用磨削或数控加工，其值要作适当修正。

③ 基点工时修正系数 K_{x20}。由于表5-2中所列关于冲裁模的基点工时均为非圆形件冲裁模的基点工时，而在多数情况下，圆形件冲裁模要比同类型、同结构、同规格的非圆形件冲裁模在生产中所耗用的工时要少，所以圆形件冲裁模的基点工时需要在表5-2中相应的基点工时的基础上通过系数 K_{x20} 修正后得到。基点工时修正系数 K_{x20} 的值详见表5-3。

表5-3　基点工时修正系数 K_{x20}

系数	非冲裁模或圆形件冲裁模	圆形件冲裁模凹模周界/mm								
		ϕ63	ϕ80	ϕ100	ϕ125	ϕ160	ϕ200	ϕ250	ϕ315	ϕ400	ϕ500
K_{x20}	1.00	0.74	0.73	0.70	0.66	0.61	0.50	0.45	0.37	0.30	0.28

④ 冲裁件周长因素工时 N_{x1}。相对于两套同类型、同结构、同规格的冲裁模而言，它们的基点工时是完全相同的，但它们冲裁的周长却不一定相等，那么它们的制造总工时 $\sum T_x$ 也不一定相等，这时就要引入冲裁件周长因素工时 N_{x1}。表5-2中关于各规格冲裁模的基点工时，均是以冲裁某一固定的周长为基础条件而设定的。这里，将这一固定周长称作周长基数。因此，在冲裁实际周长大于周长基数时，要予以修正。因素工时 N_{x1} 的计算公式为

$$N_{x1} = T_{x0} K_{x20} K_{x21} \left(\frac{Z_x}{Z_{x0}} - 1 \right) \tag{5-3}$$

式中　K_{x21}——冲裁周长因素工时的系数，见表5-4；
　　　Z_x——冲裁实际周长（mm）；
　　　Z_{x0}——冲裁周长基数（mm），见表5-4。

⑤ 自制铸铁标准底板模架的因素工时 N_{x2}。由于表5-2中所列举的各类模具的基点工时均不含模架制造工时，所以当自制铸铁标准模架时需增加一部分相应的工时，即自制铸铁标准底板模架的因素工时 N_{x2}，其计算公式为

$$N_{x2} = T_{x0}' K_{x22} \tag{5-4}$$

式中　T_{x0}'——各种结构或各种冲件形状的同类型、同规格模具的基点工时平均值，见表5-2；

K_{x22}——自制铸铁底板模架因素工时系数,见表5-5。

表5-4 系数 K_{x21} 和周长基数 Z_{x0}

凹模周界/mm		63×50 (φ63)	80×63 (φ80)	100×80 (φ100)	125×100 (φ125)	160×125 (φ160)	200×160 (φ200)	250×200 (φ1250)	315×250 (φ315)	400×315 (φ400)	500×400 (φ500)
Z_{x0}/mm		60	90	120	200	300	420	560	740	1000	1360
K_{x21}	圆形件	0.28	0.32	0.38	0.45	0.50	0.52	0.54	0.56	0.58	0.60
	非圆形件	0.30	0.34	0.40	0.48	0.53	0.55	0.57	0.60	0.62	0.64

表5-5 系数 K_{x22}

凹模周界/mm	63×50	80×63	100×80	125×100	160×125	200×160	250×200	315×250	400×315	500×400
K_{x22}	0.058	0.058	0.058	0.058	0.064	0.064	0.064	0.070	0.070	0.070

⑥ 自制钢底板模架的因素工时 N_{x3}。由于表5-2中所列举的各类模具的基点工时均不含模架制造工时,所以当自制钢底板模架时,需增加一部分相应的工时,即自制钢底板模架的因素工时 N_{x3},其计算公式为

$$N_{x3} = T_{x0}{}' K_{x23} \tag{5-5}$$

式中 K_{x23}——自制钢底板模架因素工时系数,见表5-6。

表5-6 系数 K_{x23}

凹模周界/mm	63×50	80×63	100×80	125×100	160×125	200×160	250×200	315×250	400×315	500×400
K_{x23}	0.38	0.37	0.35	0.31	0.28	0.20	0.17	0.13	0.10	0.07

⑦ 采用慢速走丝线切割机床加工的因素工时 N_{x4}。在模具制造过程中,当快速走丝线切割机床的加工精度达不到模具的精度要求时,就要采用高精度慢速走丝线切割机床加工,而后者的切割效率比前者的切割效率要低。因此在采用慢速走丝线切割机床加工时,需要相应地增加加工工时,记为因素工时 N_{x4},其计算公式为

$$N_{x4} = T_{x0} K_{x20} K_{x24} \tag{5-6}$$

式中 K_{x24}——采用慢速走丝线切割机床加工的因素工时系数,见表5-7。

表5-7 系数 K_{x24}

凹模周界/mm		63×50 (φ63)	80×63 (φ80)	100×80 (φ100)	125×100 (φ125)	160×125 (φ160)	200×160 (φ200)	250×200 (φ250)	315×250 (φ315)	400×315 (φ400)	500×400 (φ500)
K_{x24}	圆形冲件	0.59	0.68	0.81	0.95	1.06	1.01	1.14	1.19	1.23	1.27
	非圆形冲件	0.64	0.72	0.85	1.02	1.12	1.17	1.21	1.27	1.31	1.36

⑧ 多孔冲孔模的因素工时 N_{x5}。由于表5-2中所列举的冲孔模的基点工时,是以冲孔模中1个相应直径大小的孔为前提而设定的,当冲孔模所冲的孔多于1个时,其制造总工时将随孔数的增多而增加,这时就要引入多孔冲孔模的因素工时 N_{x5},其计算公式为

$$N_{x5} = \sum t_{xi} - T_{x0} K_{x21} \tag{5-7}$$

式中　t_{xi}——各种孔的单孔工时，见表5-8；

　　　$\sum t_{xi}$——所有孔的工时之和；

　　　$T_{x0}K_{x21}$——所选取的用来确定基点工时的孔的工时。

表5-8　各种孔的单孔工时 t_{xi}　　　　　　　　　　　　　（单位：h）

孔的规格	圆孔直径/mm						非圆孔周长/mm					
	≤φ6	φ6~12	φ12~16	φ16~20	φ20~25	φ25~30	≤60	60~80	80~100	100~150	150~200	200~250	250~300
t_{xi}	4	4.5	6	7.5	8.5	9	13.5	15	17.5	22.5	24	32	36

⑨ 复合模冲各种型孔的因素工时 N_{x6}。由于表5-2中所列举的复合模的基点工时未含冲孔工时，因此在计算复合模的制造总工时 $\sum t_{xi}$ 时，需将复合模内所有冲孔的工时逐个累加于它的基点工时之中，这时就要引入复合模内冲各型孔的因素工时 N_{x6}，其计算公式为

$$N_{x6} = \sum t_{xi} \tag{5-8}$$

(3) 小型冲压模具材料费的公式及参数　小型冲压模具的材料费由两部分费用构成，其中一部分为标准件（含标准模架）的采购费；另一部分为凸模板、凹模板、固定板、垫板、卸料板等原材料费。由于小型冲压模具自身的特点，其材料费在其生产成本中所占的比例较小，为生产成本的20%~25%，对于小型冲压模具中规格偏小的模具，其材料费可按此比例予以估算，其公式为

$$M_{x1} = [G_{xa}(1+d_x) + U_x]/(1 - K_{x7}) - [G_{xa}(1+d_x) + U_x] \tag{5-9a}$$

式中　M_{x1}——小型冲压模具材料费的计算价；

　　　K_{x7}——小型冲压模具原材料费的估算系数，$K_{x7} = 0.15~0.20$，普通模具材料取下限值，高档模具材料取上限值。

对于小型冲压模具中规格偏大的或主要零件的材质为硬质合金的模具，其原材料费要按模具零件的坯料重量来计算，其计算公式为

$$M_{x1} = \sum 1.3 V_{xi} \rho_i \times 10^{-3} @_{xi} + \sum @_{x0} \tag{5-9b}$$

式中　M_{x1}——小型冲压模具材料费的计算价（元）；

　　　V_{xi}——所用各种模具钢材的体积（cm³）；

　　　ρ_i——各种模具钢材的密度（kg/m³）；

　　　$@_{xi}$——所用各种模具钢材的单价（元/kg）；

　　　$\sum @_{x0}$——所用标准模架及标准件的总价（元）。

小型冲压模具的结构多为典型结构，因此利用式（5-9a）、式（5-9b）计算冲压模具的材料费时，即使是在已知模具图样的情况下，也无须将其所有零件的体积累加起来，而只需择其影响材料总重的主要零件予以粗算即可。因为普通小型冲压模具的材料费在生产成本中所占的比例较小，即使粗算也不会对其总价格有多大影响。

(4) 估算小型冲压模具销售价格的公式及参数　综上所述，可以得出小型冲压模具的销售价格表达式为

$$P_x = M_{xe} + R_x + T_x$$
$$= [G_{xa}(1+d_x) + M_{x1} + U_x](1+g_x) + Q_x + R_x + T_x$$

式中　P_x——模具销售价格；
　　　Q_x——其他费用，包括模具的包装费、运输费、运输中的保险费等；
　　　R_x——利润；
　　　T_x——应缴增值税。

如果将上式中的利润 R_x、税金 T_x 分别以成本利润率 P_{xr}、税率 t_{xr} 来体现，那么就可以得到如下计算模具销售价格 P_x 的公式，即

$$P_x = \{[G_{xa}(1+d_x) + M_{x1} + U_x](1+g_x) + Q_x\}(1+P_{xr})(1+t_{xr}) \tag{5-10}$$

式中　d_x——模具设计费系数，见表5-9；
　　　P_{xr}——成本利润率，见表5-10；
　　　t_{xr}——税率，见表5-10；
　　　g_x——管理费系数，见表5-10。

表 5-9　小型冲压模具设计费系数 d_x

设计分类	审核模具图样	依冲件图设计模具	依冲件样品设计模具
d_x	0.02~0.03	0.08~0.10	0.12~0.15

表 5-10　小型冲压模具的成本利润率、税率、管理费系数

成本利润率 P_{xr}	税率 t_{xr}	管理费系数 g_x
20%~30%	17%	5%~8%

（5）小型冲压模具价格估算的步骤　综前所述，小型冲压模具价格估算的公式共计有三组，即

1）计算制造工费：式（5-2a）、式（5-2b）。

2）计算材料费：式（5-9a）、式（5-9b）。

3）计算销售价格：式（5-10）。

计算销售价格 P_x 的参数共有8个：制造工费 G_{xa}、材料费 M_{x1}、设计费系数 d_x、试模费 U_x、管理费系数 g_x、其他费用 Q_x、成本利润率 P_{xr} 和税率 t_{xr}。在这8个参数中，制造工费 G_{xa} 和材料费 M_{x1} 通过计算求取，而其余的6个参数只需直接赋值即可。

计算小型冲压模具的销售价格 P_x 时，通常需要经过以下三个步骤：

第一步，计算小型冲压模具的制造工费 G_{xa}。

① 根据模具类型、模具结构或弯曲模及拉深模的冲件形状、凹模板周界尺寸由表5-2确定基点工时 T_{x0} 的值。

② 根据圆形件冲裁模的凹模板周界尺寸，由表5-3选取基点工时修正系数 K_{x20} 的值。

③ 列出需增加工时的相关因素，依据式（5-3）~式（5-8），分别确定各因素工时 N_{x1}~N_{x6}，然后逐一累加计算因素工时。

④ 依据式（5-2b）计算制造总工时 $\sum T_x$ 的值。

⑤ 确定工时单价 A_x 的值。

⑥ 依据式（5-2a）计算制造工费 G_{xa} 的值。

第二步，计算小型冲压模具的材料费 M_{x1}。

① 估算模具的总体积 V_{xi}（不含模架）。

② 确定所用模具钢的综合单价。
③ 累计外购标准模架及标准件的总价。
④ 依据式（5-9a）或式（5-9b）计算原材料 M_{x1} 的值。

第三步，计算小型冲压模具的销售价格 P_x。
① 由表 5-9 选取设计费系数 d_x 的值。
② 由表 5-10 选取成本利润率 P_{xr} 和税率 t_{xr} 的值。
③ 按实际发生费用确定试模费 U_x 和其他费 Q_x。
④ 依据式（5-10）计算销售价格 P_x 的值。

2. 材料比价估算法

（1）材料比价估算法的含义　由前所知，材料比价估算法是一种将模具的销售成本按照一定比例分解到模具重量中，并以模具重量和单位重量价格作为主要价格要素来计算模具价格的方法。它具有简单、快捷的特点，适应当今某些制品的模具报价，是最常用的模具报价方法之一。

（2）材料比价估算法的计算公式　小型冲压模具的工艺较典型，可选性不大，结构较简单且很常见，故"模具结构"与"冲压工艺"这两个因素对 A_{x0} 值的影响较小，可以不予考虑。这也是和中、大型冲压模具的主要区别之一。制件的形状、模具材料的类型也会影响单位重量的加工费和材料费用。此外，制件厚度对 A_{x0} 值的影响尤为突出，它也是直接影响模具材料类型的主要因素，从而影响加工难度、热处理的方式、加工设备和刀具选择等，最终对模具价格产生较大影响。由此，本书选取上述三个特征为计价系数，即

$$\begin{aligned} P_x' &= W_x' A_{x0} \,(1 + K_{x1}' + K_{x2}' + K_{x3}')(1 + g_x)(1 + P_{xr})(1 + t_{xr}) \\ &= V_x \rho K_{xw} A_{x0} \,(1 + K_{x1}' + K_{x2}' + K_{x3}')(1 + g_x)(1 + P_{xr})(1 + t_{xr}) \\ &= L_x B_x H_x \rho K_{xw} A_{x0} \,(1 + K_{x1}' + K_{x2}' + K_{x3}')(1 + g_x)(1 + P_{xr})(1 + t_{xr}) \end{aligned} \quad (5\text{-}11)$$

式中　　P_x'——模具销售价格（万元）；

W_x'——模具实体重量（t）；

K_{xw}——模具实体重量系数；

ρ——模具材料的密度（kg/m³）；

A_{x0}——重量的含金额度，即吨价（万元/t）；

L_x——模具的长度（m）；

B_x——模具的宽度（m）；

H_x——模具的闭合高度（m）；

K_{x1}'——制件的形状复杂系数；

K_{x2}'——模具材料系数；

K_{x3}'——制件厚度系数；

g_x、P_{xr}、t_{xr}——含义同前。

以下对各主要因素进行说明：

1）模具销售价格 P_x'。模具销售价格是以模具重量和单位重量价格作为价格要素估算的，模具的设计开发费、材料费、加工制造的费用都包含在重量的含金额度（即吨价 A_{x0}）中。

2）模具实体重量 W_x'。模具实体重量是指在设计制造前，通过零件尺寸以及设计制造经验估算的模具尺寸计算的实体重量，计算公式为

$$W_x' = L_x B_x H_x \rho K_{xw} \quad (5\text{-}12)$$

因为模具的尺寸是估算的,在估算时已经对整个模具的尺寸进行了放大,故在公式中不用再考虑放大问题。

3)模具实体重量系数 K_{xw}。由于模具本身并不是轮廓尺寸包含的实体,有些地方是空开的,所以,在计算模具实体重量时要乘以一个系数,该系数即为模具重量实体系数 K_{xw},$0.6 \leq K_{xw} < 1.0$。

4)模具材料的密度 ρ。模具制造常用的材料有 45 钢、T10A、Cr12MoV 等模具钢,以及 HT250、HT300 等铸造材料,其密度都与铁的密度非常接近,所以在计算公式中模具材料的密度 ρ 取 $7850 kg/m^3$。

5)模具重量的含金额度 A_{x0}。模具重量的含金额度即吨价,它是设计、制造、装配、调试、运输、售后服务等所有费用分解到单位重量中的量化体现。在不同的国家、不同的企业,由于加工制造的手段、模具原材料等方面的不同,其 A_{x0} 值也不同;此外,模具的种类不同,其 A_{x0} 值肯定不一样,如一般成形类模具的 A_{x0} 值就比冲裁类模具的 A_{x0} 值大,其具体取值大小有赖经验积累。

6)制件的形状复杂系数 K_{x1}'、模具材料系数 K_{x2}'、制件厚度系数 K_{x3}'。制件的形状复杂程度、模具材料以及制件板料厚度都会对模具的估价产生显著影响,根据经验,相关参数见表5-11~表5-13。

表5-11 制件的形状复杂系数 K_{x1}'

类型 明细	冲裁类		成形类	
	平面制件	立体制件	一般成形制件	拉深成形制件
K_{x1}'	0	0.1~0.3	0.1~0.2	0.3

表5-12 模具材料系数 K_{x2}'

类型及明细	冲裁类		成形类		拉深类	
选用材料	45钢	T10A	CH-1、Cr12MoV	CH-1、T10A	Cr12、Cr12MoV	HT300	MoCr 铸铁
K_{x2}'	0	0.03	0.05	0.05	0.1	0.05	0.1

表5-13 制件厚度系数 K_{x3}'

制件厚度 t/mm	K_{x3}'
$t < 1$	0.2
$1 < t \leq 2$	0
$2 < t \leq 6$	0.2
$t > 6$	0.3

7)税率 t_{xr}、成本利润率 P_{xr}。税率、成本利润率是模具厂家通常选用的参数,也是模具价格的重要组成部分,两个参数的选取详见表5-10。

三、任务实施

(一)仪表底板零件工艺性分析

1. 零件分析

1)零件材料为1Cr13不锈钢,料厚1mm。

2) 1Cr13 不锈钢具有良好的耐蚀性、切削加工性。一般可制作汽轮机叶片、水压机阀、螺栓、螺母等，主要用于要求较高韧性、一定的耐蚀性并承受冲击载荷的零部件，如刃具、叶片、紧固件、水压机阀、热裂解抗硫腐蚀设备等，也可制作在常温条件耐弱腐蚀介质的设备和部件等。

2. 模具分析

1) 该制件尺寸适中，一般精度等级，且为套件（20万套/批）。

2) 为提高生产效率，采用倒装式复合模冲压。

（二）仪表底板倒装式复合模定价任务实施

仪表底板倒装式复合模定价任务实施过程见表 5-14。

表 5-14 仪表底板倒装式复合模定价任务实施过程汇总及说明表

任务要求	依目前市场行情对仪表底板（20万套/批）进行模具价格估价。零件图见表 5-1	根据所学模具设计与制造技术知识及小型冲压模具估价方法，完成仪表底板冲压模具定价任务
市场调研	① 市场调研（在当地模具市场调研仪表底板类似冲压模具情况） ② 与老产品对比（与制造过的类似仪表底板老产品进行价格比较）	
定价目的	模具业务洽谈时，在还没有设计出模具之前就要把模具价格估算出来，以便确定是否签订合同	
定价方法	采用基点工时估算法计算	

<table>
<tr><td colspan="6" align="center">原始资料</td></tr>
<tr><td>制件名称</td><td>制件材料</td><td>制件料厚</td><td>制件周长</td><td>模具尺寸</td><td>模具类型</td></tr>
<tr><td>仪表底板</td><td>1Cr13</td><td>1mm</td><td>230mm</td><td>400mm × 220mm × 260mm</td><td>落料冲孔模</td></tr>
<tr><td>项目</td><td colspan="5">定价依据及详细说明</td></tr>
<tr><td rowspan="2">计算该模具的制造工费 G_{xa}</td><td>1</td><td colspan="4">根据该冲压件的外形尺寸及腰形孔和 4 个 $\phi 4^{+0.1}_{0}$mm 孔的分布情况，宜选用倒装式复合模冲制，凹模板周界取为 125mm × 100mm，模架选取对角导柱模架（$L × B = 125mm × 100mm$），由表 5-2 查得

$$T_{x0} = 77h$$</td></tr>
<tr><td>2</td><td colspan="4">由于该模具为非圆形件冲裁模，由表 5-3 查得
$$K_{x20} = 1$$
由于该冲裁件的周长 $Z_x = 230mm$，查表 5-4 得
$$K_{x21} = 0.48, Z_{x0} = 200mm$$
再由式（5-3）得
$$N_{x1} = T_{x0} K_{x20} K_{x21} (Z_x/Z_{x0} - 1) = 5.54h$$
由于采用标准模架，且一般线切割机床就能满足要求，故而 $N_{x2} = 0$，$N_{x3} = 0$，$N_{x4} = 0$ 和 $N_{x5} = 0$。
由冲裁件上有 5 个孔，查表 5-8 可得：
$t_{x1} = t_{x2} = t_{x3} = t_{x4} = 4h$（圆孔直径 = $\phi 4mm < \phi 6mm$）
$t_{x5} = 13.5h$（非圆孔周长 = 58.84mm < 60mm）
再由式（5-8）得
$$N_{x6} = \sum t_{xi} = t_{x1} + t_{x2} + t_{x3} + t_{x4} + t_{x5} = 29.5h$$
故，$\sum N_{xi} = N_{x1} + N_{x2} + N_{x3} + N_{x4} + N_{x5} + N_{x6} = 35.04h$</td></tr>
</table>

(续)

项目		定价依据及详细说明
计算该模具的制造工费 G_{xa}	3	将数据代入式（5-2b）得 $$\sum T_x = T_{x0}K_{x20} + \sum N_{xi} = 112.04 \text{h}$$
	4	根据当前企业情况取 $A_x = 30$ 元/h，则该模具的制造工费 G_{xa} 可由式（5-2a）求得，即 $$G_{xa} = \sum T_x A_x = 3361.2 \text{ 元}$$
计算该模具的原材料费 M_{x1}		该复合模尺寸不大，结构一般，原材料费可采用估算价核算。由表5-9取 $d_x = 0.10$，且 $U_x = 0$，原材料费的估算系数 K_{x7} 取为0.18。由式（5-9a）得 $$M_{x1} = [G_{xa}(1+d_x) + U_x]/(1-K_{x7}) - [G_{xa}(1+d_x) + U_x] = 811.6 \text{ 元}$$
计算该模具的销售价格 P_x	1	由表5-10选取 $P_{xr} = 20\%$、$t_{xr} = 17\%$、$g_x = 6\%$
	2	包装运输费忽略不计，即 $Q_x = 0$
	3	根据式（5-10）得 $$P_x = \{[G_{xa}(1+d_x) + M_{x1} + U_x](1+g_x) + Q_x\}(1+P_{xr})(1+t_{xr}) = 6710.4 \text{ 元}$$
每组人数		5人　　　　　　　　　　　　　现场讨论
提交资料		
签订合同		
最终考核依据		工作文件10%，具体操作过程40%，工作结果30%，汇报效果10%，团队10%　　　　百分制

四、知识拓展——小型冲压模具估价实例

例1 齿轮齿室盖的制件图见图5-2，制件及模具的相关信息见表5-15。

表5-15 制件及模具的相关信息

制件名称	制件材料	制件料厚	制件周长	模具尺寸	模具类型
齿轮齿室盖	ST14-ZF	1.5mm	1268.8mm	800mm×520mm×325mm	落料冲孔模

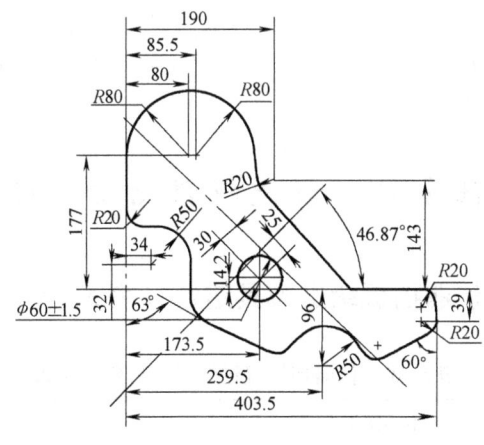

图5-2 制件图

1. 工时参数估算法

（1）制造工费的计算　将 $T_{x0}=344h$，$K_{x20}=1$，$K_{x21}=0.62$，$Z_x=1268.8mm$，$Z_{x0}=1000mm$，$T_{x0}'=335h$，$A_x=80$ 元/h，$K_{x22}=0.07$，$\sum t_{xi}=13.5h$ 分别代入以下公式

$$G_{xa} = \sum T_x A_x$$

$$\sum T_x = T_{x0}K_{x20} + \sum N_{xi}$$

$$N_{x1} = T_{x0}K_{x20}K_{x21}(Z_x/Z_{x0}-1)$$

$$N_{x2} = T_{x0}'K_{x22}$$

$$N_{x6} = \sum t_{xi}$$

可得

$$G_{xa} = \sum T_x A_x$$
$$= [T_{x0}K_{x20} + (N_{x1}+N_{x2}+N_{x6})]A_x$$
$$= 3.51 \text{万元}$$

（2）材料费的计算

$$M_{x1} = \sum 1.3 V_{xi}\rho_{xi} \times 10^{-3}@_{xi} + \sum @_{x0}$$
$$= 0.31 \text{万元}$$

（3）销售价格的计算　将 $d_x=0.1$，$U_x=0.16$ 万元，$Q_x=0$，$g_x=5\%$，$P_{xr}=20\%$，$t_{xr}=17\%$ 代入式（5-10），可得

$$P_x = \{[G_{xa}(1+d_x)+M_{x1}+U_x](1+g_x)+Q_x\}(1+P_{xr})(1+t_{xr})$$
$$= 6.38 \text{万元}$$

2. 材料比价估算法

将 $L_x=800mm$，$B_x=520mm$，$H_x=325mm$，$\rho=7.85\times10^{-9}t/mm^3$，$K_{xw}=0.7$，$A_{x0}=5.6$ 万元/t，$K_{x1}'=0$，$K_{x2}'=0.03$，$K_{x3}'=0$，$g_x=5\%$，$P_{xr}=20\%$，$t_{xr}=17\%$ 代入式（5-11），得

$$P_x' = W_x'A_{x0}(1+K_{x1}'+K_{x2}'+K_{x3}')(1+g_x)(1+P_{xr})(1+t_{xr})$$
$$= V_x\rho K_{xw}A_{x0}(1+K_{x1}'+K_{x2}'+K_{x3}')(1+g_x)(1+P_{xr})(1+t_{xr})$$
$$= L_x B_x H_x \rho K_{xw}A_{x0}(1+K_{x1}'+K_{x2}'+K_{x3}')(1+g_x)(1+P_{xr})(1+t_{xr})$$
$$= 6.32 \text{万元}$$

任务二　级进模具估价方法

一、任务导入——仪器挡板级进模具定价（表5-16）

表5-16　仪器挡板级进模具定价任务导入

学习情境	实训地点：模具实训中心网络教室 教学条件：仪器挡板工程图及技术参数资料，冲压模具设计手册，游标卡尺等	具体要求

(续)

学习任务	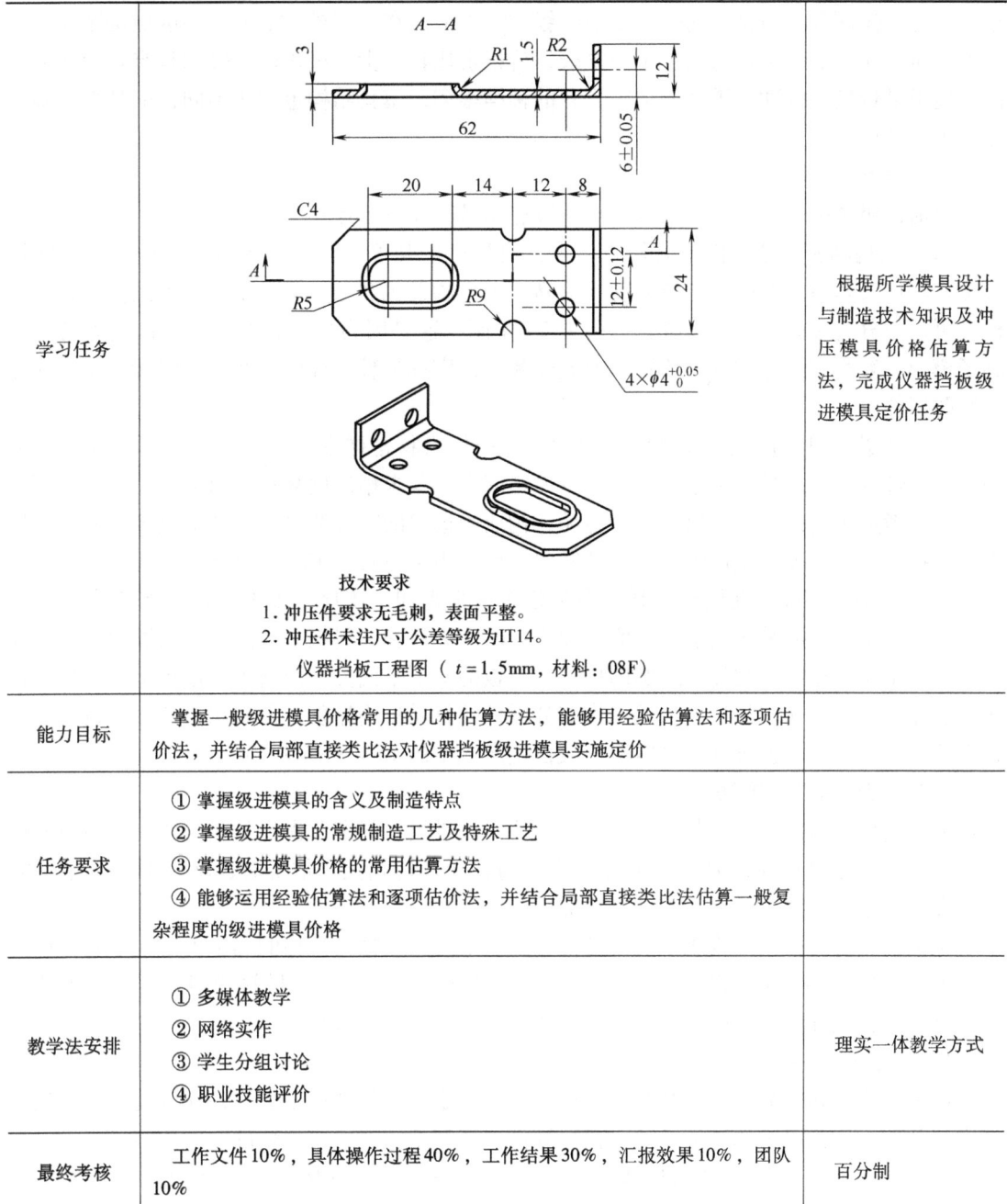 技术要求 1. 冲压件要求无毛刺，表面平整。 2. 冲压件未注尺寸公差等级为IT14。 仪器挡板工程图（$t=1.5\mathrm{mm}$，材料：08F）	根据所学模具设计与制造技术知识及冲压模具价格估算方法，完成仪器挡板级进模具定价任务
能力目标	掌握一般级进模具价格常用的几种估算方法，能够用经验估算法和逐项估价法，并结合局部直接类比法对仪器挡板级进模具实施定价	
任务要求	① 掌握级进模具的含义及制造特点 ② 掌握级进模具的常规制造工艺及特殊工艺 ③ 掌握级进模具价格的常用估算方法 ④ 能够运用经验估算法和逐项估价法，并结合局部直接类比法估算一般复杂程度的级进模具价格	
教学法安排	① 多媒体教学 ② 网络实作 ③ 学生分组讨论 ④ 职业技能评价	理实一体教学方式
最终考核	工作文件10%，具体操作过程40%，工作结果30%，汇报效果10%，团队10%	百分制

二、知识链接——级进模具价格估算方法

（一）级进模具的特点

1. 概述

级进模（也叫连续模）由多个工位组成，各工位按顺序关联完成不同的加工，在冲床的一次行程中完成一系列不同的冲压加工。一次行程完成以后，由冲床送料机构按照一个固

定的步距将材料向前移动，这样在一副模具上就可以完成多个工序，一般有冲孔，落料，折弯，切边，拉深等。精密、高效、复杂的级进模不但能在一副模具上的不同区域按顺序完成多道冲压工序，而且设计与制造十分复杂，价格也比较昂贵。级进模一般均具有自动送料功能，适于批量较大的冲压零件的加工，它的种类很多，模具结构也有所不同，但基本结构一般为板式结构。

2. 结构特点

目前，级进模的使用面越来越广泛。级进模具有如下特点：

（1）结构精密复杂　模具的材质要求具有较好的强度、刚度和抗疲劳性能；凸、凹模等工作零件及其对应型孔的形位精度要求高；辅助检测元件要求齐全；使用大量的标准件。模具可以划分为多副子模块系统，一般为 2~4 副，这是因为加工、安装和维修的方便。每副子模架一般都有独立的导向装置；上模座和下模座都为整块板件，两者之间设有总导柱导套和防撞柱。

（2）工艺设计难度大　设计级进模时，冲压件条料排样水平的高低直接影响模具的大小和冲压件的质量及材料利用率；模具零件之间定位要求精确度高；要保证自动送料的顺利进行；要考虑废料的处理和出件是否容易；构成级进模的零件数量多，结构复杂，要考虑易损件更换方便，还要防止产生干涉；开发费一般取为工时费的 15%~30%。

（3）制造费用高　在模具的制造中包含大量精密加工工序，如电子产品级进模的凸模刃口及导向部分一般采用光学曲线磨床加工；凹模刃口和卸料板上的凸模导向嵌块的导向部分一般需采用多道线切割加工或磨削加工，模板的上下平面要平面磨削，模板上的定位型孔一般也需要多道线切割加工。虽然工作部分零件的材质价格昂贵，但其用量往往比较少，所以费用比例并不高。据统计，材料费一般占生产成本的 15%~25%。

（二）级进模估价方法

从级进模的特点看出，与普通的模具相比，级进模材料费所占比重相对较小，而精密加工费所占比重相对较高，加工费用与工位数的多少密切相关。估价时，不宜采用重量估算法，而适合采用逐项估价法，并结合局部直接类比法。

根据前面有关模具的构成以及模具价格的分析可知，模具价格的确定关键在于对可计算部分即模具标准件费用、自制件（模架、模板和成形工作零件）材料费用、模具加工费用的处理，尤其是加工费用的估算。以下将详述级进模的估价步骤。

1. 工艺分析和结构设计

（1）排样　初步分析制件结构，画排样图，确定所需的冲压工位数，并根据经验大致估计空工位数，由此确定总的工位数。根据制件展开宽度并考虑搭边距确定工位距。

（2）结构形式　模具结构形式的确定，主要是确定模具板件的大致尺寸、子模架划分等。

2. 材料费估算

（1）各模板的材料价格估算　原始坯料尺寸一般为长方体，其尺寸（重量）估计是关键。模板长度根据工作区的长度再加上两端余量（如单边 50mm）确定；宽度根据经验估计（在带料宽度的基础上，主要考虑导套、导柱的布置、卸料螺钉规格等）；每件模板的高度模具厂家一般都有标准系列。

（2）标准件费用　级进模中的标准件是购买后无须加工就可安装使用的外购件，估价的关键是估算各类标准件的数量，单价依据所选供应商产品手册。冲压产品展开件的长宽确定后，就可以确定模架的长、宽，进一步可确定其规格及购置费用。只有在完成了模具设计后才能精确确定螺钉、销钉、弹簧的数量及型号。这与估价的方案目标是不符的，考虑到螺钉、销钉、弹簧、抬料钉在模具材料价格中占的比重较小，所以可用排料的长、宽粗略估计这些标准件的数量，也可根据积累报价案例估计标准件数量；而导柱导套、安全传感器的价格可根据设计的数量直接计算。由于级进模的零件数量多，为便于科学估价，需要建立相应的数据库。

（3）非标准（自制）工作件材料费估算　非标准件主要是估计其体积。冲裁工步的工作零件用料计算最为复杂，冲裁冲头大多为异形冲头，原始坯料一般为长方体（冲导料钉的冲头除外）。所有冲头的高度一般都一致（凸模固定板、卸料垫板、卸料板高度、料厚之和加上适当余量）；所有冲头的平面尺寸可按冲头固定端面尺寸计算（可以累加）。每一冲裁工位一般都对应一副凹模嵌块和凸模导向嵌块（卸料板上）。凹模嵌块的高度约等于凹模板的高度，凸模导向嵌块的高度等于卸料板的高度；两者的平面尺寸凭经验估计，其宽度需加上定位台阶的宽度，宽度略大于带料宽度（便于通过卸料板压住凹模），长度不大于工步距。超硬冲头的材料费可能高达1800元/kg以上（寿命高达亿次），所以优质材料的重量须尽量准确估算。

弯曲、成形、压印等工位可仿照冲裁模类似估计。只是需特别注意，凸模穿过的板料件区间可能有所不同，有些凸模可能只是固定在卸料板上。特殊工位工作件，如冲导正孔的工作冲头及其对应凹模，则可以参考历史案例用类比法解决。

（4）其他自制辅助件　自制的其他辅助件主要有导板和导料板。

1）导板。导板宽度为带料宽度加上一定经验值，长度为凹模固定板长度，高度一般为定值。

2）前导料板、后导料板。其价格变化不大，按经验计算。

3. 加工制造费估算

（1）模板加工制造费　主要分为板件的整体加工和板内的型孔加工。前者容易积累数据，后者主要是型孔的加工，主要分为长方体孔、销钉孔、螺钉孔、台阶孔和让位孔（槽），具体有以下三个方面。

1）一般漏料孔、销钉孔、螺钉孔、让位孔和过孔只需一般线切割、铣削或钻削加工。

2）各种型孔的加工长度（面积）可根据排样的工位数估计，需要准确定位的凹模嵌块孔一般需要慢走丝线切割加工。

3）有弯曲或成形轮廓通过的工位，要考虑在对应的凹模板（向下弯曲）或卸料板（向上弯曲）位置上铣削加工让位槽，另外卸料板上还要加工导料板的让位槽。

（2）工作部件的加工费用估算

1）凸模工作部分往往要进行光学曲线磨削加工，加工费用按工时估计。不同工位的冲裁加工按同一工位进行估计。当冲裁轮廓复杂时，光学曲线磨削加工的时间大幅上升，难于精确计算。在初步报价时一般通过定义轮廓复杂系数来估计加工工时。

2）冲裁凹模刃口和凸模导向套导向面的加工，往往要通过慢走丝精细放电加工或磨削加工，对于难加工部分要考虑刃口轮廓采用拼合嵌块结构。

3）其他外轮廓面加工。凸模导向嵌块和凹模嵌块分别与卸料板和凹模板都有严格的尺寸配合，尺寸精度也非常高，需用高精度线切割甚至磨削加工。

4. 工位综合估算法

在具体计算上述工作部件加工费用时，也可以采用按工位类别把所有工作零件综合在一起的方法。这是一种比较准确和迅速的方法，它是按工位类别将工作部件的材料和加工费综合估价，而将非工作区域的各类加工及模板的加工按历史案例估价。例如针对每种冲压工序（冲裁、弯曲、压印等）工步所涉及的所有工作零件（凸模、凹模嵌块、凸模导向嵌块）的材料费、加工费以及所对应各模板上型孔的加工费的总和分别设定基本参考价格，通过乘以适当的系数进行估算，空工位处可根据实际工作部件及其加工情况适当予以考虑。

三、任务实施

（一）仪器挡板零件工艺性分析

1. 零件分析

（1）基本情况

1）零件材料为08F，料厚为1.5mm。

2）08F是冲压用钢板中沸腾钢的一种牌号，碳的质量分数为0.08%。强度低，硬度、塑性、韧性好，易于深冲、拉延、弯曲和焊接。工程上常用作深冲压和深拉延的容器，如搪瓷制品、仪表板、汽车驾驶室盖板等，若渗碳、渗氮，可制作各类套筒、靠模、支架。其抗拉强度$\sigma_b \geq 295$MPa，屈服强度$\sigma_s \geq 175$MPa，未热处理时的硬度≤ 131HBW。

3）该制件形状简单，尺寸较小，厚度较大，大批量生产，属于普通冲压件。

（2）制件冲压难点

1）$4 \times \phi 4^{+0.05}_{0}$mm 孔尺寸公差较小，对于厚度为1.5mm的材料，一般冲压公差等级可达IT10。查手册$\Delta T = 0.06$mm，所以能够满足公差0.05mm要求，模具的公差等级为IT6～IT7（0.008～0.012mm）。

2）孔心距为（12±0.12）mm。

① 孔心距精度。据冲裁件孔心距的极限偏差，查手册可知，对于一般冲模料厚$1\text{mm} < t < 2\text{mm}$、孔距尺寸<50mm，公差可达±0.12mm，所以能够满足条件。

② 最小孔距。根据冲裁件的最小孔距，查手册可知，一般$C > (1 \sim 1.5)t = 1.5 \sim 2.25$mm，12mm>2.25mm，能够满足条件。

结论：此制件孔心距可以实现，但是冲孔精度较高，模具制造精度也较高。

3）翻边成形。对于图示R5mm、20mm、R1mm及高度3mm四个尺寸进行分析，此孔为非圆形孔翻边，对于08F低碳钢，需翻边系数校核（简略计算）和翻边高度校核（简略计算）。

结论：此制件翻边可以实现。

4）弯曲成形部分（简略计算）。

结论：此制件弯曲部分可以实现。

本制件冲压工艺性良好，可以冲压成形。

2. 模具分析

1）该制件尺寸适中，一般精度要求，且为套件（20万套/批）。

2）为提高生产效率，采用级进模具进行冲压。冲压工序为：冲导正孔→冲预孔、弯曲切口→翻孔→弯曲→侧冲→冲孔→落料。

仪器挡板工序图如图 5-3 所示，仪器挡板排样图如图 5-4 所示。

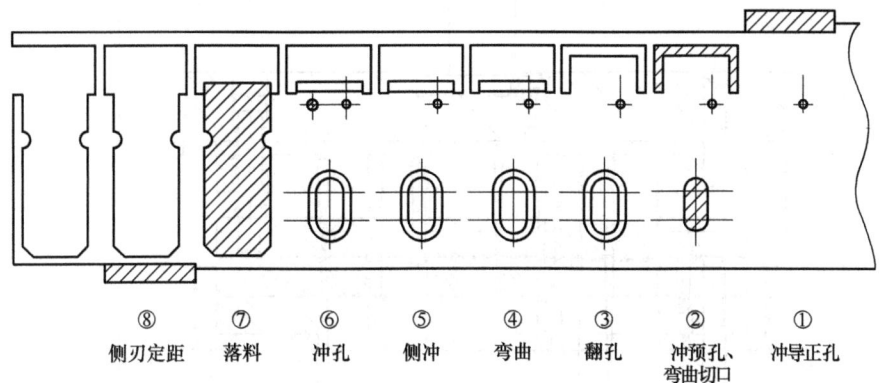

图 5-3　仪器挡板工序图

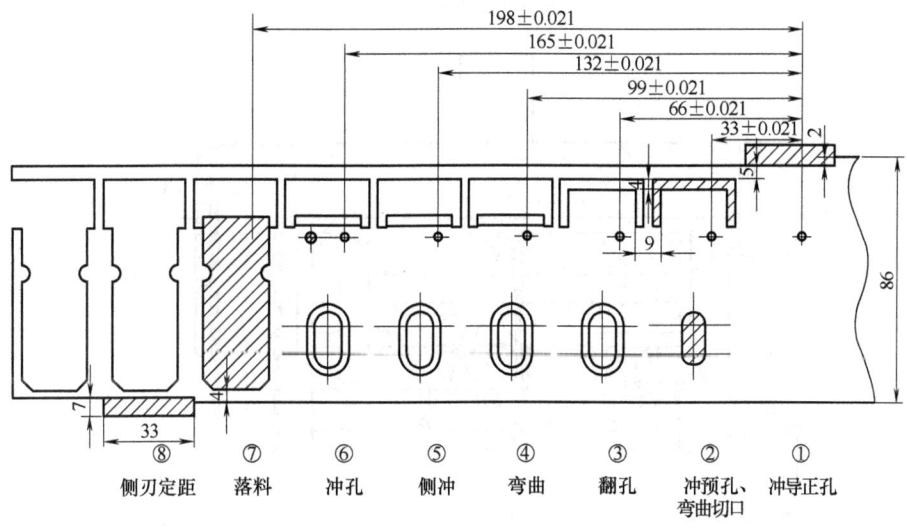

图 5-4　仪器挡板排样图

（二）仪器挡板级进模具定价任务实施

仪器挡板级进模具定价任务实施过程见表 5-17。

表 5-17　仪器挡板级进模具定价任务实施过程汇总及说明表

任务要求	依目前市场行情对仪器挡板（20 万件）进行模具价格估算	根据所学模具设计与制造技术知识及小型冲压模具估价方法，完成仪器挡板冲压模具定价任务

（续）

市场调研	① 市场调研（在当地模具市场调研与仪器挡板类似的产品的冲压模具情况） ② 与老产品对比（与制造过的类似仪器挡板的老产品进行价格比较） 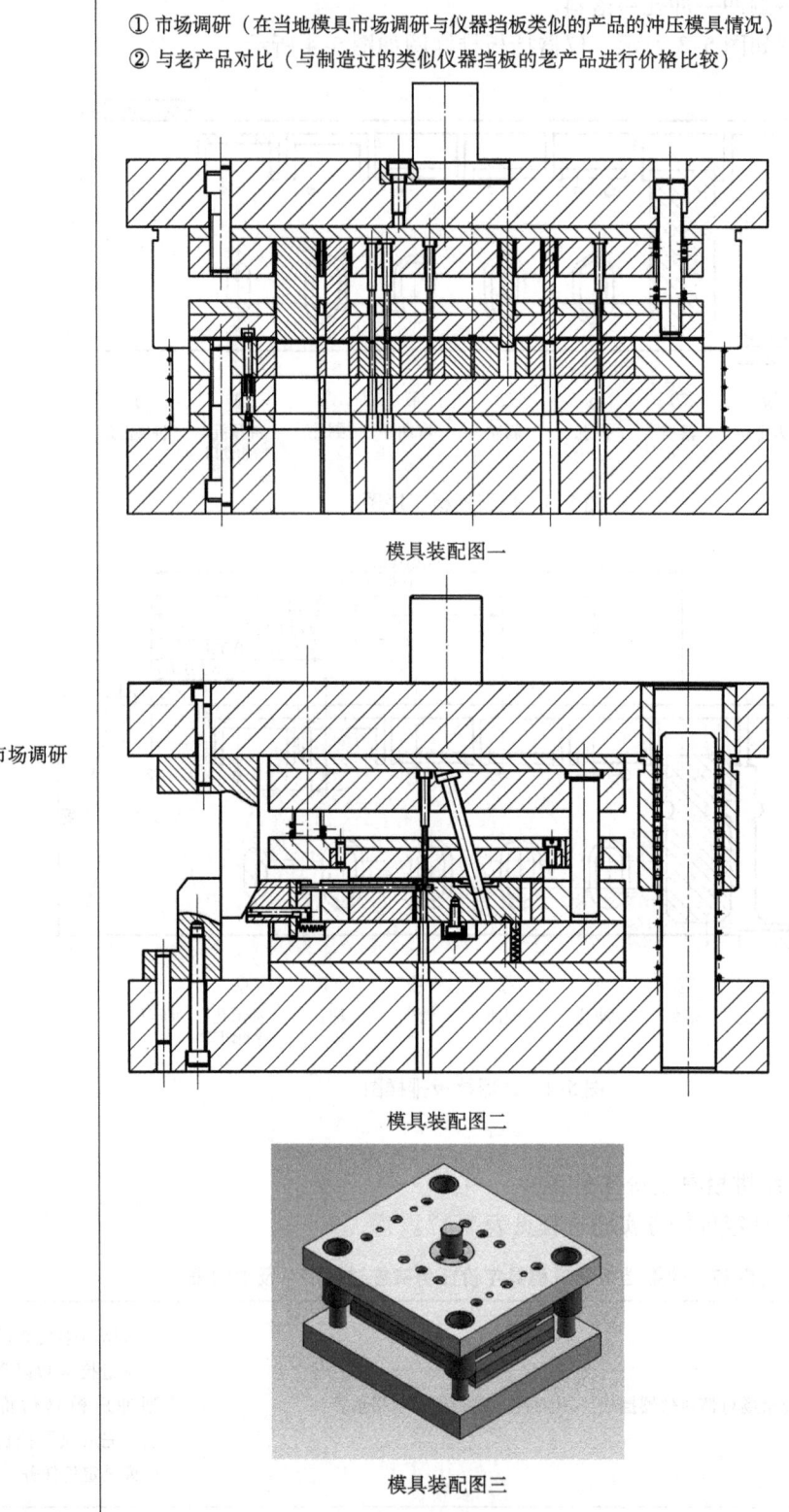 模具装配图一 模具装配图二 模具装配图三

(续)

定价目的	模具业务洽谈时,在还没有设计出模具之前就要把模具价格估算出来,以便确定是否签订合同				
定价方法	采用经验估算法估算模具价格				
原始资料					
制件名称	制件材料	制件料厚	冲裁周边长度	模具尺寸	模具类型
仪器挡板	08F	1.5mm	555.5mm	400mm×250mm×280mm	级进模
项目	费用/元	经验估算法定价依据及详细说明			
材料费	8000	每工步工作部件材料费约1000元			
工时费	19200	总工时240h,依据:初步估计价格时可按工作工步数进行计算,每工步一般对应30~40h的模具加工工时,共8个工作工步,平均80元/h计算			
技术开发费	3840	难度系数取1.0,技术开发费=工时费×20%×难度系数=19200元×20%×1.0=3840元			
管理费	4656	管理费率为15%,管理费=(8000+19200+3840)元×0.15=4656元			
利润	8924	利润率为25%,利润=(8000+19200+3840+4656)元×0.25=8924元			
增值税	7585	增值税率为17%,增值税=(8000+19200+3840+4656+8924)元×0.17=7585元			
模具价格	52205	模具价格=(8000+19200+3840+4656+8924+7585)元=52205元			
每组人数	5人				现场讨论
提交资料					
签订合同					
最终考核依据	工作文件10%,具体操作过程40%,工作结果30%,汇报效果10%,团队10%				百分制

四、知识拓展——级进模具估价实例

例2 本实例以加工电子产品(如接插件)为主的小型精密级进模为研究对象,相类似的级进模的计价可以此作为参考。

1. 产品和工艺基本参数分析

产品名称:料片引线框架,料宽50mm、料厚0.25mm,见图5-5a。此产品的工艺过程包括冲裁、打凸、打弯等,工艺难度一般,难度系数定为1.0。经过分析,工位距为12.7mm。模具需要13个工作工位,依次为冲导正孔、冲孔、针脚冲切1、针脚冲切2、触点外形冲切1、触点外形冲切2、触点外形冲切3、触点外形冲切4、打凸包(触点上)、冲裁(对排分离)、打弯、调整侧弯、切断。另外还有17个空工位。

2. 模具结构基本信息

模具的基本尺寸:上下模座各为长400mm、宽320mm,凹模板宽度为180mm。

各模板的厚度:上模座为55mm、凸模垫板为20mm、凸模固定板为15mm、卸料板为30mm、卸料垫板为8mm、凹模板为45mm、下模座为60mm。

3. 估算方法一

采用经验估算法,见表5-18。

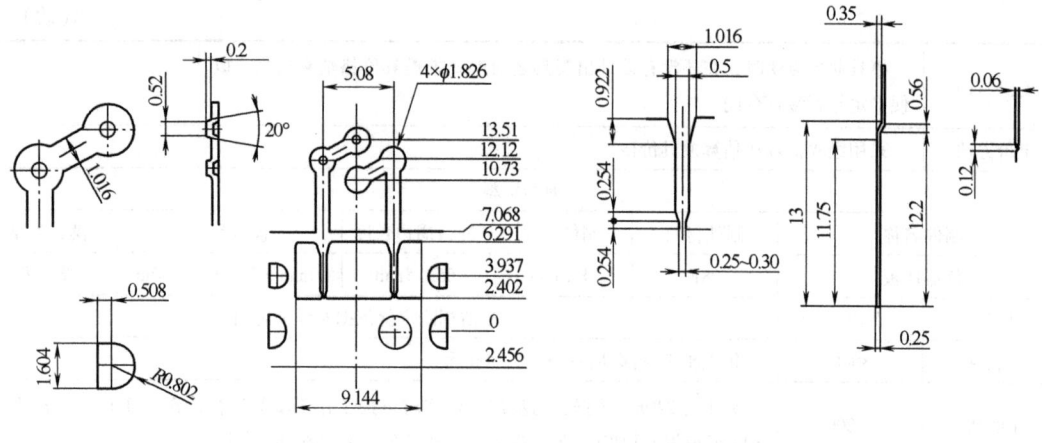

图 5-5 零件图排样示意及模具装配图
a) 零件简图 b) 模具装配图（主视图）

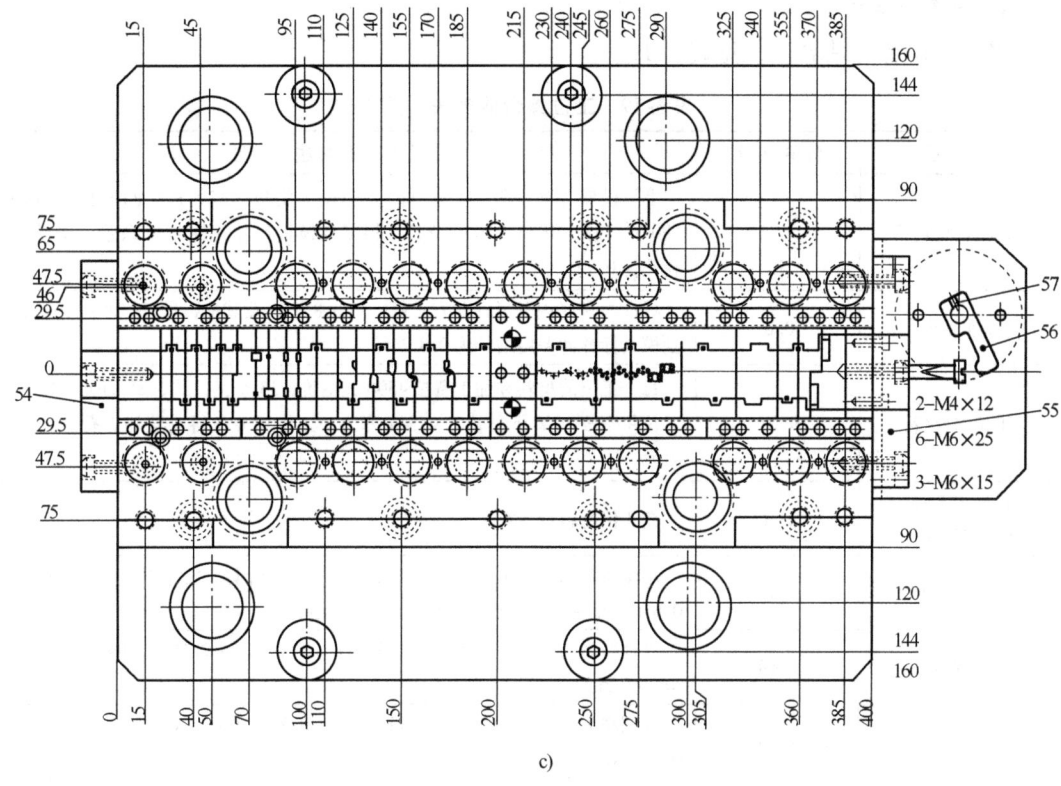

c)

图 5-5　零件图排样示意及模具装配图（续）

c) 模具装配图（俯视图）

表 5-18　经验估算法（例 2）

项　目	费用/元	经验估算法定价依据及说明
材料费	32000	每工步工作部件材料费约 1200 元
工时费	90000	总工时 450h。依据：初步估计价格时可按工作工步数进行计算，每工步一般对应 30~40h 的模具加工工时，共 13 个工作工步，平均 200 元/h 计算
技术开发费	18000	难度系数取 1.0，技术开发费 = 工时费 × 20% × 难度系数 = 90000 元 × 20% × 1.0 = 18000 元
管理费	14000	管理费率为 10%，管理费 = （32000 + 90000 + 18000）元 × 0.1 = 14000 元
利润	38500	利润率为 25%，利润 = （32000 + 90000 + 18000 + 14000）元 × 0.25 = 38500 元
增值税	32725	增值税率为 17%，增值税 = （32000 + 90000 + 18000 + 14000 + 38500）元 × 0.17 = 32725 元
模具价格	225225	模具价格 = （32000 + 90000 + 18000 + 14000 + 38500 + 32725）元 = 225225 元

4. 估算方法二

采用工位综合估算法，见表 5-19。

表 5-19 工位综合估算法（例 2）

项 目	费用/万元	工位综合估算法及说明
模板板件材料费	0.72	上下模座为 45 钢（15 元/kg），凸模固定板、卸料板、凹模板为 SKD11（80 元/kg），SKS3（30 元/kg），根据各模板尺寸并加 15% 余量，得模板材料费为 0.72 万元
标准件费	0.8	导柱导套（内外导柱各有 4 根，总共 8 根）及其他标准件，根据经验，此副模具标准件费用估计为 0.8 万元
工位综合费	9.25	每个工位的材料和加工费按 4500 元估价，13 个工位共 5.85 万元；17 个空工位每个按 2000 元估价，共 3.4 万元。工作部分材料及其加工费共计 9.25 万元
板件加工费（非工作区）	2.16	按 3 倍材料费计算
技术开发费	1.94	难度系数 1.0，按 15% 的材料和加工费总和计算，技术开发费 =（0.72 + 0.8 + 9.25 + 2.16）万元 × 0.15 = 1.94 万元
管理费	1.49	管理费率为 10%，管理费 =（0.72 + 0.8 + 9.25 + 2.16 + 1.94）万元 × 0.1 = 1.49 万元
利润	4.09	利润率为 25%，利润 =（0.72 + 0.8 + 9.25 + 2.16 + 1.94 + 1.49）万元 × 0.25 = 4.09 万元
增值税	3.48	增值税率为 0.17，增值税 =（0.72 + 0.8 + 9.25 + 2.16 + 1.94 + 1.49 + 4.09）万元 × 0.17 = 3.48 万元
模具价格	23.93	模具价格 =（0.72 + 0.8 + 9.25 + 2.16 + 1.94 + 1.49 + 4.09 + 3.48）万元 = 23.93 万元

思考习题与训练

5-1 小型冲压模具估价时需注意些什么？

5-2 小型冲压模具估价时影响制造总工时的主要因素有哪些？

5-3 计算小型冲压模具的原材料费时有几种方式？一般采用的估算公式是什么？

5-4 图 5-6 所示为一电器壳体，制件材料为 08F，厚度为 1.2mm。试估算该制件落料拉深复合模具的销售价格（模具图由制造方依制件图设计）。

5-5 图 5-7 所示为一仪表压片零件，制件材料为 HSi80-3，厚度为 1mm。试估算该制件复合模具的销售价格（模具图由制造方依制件图设计）。

5-6 图 5-8 所示为一电子产品配件挡板零件，制件材料为 QMn2，厚度为 0.5mm。试估算该制件级进模的销售价格（模具图由制造方依制件图设计）。

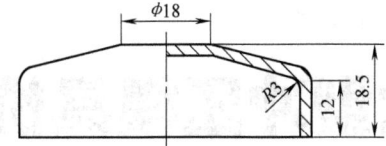

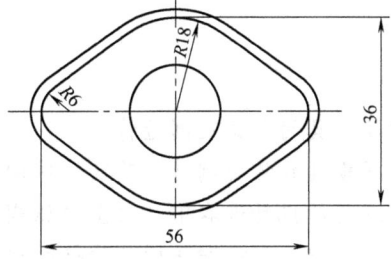

图 5-6 电器壳体

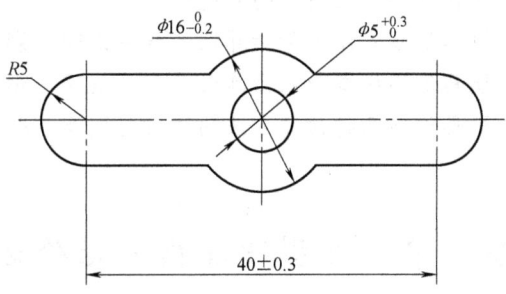

图 5-7 仪表压片

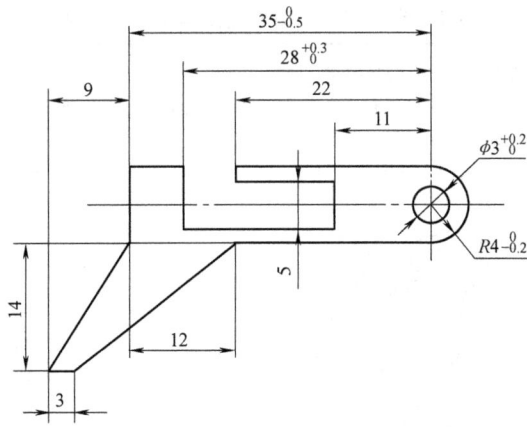

图 5-8 配件挡板

项目六 中、大型冲压模具价格估算

能力目标

1. 能正确理解中、大型冲压模具的含义及制造特点
2. 能正确理解中、大型冲压模具的常规制造工艺及特殊制造工艺特点
3. 具有以市场经济为出发点灵活机动选取中、大型冲压模具估价参数的初步能力
4. 具有分析和计算较为简单的中、大型冲压模具价格的初步能力

知识目标

1. 掌握中、大型冲压模具的含义及模具的制造特点
2. 熟悉中、大型冲压模具价格实体重量估算法的相关说明、影响因素和估算公式
3. 熟悉中、大型冲压模具价格成本费用估算法的相关说明、影响因素和估算公式
4. 熟悉中、大型冲压模具价格两种估算方法的适应范围及步骤

任务　中、大型冲压模具估价方法

一、任务导入——汽车门板修边冲孔模具定价（表6-1）

表6-1　汽车门板修边冲孔模具定价任务导入

学习情境	实训地点：模具实训中心网络教室 教学条件：汽车门板实物4套及技术参数资料，冲压模具设计手册，钢卷尺、游标卡尺等	具体要求
学习任务	 汽车门板制件简图（$t=1mm$，材料：ST14Z）	根据所学模具设计与制造技术知识及中、大型冲压模具价格估算方法，完成汽车门板修边冲孔模具定价任务

(续)

能力目标	掌握中、大型冲压模具价格常用的2种估算方法，能够用实体重量估算法与成本费用估算法对中、大型冲压模具实施定价	
任务要求	① 掌握中、大型冲压模具的含义及制造特点 ② 掌握中、大型冲压模具的常规制造工艺 ③ 掌握中、大型冲压模具价格的常用估算方法 ④ 能够运用实体重量估算法与成本费用估算法估算一般复杂程度的中、大型冲压模具价格	
教学法安排	① 多媒体教学 ② 网络实作 ③ 学生分组讨论 ④ 职业技能评价	理实一体教学方式
最终考核	工作文件10%，具体操作过程40%，工作结果30%，汇报效果10%，团队10%	百分制

二、知识链接——中、大型冲压模具价格估算方法

(一) 中、大型冲压模具的特点

1. 中、大型冲压模具的含义

中、大型冲压模具是相对于小型冲压模具而言的，主要用于冲压中、大型制件，尤其是汽车、飞机等内、外覆盖件，其表面形状一般都是由三维曲面构成，产品的精度和表面的质量要求很高。因此，模具的设计需采用先进的专业二维或三维设计软件，模具在加工中大量使用大型高精度数控加工机床。随着社会的发展、产品的不断更新，工艺也在不断改进，模具的设计制造技术更加专业化。正是由于采用了先进的设计制造技术与装备，缩短了模具和产品的开发与制造周期，从而缩短了产品开发和上市的时间，提升了新产品抢占市场的契机。可以说，中、大型模具行业对于国民经济的发展起着至关重要的作用。

中、大型冲压模具通常也是以其下模板（或凹模板）的周界尺寸来具体划分的。设模具下模板的长为L_d，宽为B_d，则模具下模板的半周长为(L_d+B_d)，那么

1) 当1400mm≤(L_d+B_d)<2500mm时，划分为中型冲压模具。
2) 当2500mm≤(L_d+B_d)<4500mm时，划分为中大型冲压模具。
3) 当(L_d+B_d)≥4500mm时，划分为大型冲压模具。

中、大型冲压模具的种类也较多，本项目将主要讨论其中的落料冲孔模、拉深模、修边冲孔模、翻边整形模、切断剖切模、弯曲模、斜楔模（指绝大部分冲压动作是通过斜楔来完成的模具）、级进模（连续模）等几类模具的价格估算问题。

2. 中、大型冲压模具的制造特点

由于中、大型冲压模具不仅结构尺寸大，而且模具的成形部位大多具有较复杂的空间三维曲面，精度和表面粗糙度要求也较高，所以其加工和检测难度都很大。目前，对模具型面和轮廓的加工一般采用仿形和数控加工工艺，主要的加工设备为大型仿形铣床、大型数控铣床、大型数控加工中心等。模具及冲压件的检测主要采用三坐标划线机或三坐标测量仪；而模具的调试设备一般采用调模系统或大型压力机。

由此可知，中、大型冲压模具不仅制造技术复杂，加工要求较高，而且其加工设备、检测设备及调试设备的价格也十分昂贵，加工的工时费用很高。同时，中、大型冲压模具在制造过程中还要受相关工序间需等待试验数据的制约，各相关配套模具的施工还不能齐头并进。所以，比较而言，制造中、大型冲压模具就更具技术密集、资金密集、劳动力密集及生产周期长的特点。本项目关于中、大型冲压模具价格的估算方法及有关计算参数便是在考虑了使其"三密集"等特点更突出的诸多因素的前提下，以其制造中的主要工艺手段为基础而推导、设定的。

3. 中、大型冲压模具价格估算的适用范围

由于影响模具价格的因素很多，所以模具价格估算方法的准确性和适应性均受到一定的限制。本项目介绍的中、大型冲压模具价格估算方法只适用于如下几种情况：

1）适用于估算下模板（或凹模板）半周长大于1400mm的冲压模具的出厂价格。其中适用的模具类型是：落料冲孔模、双动拉深模、拉深成形模、修边冲孔模、翻边整形模、切断剖切模、弯曲模、斜楔模和级进模。不适用于计算精冲模、简易模的价格估算。

2）适用于按单个冲压件验收的模具。若按产品（如汽车）部件或总成验收，则冲压件之间需要组装或焊接，此时产品设计、模具设计和模具制造等方面的误差均会显现，进而需要检测相关冲压件，分析误差产生部位，确定模具返修方案。这一过程需要增加调试费用，其增加幅度为有关冲压件全部冲模总价的20%~40%。

3）在满足用户对冲压件质量要求的前提下，模具还应具备良好的制造精度和装配精度，并能在正常使用条件下达到正常的使用寿命。

4）在用户对模具提出特殊的繁简、精粗等要求时，其价格可按本项目所介绍的估算方法估算的基础上作适当的增减。

5）本项目介绍的按模具重量估算的模具价格中不含"包装运输费"和"加急费"，涉及这两部分费用时需另外增加。

（二）中、大型冲压模具价格估算公式及参数

根据冲压模具的特性，介绍实体重量估算法和成本费用估算法。

1. 实体重量估算法

实体重量估算法就是将构成模具总价格的每个组成部分，按模具的重量成比例地分配到模具中去。测定单位模具重量的含金当量值（重量含金额度）后，根据计算出来的模具实体重量估算该模具的销售成本或销售价格。

按照实体重量估算法估算中、大型冲压模具的公式为

销售价格 = 实体重量 × 重量含金额度 × 修正系数 × (1 + 利润率) × (1 + 税率)

计算公式为

$$\begin{aligned} P_d &= W_d A_{d0}\,(1 + K_{d1} + K_{d2} + K_{d3} + K_{d4})(1 + P_{dr})(1 + t_{dr}) \\ &= V_d K_{dW} \rho\, A_{d0}\,(1 + K_{d1} + K_{d2} + K_{d3} + K_{d4})(1 + P_{dr})(1 + t_{dr}) \\ &= L_d B_d H_d K_{dW} \rho A_{d0}\,(1 + K_{d1} + K_{d2} + K_{d3} + K_{d4})(1 + P_{dr})(1 + t_{dr}) \\ &= (L_{d1} + 2l_d)(B_{d1} + 2b_d)\,H_{df} K_{dW} \rho A_{d0}\,(1 + K_{d1} + K_{d2} + K_{d3} + K_{d4}) \\ &\quad (1 + P_{dr})(1 + t_{dr}) \end{aligned} \tag{6-1}$$

式中　P_d——按重量估算法估算的中、大型冲模的销售价格（万元）；

W_d——模具的实体重量（t）；

V_d——中、大型冲模轮廓尺寸所包容的体积（m³）；

K_{dW}——中、大型冲模的实体重量系数，见表6-2；

ρ——模具材料的密度（kg/m³）；

A_{d0}——含销售成本的重量含金额度（万元/t）；

K_{d1}——制件的曲面与形状复杂因素系数，见表6-3；

K_{d2}——制件精度因素系数，见表6-4；

K_{d3}——冲模材料因素系数，见表6-5；

K_{d4}——冲模结构因素系数，见表6-6；

L_d——模具下模板的长度（m）；

B_d——模具下模板的宽度（m）；

H_{df}——模具的闭合高度（m），由用户提供的压力机规格确定；

L_{d1}——制件在本工序中的轮廓投影长度（m）；

B_{d1}——制件在本工序中的轮廓投影宽度（m）；

$2l_d$——下模板长度方向放出量（m）；

$2b_d$——下模板宽度方向放出量（m）；

P_{dr}——成本利润率，见表6-7，仅供参考；

t_{dr}——综合税率，见表6-7，仅供参考。

（1）模具的实体重量 W_d 实际上，在模具结构总图未设计出来前，很难精确地计算出模具的实际重量，所以在进行价格估算时需要得到一个趋近于实际重量的数值作为价格估算的依据，其计算公式为

$$\begin{aligned} W_d &= V_d K_{dW} \rho \\ &= L_d B_d H_d K_{dW} \rho \\ &= (L_{d1} + 2l_d)(B_{d1} + 2b_d) H_{df} K_{dW} \rho \end{aligned} \quad (6-2)$$

（2）含销售成本的重量含金额度 A_{d0}（吨位价格） 模具的重量含金额度 A_{d0} 的意义与项目三中的基本一致，是根据不同类别的制件而制订的，含金额度 A_{d0} 值中包含着全部设计、准备、制造和管理的费用，它的单位是万元/t。不同企业其 A_{d0} 值也各不相同，而且同一企业在不同时期 A_{d0} 值也应根据市场的变动而变化，它是根据本企业在某年度平均测算出来的一个综合数值。

（3）模具的实体重量系数 K_{dW}（表6-2） 中、大型模具的铸件由于采用的是实型铸造工艺，它不但可以降低铸件的采购成本和加工成本，同时也降低了模具的整体重量，实际情况是铸件的非工作部分的大部分都是空开的。

实体重量是指根据模具整体轮廓体积计算出的重量，取相应的系数估算出模具全部加工完成后的实际重量。由于模具类型和规格的不同，其实体重量系数 K_{dW} 值也有所区别。在计算模具实体重量时，需要计算出模具的实际体积的重量。因为由模具轮廓尺寸所包容的体积经计算而得到的重量（$V_d \rho$），并不是模具的实体重量。不同类型的模具即使模具轮廓尺寸相同，它们的实体重量也不相同；而同类型不同规格的模具，其重量与它们的轮廓尺寸之间的对应关系也不完全相同。所以需要给定一系列对应的实体重量系数 K_{dW} 值来估算模具的实体重量，并用来作为估算模具价格的依据。

表 6-2　下模板放出量 $2l_d$、$2b_d$ 与实体重量系数 K_{dW}

模具类型	下模板半周长 (L_d+B_d) /m	下模板放出量 $2l_d$/m	下模板放出量 $2b_d$/m	闭合高度 H_d/m	K_{dW}
落料冲孔模	<1.40	0.50	0.40		0.55
	1.40~2.40	0.70	0.60		0.50
	>2.40	0.90	0.80		0.45
双动拉深模	<1.40	0.80	0.60		0.40
	1.40~2.40	0.95	0.70		0.38
	>2.40	1.10	0.80		0.35
单动拉深模	<1.40	0.80	0.60		0.43
	1.40~2.40	0.95	0.70		0.40
	>2.40	1.10	0.80		0.38
修边冲孔模	<1.40	0.65	0.50		0.50
	1.40~2.40	0.80	0.70	根据用户所使用设备的闭合高度及模具需要的实际高度确定	0.45
	>2.40	1.00	0.90		0.40
翻边整形模	<1.40	0.50	0.40		0.48
	1.40~2.40	0.70	0.60		0.45
	>2.40	0.90	0.80		0.40
切断剖切模	<1.40	0.60	0.50		0.48
	1.40~2.40	0.70	0.55		0.44
	>2.40	0.80	0.65		0.42
成形模	<1.40	0.70	0.60		0.48
	1.40~2.40	0.80	0.70		0.40
	>2.40	1.00	0.90		0.40
弯曲模	<1.40	0.60	0.40		0.50
	1.40~2.40	0.70	0.55		0.45
	>2.40	0.80	0.60		0.42
斜楔模	<1.40	0.90	0.60		0.45
	1.40~2.40	1.00	0.70		0.43
	>2.40	1.20	0.90		0.40

(4) 制件的曲面与形状复杂因素系数 K_{dl}（表 6-3）　制件的曲面与形状复杂程度不同，将直接影响模具的结构设计、加工和调试，它是决定模具制造成本的重要因素。因此在估算模具价格时，必须将由这些因素导致的成本计算进去。

表 6-3　制件的曲面与形状复杂因素系数 K_{d1}

制件的曲面与形状类别			K_{d1}
冲裁类	平面制件	凸、凹模刃口曲线平缓，无沟槽，可以采用机加工与砂轮机修整完成的制件	0
		凸、凹模刃口曲线复杂，有沟槽或孔，可以采用机加工后通过钳工精修完成的制件	0.1～0.3
	立体制件	修边刃口曲线变化平缓，高低起伏不大，只需垂直修边的制件	0.1～0.3
		修边刃口随曲线变化较为复杂，高低起伏大，可以垂直修边，局部需要采用斜楔进行修边完成的制件	0.2～0.5
成形类	一级曲线	制件周围是曲线，顶面均为平面，其凸模或凹模基本不采用数控加工	0.1
	二级曲线	制件是比较平滑的立体曲面，拉深深度不大，其凸模或凹模必须采用数控加工	0.1～0.3
	三级曲线	制件是比较复杂且拉深深度起伏较大的立体曲面，其凸模或凹模必须采用数控加工	0.2～0.4

（5）制件精度因素系数 K_{d2}（表 6-4）

表 6-4　制件精度因素系数 K_{d2}

料厚/mm	制件公差等级	K_{d2}
≤3	IT10	0.4
>3～10	IT11	
≤3	IT11	0.2
>3～10	IT12	
≤3	IT12	0.1
>3～10	IT13	

车种	制件类别	K_{d2}
货车	内覆盖件	0.1
	外覆盖件	0.2
	骨架连接件	0.05
	梁类件	0
轿车	内覆盖件	0.2
	外覆盖件	0.3
	骨架连接件	0.1
	梁类件	0.15

尺寸公差/mm	基本尺寸/mm	公差等级			
		IT10	IT11	IT12	IT13
	≤3	0.040	0.060	0.100	0.140
	>3～6	0.048	0.075	0.120	0.180
	>6～10	0.058	0.090	0.150	0.220
	>10～18	0.070	0.110	0.180	0.270
	>18～30	0.084	0.130	0.210	0.330
	>30～50	0.100	0.160	0.250	0.390
	>50～80	0.120	0.190	0.300	0.460
	>80～120	0.140	0.220	0.350	0.540
	>120～180	0.160	0.250	0.400	0.630
	>180～250	0.185	0.290	0.460	0.720
	>250～315	0.210	0.320	0.520	0.780
	>315～400	0.230	0.360	0.570	0.890
	>400～500	0.250	0.400	0.630	0.970
	>500	0.280	0.440	0.700	1.100

(6) 冲模材料因素系数 K_{d3}（表6-5）

表6-5　冲模材料因素系数 K_{d3}

冲模类型		常用材料	K_{d3}	选用材料	K_{d3}
冲裁类	落料冲孔	HT250	0	ZG 310—570	0.02
	修边冲孔	20～45		7CrSiMnMoV	0.03
	切断	T8A～T12A		9Mn2V、Cr12MoV	0.05
成形类	成形整形	HT250	0	9Mn2V、Cr12MoV	0.05
	翻边弯曲	20～45 T8A～T12A		Cr12MoV	0.08
拉深类	拉深	HT250、HT300	0	MoCr/铸铁	0.05
				QT600-3	0.10

(7) 冲模结构因素系数 K_{d4}（表6-6）　模具结构是由多种因素决定的，与设备的参数、送料方式、排料方式、操作方式、制件的精度和制件的料厚等因素有关，它直接影响模具的采购和制造成本。

表6-6　冲模结构因素系数 K_{d4}

序号	冲模结构类型	K_{d4}
1	常规结构（工作部分为钢镶块，有导向、顶出、压料、退料装置）	0
2	在常规结构上增加自动进、出料装置	0.05～0.15
3	多工位、结构复杂	0.05～0.30
4	氮气缸压料、整形、上下双活动结构	0.10～0.20
5	大型（滑块斜面长度在1m以上）的吊楔、斜楔机构	0.15～0.25
6	结构简单、无导向	-(0.02～0.05)
7	镶块为铸件、堆焊刃口	-(0.05～0.15)
8	制件用孔定位，基本无立体面	-(0.05～0.20)
9	钢板焊接结构	-(0.10～0.15)

(8) 利润率 P_{dr} 和综合税率 t_{dr}（表6-7）　各企业可根据市场的变化和订货类型进行自我调节利润率，在订货和供货双方之间以达到共同认可的条件下取值，其范围一般是10%～15%。综合税率包含增值税和教育费附加等，其范围一般是17%～18.5%。

表 6-7 利润率 P_{dr} 和综合税率 t_{dr}

利 润 率	综 合 税 率
10%～15%	17%～18.5%

2. 成本费用估算法

按照模具实际发生的费用构成，模具的成本可以细分为冲压过程模拟与分析、结构设计、材料采购、制造加工与管理费用，这些费用的发生构成了模具整个完成过程实际成本的消耗，再加上合理的利润和税金就构成了模具的销售价格。它的操作较为烦琐，适用于小批量大型覆盖件的模具价格估算，其估价公式为

销售价格 = {(模拟分析与冲压过程图工时费 + 模具基价) × 修正系数 + 设计费} × (1 + 管理费用率) × (1 + 利润率) × (1 + 综合税率)

这里针对中、大型模具，引入了模具基价的概念，它是模具最基本结构的生产费用 M_{dj}（材料费、制造费），计算公式为

$$\begin{aligned} M_{dj} &= M_{d1} + M_{d2} \\ &= m_Z + m_D + m_{d13} + P_C + N_C + Z_C + T_C \\ &= W_Z C_Z + W_D C_D + m_{d13} + P_f H_P + N_{CC} H_{nC} + Z_P H_Z + T_s H_t \\ &= W_d K_{W_Z} C_Z + W_d K_{W_D} C_D + m_{d13} + P_f H_P + N_{CC} H_{nC} + Z_P H_Z + T_s H_t \end{aligned} \quad (6-3)$$

在此基础上，根据实际经验另外再选取了 4 个系数估算模具的生产成本，于是，按成本费用估算的中、大型冲模价格计算公式为

$$\begin{aligned} P_d &= [(M_n + M_{dj})(1 + K_{d5} + K_{d6} + K_{d7} + K_{d8}) + D_d](1 + g_d)(1 + P_{dr})(1 + t_{dr}) \\ &= [(M_f H_m + M_{dj})(1 + K_{d5} + K_{d6} + K_{d7} + K_{d8}) + M_{dj} d_d](1 + g_d)(1 + P_{dr})(1 + t_{dr}) \end{aligned} \quad (6-4)$$

式中　W_d——模具的实体重量（t），同重量估算法一致；

M_n——产品的冲压模拟分析和冲压过程图工时费（万元）；

M_f——产品的冲压模拟分析和冲压过程图工时单价（万元/h），见表 6-8；

H_m——产品的冲压模拟分析和冲压过程图工时，见表 6-8；

M_{dj}——模具基价（万元）；

M_{d1}——材料费（万元）；

M_{d2}——加工费（万元）；

K_{d5}——型槽因素系数，见表 6-10；

K_{d6}——制件材料厚度因素系数，见表 6-11；

K_{d7}——试验决定因素系数，见表 6-12；

K_{d8}——模具传送机构因素系数，见表 6-13；

m_Z——铸件费用（万元）；

W_Z——铸件总重量（t）；

K_{W_Z}——铸件占模具总重量的比率；

C_Z——铸件单价（万元/t）；

m_D——锻件费用（万元）；

W_D——锻件总重量（t）；

K_{W_D}——锻件占模具总重量的比率；

C_D——锻件单价（万元/t）；

m_{d13}——外购件费用（万元）；

D_d——模具的设计费（万元）；

d_d——设计费用率，一般取 8%~15%；

P_C——普通设备加工费（万元）；

N_C——数控加工费（万元）；

Z_C——装配精修费（万元）；

T_C——模具调试费（万元）；

P_f——普通设备加工工时单价（万元/h）；

H_P——普通设备加工工时（h），见表 6-9；

N_{CC}——数控加工工时单价（万元/h）；

H_{nC}——数控加工工时（h），见表 6-9；

Z_P——装配研修工时单价（万元/h）；

H_Z——装配研修工时（h），见表 6-9；

T_s——模具调试工时单价（万元/h）；

H_t——模具调试工时（h），见表 6-9；

g_d——管理费用率；

P_{dr}——利润率，见表 6-7；

t_{dr}——综合税率，见表 6-7。

（1）冲压模拟分析和冲压过程图工时费 M_n 制件在其模具结构设计前，一般应通过计算机软件进行模拟（CAE）冲压工艺过程，根据模拟结果的数据和分析做出优化的制件冲压过程（冲压工艺）图。本书没有整体提出模具开发费用，主要是考虑到实际运作时 CAD 和 CAE 可能分属两个部门。冲压模拟分析和冲压过程图工时费 M_n 的计算公式为

$$M_n = M_f H_m$$

表 6-8 提供的产品模拟分析和冲压过程图工时与工时价格仅供参考。在实际估算制件模拟分析和冲压过程图费用时，需按照本企业的性质、设备价值和折旧费用计算，由于各企业的实际情况不同，采用的分析软件不一致，所制订的模拟工时和发生的成本要根据市场价格水平、订货企业的性质和本企业的水平进行估算。

表 6-8 冲压模拟分析和冲压过程图工时与费用表

制件类别	冲压模拟分析和冲压过程图工时 H_m		工时单价 M_f/（万元/h）
	制件范围（长+宽）/mm	工时/h	
一级曲线制件	<1500	180~220	0.028~0.03
	1500~2500	221~255	
	>2500	256~280	
二级曲线制件	<1500	210~240	
	1500~2500	241~275	
	>2500	276~320	

(续)

制 件 类 别	冲压模拟分析和冲压过程图工时 H_m		工时单价 M_f/(万元/h)
	制件范围（长+宽）/mm	工时/h	
三级曲线制件	<1500	240~280	0.028~0.03
	1500~2500	281~320	
	<2500	321~360	

注：部分企业（包括国外）也采用按整个模具项目的费用比例（例如5%）计算分析费。

(2) 模具的材料费 M_{d1} 模具的材料费可以分为三部分，即铸件、锻件与钢板、外购件（含标准件）的材料费。铸件在模具中主要使用在上、下模板上；锻件与钢板主要用于工作部分、定位部分和压料部分；外购件包括气动元件、标准件、紧固件及辅助装置。

M_{d1} 的计算公式为

$$M_{d1} = m_Z + m_D + m_{d13}$$

1) 铸件费用 m_Z。铸件费用在模具总价格中占很大的比重，现在的模具结构设计中铸件大部分采用实型铸造，铸造费用中含有制作铸造实型的费用，采用实型铸造可以大大减少模具的整体重量，节省加工时间，降低成本。

① 铸件总重量 W_Z。按照模具类型划分，铸件占模具总重量的比例大致如下：拉深模的铸件占模具总实体重量的95%~98%，因为拉深模主要是由凸模、凹模和压边圈三大部分组成，它们的材料全部是铸件，主要采用灰铸铁、钼铬铸铁和合金铸铁。其他类型的模具一般只有上、下模板是铸件，工作部分、压料和定位部分采用锻件和结构钢，其中铸件占模具实体总重量的75%~90%，铸件材料一般采用灰铸铁或铸钢。

② 铸件平均单价 C_Z。铸件材料价格要根据当时的市场价格制订，由于钢材市场是随着国际市场和矿石价格的波动进行调节的，在估算价格时需按照当时的市场价格进行计算。

2) 锻件费用 M_D。锻件在模具中主要用于冲裁类模具的工作部分凸模、凹模的刃口和定位等部分，以及成形类模具的工作部分。锻件大部分采用碳素工具钢、合金工具钢和高速工具钢。锻件的费用主要由模具的类型和结构决定。

① 锻件总重量 W_D。在估算锻件重量时，要按照模具类型、模具结构和冲压板料厚度的变化进行计算。以下是三种常用模具的锻件占模具总重量的大致比例。

拉深类：2%~5%。

落料和修边类：20%~25%。

成形和翻边类：10%~15%。

② 锻件平均单价 C_D。锻件的价格也同铸件一样随着市场的行情而变化，其单价无法给出一个定值。

3) 外购件费用 m_{d13}。外购件包括快换冲头套件、楔类件、气缸、导柱、导套、导板、紧固件等，其价格需根据市场的价格变化和所需数量进行计算。

(3) 模具的加工费 M_{d2} 模具的加工费基本由四大部分构成，即普通设备加工费 P_C、数控加工费 N_C、装配研修费 Z_C 和模具调试费 T_C。这四大费用完全可以体现出模具所发生的成本，表6-9中所提供的四大部分加工工时，基本可以作为模具估价的基数成本工时。其计算公式为

$$M_{d2} = P_C + N_C + Z_C + T_C$$

普通设备（中小型车床、铣床、刨床、磨床、钻床等）加工主要是指加工冲裁类模具工作刃口的镶块、废料刀和成形类模具的定位板、固定板等零件。

数控加工大多指采用三轴数控机床加工大、中型模具的工作型面、基准面、窝座和各种型孔部分。

装配研修包括模具的初组装、周转工序、精装配、刃口精修和型面研修时装配钳工的工作量。

模具调试是指模具在装配完成后，在压力机上进行反复精研修型面、刃口间隙，使各个辅助装置的功能满足设计和使用要求，并试冲出满足设计要求的合格制件。

这四个部分的工时单价，同样要根据各企业或同行业的市场价格变化。工时单价根据企业性质不同其价格水平也有所区别，它是一个变量，要根据订货方的国别、企业性质（如外企、合资、国企或私企等）来制订估算用的设备和人工工时单价，取价应当取在国内平均水平范围内。

表6-9 加工工时定额 （单位：h）

类型	中型			中大型				大型		
半周长/mm	1400~1700	1710~2100	2110~2500	2510~3000	3010~3500	3510~4000	4010~4500	4510~5000	5010~5400	5410~5800
一级制件曲线落料模										
数控加工	12	16	20	26	32	40	56	68	72	84
普通设备加工	155	190	233	287	347	385	417	543	661	739
装配研修	140	161	182	224	280	321	358	455	504	560
模具调试	34	37	41	48	54	60	65	66	75	78
二级制件曲线落料模										
数控加工	14	19	24	31	38	48	67	82	86	101
普通设备加工	182	223	274	338	408	453	490	639	778	869
装配研修	200	230	260	320	400	458	512	650	720	800
模具调试	40	44	48	56	64	70	76	78	88	92
三级制件曲线落料模										
数控加工	18	24	30	39	48	60	84	102	108	126
普通设备加工	218	268	329	406	490	544	588	767	934	1043
装配研修	230	265	299	368	460	527	589	748	828	920
模具调试	46	51	55	64	74	81	87	90	101	106

(续)

一级曲线落料冲孔模										
类 型	中 型			中 大 型				大 型		
半周长/mm	1400~1700	1710~2100	2110~2500	2510~3000	3010~3500	3510~4000	4010~4500	4510~5000	5010~5400	5410~5800
数控加工	12	16	20	26	32	40	56	68	72	84
普通设备加工	167	206	254	306	340	368	479	584	652	731
装配研修	0	0	0	0	0	0	0	0	0	0
模具调试	40	44	48	56	64	70	76	78	88	92

二级曲线落料冲孔模										
类 型	中 型			中 大 型				大 型		
半周长/mm	1400~1700	1710~2100	2110~2500	2510~3000	3010~3500	3510~4000	4010~4500	4510~5000	5010~5400	5410~5800
数控加工	16	21	26	34	42	53	74	90	95	111
普通设备加工	223	274	338	408	453	490	639	778	869	974
装配研修	230	260	320	400	458	512	650	720	800	840
模具调试	48	56	64	70	76	78	88	92	100	120

三级曲线落料冲孔模										
类 型	中 型			中 大 型				大 型		
半周长/mm	1400~1700	1710~2100	2110~2500	2510~3000	3010~3500	3510~4000	4010~4500	4510~5000	5010~5400	5410~5800
数控加工	20	26	33	43	53	66	92	112	119	139
普通设备加工	268	329	406	490	544	588	767	934	1043	1169
装配研修	276	312	384	480	550	614	780	864	960	1008
模具调试	53	58	67	77	84	91	94	106	110	120

立体制件剖切模										
类 型	中 型			中 大 型				大 型		
半周长/mm	1400~1700	1710~2100	2110~2500	2510~3000	3010~3500	3510~4000	4010~4500	4510~5000	5010~5400	5410~5800
数控加工	11	13	14	17	20	42	63	88	112	134
普通设备加工	203	241	271	292	318	384	454	521	580	696
装配研修	110	116	120	156	180	228	270	315	360	432
模具调试	22	23	24	26	29	34	38	45	50	60

平制件冲孔模										
类 型	中 型			中 大 型				大 型		
半周长/mm	1400~1700	1710~2100	2110~2500	2510~3000	3010~3500	3510~4000	4010~4500	4510~5000	5010~5400	5410~5800
数控加工	10	13	16	21	26	32	45	54	58	
普通设备加工	195	247	276	297	329	404	460	523	591	
装配研修	140	150	172	228	258	286	321	364	386	
模具调试	20	24	29	34	40	46	52	58	64	

(续)

立体简单制件冲孔模

类型	中型			中大型				大型		
半周长/mm	1400~1700	1710~2100	2110~2500	2510~3000	3010~3500	3510~4000	4010~4500	4510~5000	5010~5400	5410~5800
数控加工	14	19	24	31	38	48	67	82	86	98
普通设备加工	245	290	326	351	382	460	544	624	694	832
装配研修	184	194	200	260	300	380	450	525	600	720
模具调试	36	38	40	44	48	56	64	75	84	101

一级制件曲线修边冲孔模

类型	中型			中大型				大型		
半周长/mm	1400~1700	1710~2100	2110~2500	2510~3000	3010~3500	3510~4000	4010~4500	4510~5000	5010~5400	5410~5800
数控加工	50	58	70	86	112	154	174	197	291	330
普通设备加工	200	262	304	386	460	520	624	740	835	925
装配研修	179	207	290	400	442	469	497	607	690	836
模具调试	43	45	53	63	68	81	97	119	138	161

二级制件曲线修边冲孔模

类型	中型			中大型				大型		
半周长/mm	1400~1700	1710~2100	2110~2500	2510~3000	3010~3500	3510~4000	4010~4500	4510~5000	5010~5400	5410~5800
数控加工	66	75	92	112	146	200	227	256	379	428
普通设备加工	240	314.4	364.8	463.2	552	624	748.8	888	1002	1110
装配研修	260	300	420	580	640	680	720	880	1000	1212
模具调试	54	56	66	78	84	100	120	148	172	200

三级制件曲线修边冲孔模

类型	中型			中大型				大型		
半周长/mm	1400~1700	1710~2100	2110~2500	2510~3000	3010~3500	3510~4000	4010~4500	4510~5000	5010~5400	5410~5800
数控加工	76	86	106	130	168	230	262	295	437	494
普通设备加工	270	354	410	521	621	702	842	996	1127	1249
装配研修	299	345	483	667	736	782	828	1012	1150	1394
模具调试	62	64	76	90	97	115	138	170	198	230

二级制件曲线修边模

类型	中型			中大型				大型		
半周长/mm	1400~1700	1710~2100	2110~2500	2510~3000	3010~3500	3510~4000	4010~4500	4510~5000	5010~5400	5410~5800
数控加工	48	55	67	82	106	146	166	187	277	313
普通设备加工	170	223	258	328	391	442	530	629	710	786
装配研修	230	260	300	420	580	640	680	720	880	1000
模具调试	48	54	56	66	78	84	100	120	148	172

（续）

三级制件曲线修边模										
类型	中型			中大型				大型		
半周长/mm	1400~1700	1710~2100	2110~2500	2510~3000	3010~3500	3510~4000	4010~4500	4510~5000	5010~5400	5410~5800
数控加工	55	72	83	101	124	161	221	251	283	419
普通设备加工	243	308	364	398	446	498	580	620	850	1105
装配研修	265	299	345	483	667	736	782	828	1012	1150
模具调试	55	62	64	76	90	97	115	138	170	198

浅型面拉深模										
类型	中型			中大型				大型		
半周长/mm	1400~1700	1710~2100	2110~2500	2510~3000	3010~3500	3510~4000	4010~4500	4510~5000	5010~5400	5410~5800
数控加工	142	154	196	223	255	284	320	364	388	445
普通设备加工	48	96	114	132	156	172	194	246	275	298
装配研修	220	240	280	350	400	500	600	720	860	1000
模具调试	52	64	82	90	110	134	140	164	192	240

深型面拉深模										
类型	中型			中大型				大型		
半周长/mm	1400~1700	1710~2100	2110~2500	2510~3000	3010~3500	3510~4000	4010~4500	4510~5000	5010~5400	5410~5800
数控加工	170	185	235	268	306	341	384	437	466	534
普通设备加工	55	109	130	150	178	196	221	280	314	340
装配研修	275	300	350	438	500	625	750	900	1075	1250
模具调试	65	80	103	113	138	168	175	205	240	300

复杂深型面拉深模										
类型	中型			中大型				大型		
半周长/mm	1400~1700	1710~2100	2110~2500	2510~3000	3010~3500	3510~4000	4010~4500	4510~5000	5010~5400	5410~5800
数控加工	192	208	265	301	344	383	432	491	524	601
普通设备加工	57	113	135	156	184	203	229	290	325	352
装配研修	330	360	420	525	600	750	900	1080	1290	1500
模具调试	78	96	123	135	165	201	210	246	288	360

简单平滑型面成形模										
类型	中型			中大型				大型		
半周长/mm	1400~1700	1710~2100	2110~2500	2510~3000	3010~3500	3510~4000	4010~4500	4510~5000	5010~5400	5410~5800
数控加工	48	64	78	96	148	200	240	280	300	320
普通设备加工	189	236	235	270	292	318	361	402	445	478
装配研修	181	200	230	260	402	544	612	680	700	720
模具调试	40	46	52	60	94	129	164	200	232	264

(续)

复杂坡度大型面成形模

类型	中型			中大型				大型		
半周长/mm	1400~1700	1710~2100	2110~2500	2510~3000	3010~3500	3510~4000	4010~4500	4510~5000	5010~5400	5410~5800
数控加工	72	96	117	144	222	300	360	420	450	480
普通设备加工	224	281	279	321	347	378	430	479	530	569
装配研修	244	270	311	351	543	734	826	918	945	972
模具调试	54	62	70	81	127	174	221	270	313	356

简单曲线翻边模

类型	中型			中大型				大型		
半周长/mm	1400~1700	1710~2100	2110~2500	2510~3000	3010~3500	3510~4000	4010~4500	4510~5000	5010~5400	5410~5800
数控加工	111	124	136	166	203	233	266	294	323	346
普通设备加工	167	189	209	228	236	249	309	370	432	494
装配研修	126	180	260	339	360	375	513	576	714	852
模具调试	56	78	84	90	93	96	99	102	105	108

复杂曲线翻边模

类型	中型			中大型				大型		
半周长/mm	1400~1700	1710~2100	2110~2500	2510~3000	3010~3500	3510~4000	4010~4500	4510~5000	5010~5400	5410~5800
数控加工	134	149	163	199	244	280	319	353	388	415
普通设备加工	202	228	253	276	287	302	376	452	528	604
装配研修	168	240	346	452	480	500	684	768	952	1136
模具调试	74	104	112	120	124	128	132	136	140	144

翻边整形模

类型	中型			中大型				大型		
半周长/mm	1400~1700	1710~2100	2110~2500	2510~3000	3010~3500	3510~4000	4010~4500	4510~5000	5010~5400	5410~5800
数控加工	140	156	171	209	256	294	335	370	407	436
普通设备加工	237	267	297	324	338	355	443	534	624	714
装配研修	218	312	450	588	624	650	889	998	1238	1477
模具调试	104	146	157	168	174	179	185	190	196	202

简单弯曲模

类型	中型			中大型				大型		
半周长/mm	1400~1700	1710~2100	2110~2500	2510~3000	3010~3500	3510~4000	4010~4500	4510~5000	5010~5400	5410~5800
数控加工	42	64	84	92	100	112	124	130	138	146
普通设备加工	159	177	194	237	290	333	380	420	462	504
装配研修	142	154	160	190	220	250	280	310	330	350
模具调试	36	42	48	56	64	71	88	110	130	150

(续)

复杂弯曲模

类型	中型			中大型				大型		
半周长/mm	1400~1700	1710~2100	2110~2500	2510~3000	3010~3500	3510~4000	4010~4500	4510~5000	5010~5400	5410~5800
数控加工	50	77	101	110	120	134	149	156	166	175
普通设备加工	180	200	218	267	327	375	428	473	521	568
装配研修	156	169	176	209	242	275	308	341	363	385
模具调试	43	50	58	67	77	85	106	132	156	180

弯曲成形模

类型	中型			中大型				大型		
半周长/mm	1400~1700	1710~2100	2110~2500	2510~3000	3010~3500	3510~4000	4010~4500	4510~5000	5010~5400	5410~5800
数控加工	57	86	113	124	135	151	167	176	186	197
普通设备加工	207	230	251	307	377	432	493	546	601	657
装配研修	199	216	224	266	308	350	392	434	462	490
模具调试	49	57	65	76	86	96	119	149	176	203

（4）模具型槽因素系数 K_{d5}（表6-10） 多型槽是指在一套模具结构中有两个或两个以上的型槽，在冲压过程中实现同时冲压出两个或两个以上的制件。一般在落料、落料冲孔、弯曲、成形类模具中采用这样的结构，可以提高生产效率和材料利用率。多型槽结构由于在设计和制造上增加了制造和调试难度，这种技术附加值应体现到模具价格中。

表6-10 模具型槽因素系数 K_{d5}

模具类型	型槽数	K_{d5}	模具类型	型槽数	K_{d5}
落料模、落料冲孔模	2	0.15	弯曲模、成形模	2	0.50
	3	0.30		3	0.80
	4	0.50		4	1.20

（5）制件材料厚度因素系数 K_{d6}（表6-11） 制件板料的厚度直接关系到模具工作部分和模板材料的选择，也直接影响模具结构的设计。过薄的板料对于冲裁间隙和加工精度要求很高，模具的制造难度加大，所耗用的制造和调试模具工时会增加；过厚的板料会直接影响模具整体的强度，刃口材料的硬度相应提高，这些均会导致模具成本增加。

表6-11 制件材料厚度因素系数 K_{d6}

制件材料厚度/mm	K_{d6}
<0.5	0.25
0.5~6	0
>6	0.2

(6) 试验决定因素系数 K_{d7}（表 6-12） 某些主要冲压零件在图样上标注的尺寸仅为参考尺寸，它最终的正确尺寸取决于该冲压工序的初始制件（该初始制件也可以是采用非冲压工艺制作，可以采用手工、机加工或切割等手段完成），这需要在相关的后序（或前序）冲压工序的模具上经过反复试验后才能确定最终尺寸。对于较复杂的、形状很不规则的制件的落料尺寸或修边尺寸，需采用试验决定。为此，将试验过程中所发生的工作量反映到制造工时中。

表 6-12 试验决定因素系数 K_{d7}

供试验的模具类型	待试验决定最终尺寸的模具类型		K_{d7}
翻边类 翻孔类	冲孔模	圆形	0.05
		一级曲线	0.10
拉深类 成形类 整形类 弯曲类	落料模 落料冲孔	圆形	0.05
		一级曲线	0.10
		二级曲线	0.15
		三级曲线	0.20
翻边类	修边模	一级曲线	0.15
		二级曲线	0.20
		三级曲线	0.25

(7) 模具传送机构因素系数 K_{d8}（表 6-13） 模具传送机构是制件在冲压过程中为了保证质量要求、排料方式、托料方式及工序间的衔接能顺利地完成，额外设计的一些辅助机构。这样相对于正常的模具装配和调试工作量增加。在模具价格估算中，模具传送机构因素还会影响到模具的安装尺寸，它不但使材料费发生变化，还会增加制造和调试费用，必须给予考虑。

表 6-13 模具传送机构因素系数 K_{d8}

模具结构类型	K_{d8}	
	模具传送机构类型	
	托料式送料	气动装置或退料机构
常规结构模具	0.05	0.10
联合安装模具	0.10	0.15

(8) 模具设计（CAD）费 D_d 设计费的估算较难统一，因为各个厂家采用的设备和设计软件等级不同，其计算的标准也不同；大部分大、中型企业使用的是正版设计软件，其发生的成本也很高，各企业可根据本企业的性质和实际情况估算设计费用。一般可按模具的基价取百分比进行估算，即

设计费 = 模具基价 × 设计费用率

$$D_d = M_{dj} d_d$$

设计费用率 d_d 的取值范围为 10% ~ 15%。

(9) 管理费用率 g_d 模具在整个设计与制造过程中，不但直接发生以上的成本费用，同时也发生保证正常生产过程、采购过程和销售过程的间接费用，比如管理人员与服务人员

的工资开销、办公费、差旅费、运输费、动能费、折旧费、消耗性材料费、低值易耗品摊销、银行利息支付等费用,这些费用在整个模具制造过程是必须发生的。所以,这部分费用应计入模具的销售价格中。其中部分确定性费用(如差旅费、运输费)可以不列入管理费。一般管理费用率的取值范围是8%~12%。

三、任务实施

(一) 中、大型冲压模具估价步骤

在实际应用中可根据具体情况选用上面两种常用的价格估算方法。由于两种估价方法的计算步骤和公式不同,建议在模具大批量订货报价时使用实体重量估算法,小批量大型覆盖件订货时采用成本费用估算法。例如整车工装费用报价时,不需要很详细的项目报价,采用实体重量估算既快又节省时间,它的价格核定和评价也很粗略,最终审核的是一个综合水平;小批量大型覆盖件模具订货,特别是一个新的客户,对一个陌生的企业通常会有一个考评和询价的过程,所以要求报价的项目会很具体详细,它会同时向几个厂家发出同样的询价函和报价资料,最终汇总进行综合评定,以便衡量和了解报价方的能力状况和价格水平。下面将分别介绍两种报价方法的估算步骤,以便于在实际中操作应用。

1. 实体重量估算法的估价步骤
(1) 制订冲压工艺
1) 根据制件的尺寸、形状和复杂程度,制订出完成制件的全部冲压工艺。
2) 确定模具结构类型。
(2) 计算模具的实体重量
1) 依据制件在本工序的轮廓投影长度 L_{d1}、宽度 B_{d1},选取模具下模板的放出量 $2l_d$、$2b_d$ 与实体重量系数 K_{dW} (表6-2)。
2) 依据用户提供的压力机的设备规格和特殊要求,确定模具的闭合高度 H_{df}。
3) 确定钢材的密度 ρ,模具钢一般取 $7850 kg/m^3$。
4) 依据式(6-2)估算出模具的实体重量 W_d。
(3) 确定估算模具价格的各种参数
1) 根据本时期与本企业的订货类型,确定含销售成本的重量含金额度(万元/t)。
2) 依据制件的形状类别,确定制件形状复杂因素系数 K_{d1} (表6-3)。
3) 依据制件的料厚、形状类别和公差等级,确定制件精度因素系数 K_{d2} (表6-4)。
4) 依据模具的类型与模具所选择的材料,确定冲模材料因素系数 K_{d3} (表6-5)。
5) 依据模具的结构类型,确定冲模结构因素系数 K_{d4} (表6-6)。
6) 确定成本利润率 P_{dr} 和综合税率 t_{dr} (表6-7)。
(4) 依据式(6-1)估算出模具的销售价格 P_d
2. 成本费用估算法的估价步骤
(1) 计算费用 M_n 按照制件的类型估算模拟分析与冲压过程图的工时,依据冲压模拟分析和冲压过程图工时与费用表(表6-8),确定 M_f 与 H_m。计算公式为
$$M_n = M_f H_m$$
(2) 计算中、大型模具的基价 M_{dj} 计算公式为

$$M_{dj} = M_{d1} + M_{d2}$$

1) 估算模具的材料费 M_{d1}

① 按照实体重量估算法计算模具的实体重量 W_d。

② 计算出铸件费用 m_Z。按照模具的实体重量取铸件所占的百分比进行计算，铸件材料单价要根据当时的市场价格进行确定。m_Z 的计算公式为

$$m_Z = W_Z C_Z$$
$$= W_d K_{W_Z} C_Z$$

拉深模：$K_{W_Z} = 95\% \sim 98\%$。

其他类型：$K_{W_Z} = 75\% \sim 90\%$。

③ 计算出锻件的价格 m_D。按照模具的实体重量取锻件所占的百分比进行计算，锻件材料单价要根据当时的市场价格进行确定。m_D 的计算公式为

$$m_D = W_D C_D$$
$$= W_d K_{W_D} C_D$$

落料模和修边模：$K_{W_D} = 20\% \sim 25\%$。

成形模和翻边模：$K_{W_D} = 10\% \sim 15\%$。

④ 根据市场的价格变化和所需数量计算出外购件的费用 m_{d13}。

2) 估算模具的加工费 M_{d2}

① 计算普通设备加工费 P_C。普通设备加工工时按照表6-9所列的工时选定，工时单价根据各企业或同行业的市场价格变化而定。P_C 的计算公式为

$$P_C = P_f H_P$$

② 计算数控加工费 N_C。数控加工工时按照表6-9所列的工时选定，工时单价根据各企业或同行业的市场价格变化而定。N_C 的计算公式为

$$N_C = N_{CC} H_{nC}$$

③ 计算装配研修费 Z_C。装配研修工时按照表6-9所列的工时选定，工时单价根据各企业或同行业的市场价格变化而定。Z_C 的计算公式为

$$Z_C = Z_P H_Z$$

④ 计算模具调试费 T_C。模具调试工时按照表6-9所列的工时选定，工时单价根据各个企业或同行业的市场价格变化而定。T_C 的计算公式为

$$T_C = T_s H_t$$

(3) 确定估算模具价格的各种修正系数

1) 按型槽数量选择模具的型槽因素系数 K_{d5}（表6-10）。

2) 按制件材料厚度选择制件材料厚度因素系数 K_{d6}（表6-11）。

3) 按待试验决定最终尺寸的模具类型选择试验决定因素系数 K_{d7}（表6-12）。

4) 按模具传送机构类型选择模具传送机构因素系数 K_{d8}（见表6-13）。

(4) 确定模具的设计费 D_d 设计费用率的取值范围为 $10\% \sim 15\%$，D_d 的计算公式为

$$D_d = M_{dj} d_d$$

(5) 确定管理费用率 g_d、利润率 P_{dr} 和综合税率 t_{dr}

1) 确定管理费用率 g_d，一般取值范围为 $8\% \sim 12\%$。

2）确定利润率 P_{dr}，一般取值范围为 10% ~ 15%。

3）确定综合税率 t_{dr}，一般取值范围为 17% ~ 18.5%。

（6）依据式（6-4）估算出模具的销售成本价格

（二）汽车门板修边工艺性分析

1. 零件分析

1）零件材料为 ST14Z 冷轧钢板，料厚 1mm，专为汽车面板而制。

2）ST14Z 属于深冲级冷轧钢板，ST14Z 是德国牌号，普通结构钢，ST14 等同于国内牌号 08F。和普通低碳镀锌钢板相比硬度高，但是塑性和韧性差。

2. 模具分析

1）该制件尺寸适中，一般精度，且为套件（40 万套/批）。

2）修边冲孔类模具由于作用力位置相对集中，容易损坏，较之成形类模具，寿命更短。为了提高冲压件质量，降低成本，延长冲压模具寿命，须正确使用和合理维护模具。设计修边冲孔模时，应特别注意废料排出、冲裁间隙的保证、导向正确、侧销稳定、氮气缸压力可靠、缓冲装置平稳、波浪刀口好加工及压料板稳定等问题。

（三）汽车门板修边冲孔模具定价任务实施

汽车门板修边冲孔模具定价任务实施过程见表 6-14。表中的模具结构图例仅供参考。

表 6-14 车门板修边冲孔模具定价任务实施过程汇总及说明

制件名称	汽车门板	模具名称	修边冲孔模	板料厚度	1.0mm	制件材料	ST14Z
任务要求	制件简图 尺寸：1.35m×0.75m			模具结构简图			根据所学模具设计与制造技术知识及中、大型冲压模具估价方法，完成汽车门板修边冲孔模具定价任务
市场调研	① 市场调研（在当地模具市场调研汽车门板修边冲孔模具类似冲压模具情况） ② 与老产品对比（与制造过的类似汽车门板修边冲孔模具老产品进行价格比较）						
定价目的	模具业务洽谈时，在还没有设计出模具之前就要把模具价格估算出来，以便确定是否签订合同						
定价方法	采用实体重量估算法与成本费用估算法报价						

(续)

定价依据及详细说明							
本工序制件投影尺寸/m	长 L_{d1}		宽 B_{d1}	压力机闭合高度	下模板放出量/m	$2l_d$	$2b_d$
	1.6		0.9	1.1		1.1	1
项目	代号	参数	单位	项目	代号	参数	单 位
下模板半周长（长+宽）		4.6	m	模拟工时	H_m	320	h
曲线等级		二级		模拟工时单价	M_f	0.028	万元/h
钢的密度	ρ	7.85	t/m³	铸件占总重量比率	K_{WZ}	85%	
实体重量系数	K_{dW}	38%		铸件单价	C_Z	0.65	万元/t
形状复杂系数	K_{d1}	10%		锻件占总重量比率	K_{WD}	15%	
制件精度系数	K_{d2}	10%		锻件单价	C_D	1.00	万元/t
模具材料系数	K_{d3}			外购件费用	m_{d13}	1.2	万元/套
模具结构系数	K_{d4}			普通设备加工工时	H_P	888	h
模具型槽数系数	K_{d5}			普通设备加工工时单价	P_f	0.006	万元/h
制件材料厚度系数	K_{d6}			数控加工工时	H_{nC}	256	h
试验决定系数	K_{d7}	10%		数控加工工时单价	N_{CC}	0.06	万元/h
传送机构系数	K_{d8}			装配研修工时	H_Z	880	h
设计费用率	d_d	12%		装配研修工时单价	Z_P	0.0125	万元/h
管理费用率	g_d	10%		模具调试工时	H_t	148	h
成本利润率	P_{dr}	10%		模具调试工时单价	T_s	0.022	万元/h
综合税率	t_{dr}	18.5%		重量含金额度	A_{d0}	3.5	万元/t
按实体重量估算价格				按成本发生估算价格			
模具重量	$W_d = (L_{d1}+2l_d)(B_{d1}+2b_d)H_{df}\rho K_{dW}$ $= 16.833t$			模具基价	$M_{dj} = W_d K_{WZ} C_Z + W_d K_{WD} C_D + m_{d13} + P_f H_P +$ $N_{CC} H_{nC} + Z_P H_Z + T_s H_t$ $= 47.969$ 万元		
销售价格	$P_d = W_d A_{d0}(1+K_{d1}+K_{d2}+K_{d3}+K_{d4})(1+P_{dr})$ $(1+t_{dr})$ $= 92.156$ 万元			销售价格	$P_d = [(M_f H_m + M_{dj})(1+K_{d5}+K_{d6}+K_{d7}+K_{d8}) +$ $M_{dj} d_d](1+g_d)(1+P_{dr})(1+t_{dr})$ $= 98.044$ 万元		

四、知识拓展——中、大型冲压模具价格估算实例

汽车侧围板拉延模具定价任务实施过程见表6-15。表中的模具结构图例仅供参考。

表 6-15 侧围板拉延模具定价汇总及说明

制件名称	侧围板	模具名称	拉延模	板料厚度	1.0mm	制件材料	ST14Z
任务要求	侧围板二维图　　侧围板三维图　　侧围板拉延模简图						根据所学模具设计与制造技术知识及中、大型冲压模具估价方法，完成汽车侧围板拉延模具定价任务
市场调研	① 市场调研（在当地模具市场调研汽车侧围板拉延模具类似冲压模具情况） ② 与老产品对比（与制造过的类似汽车侧围板拉延模具老产品进行价格比较）						
定价目的	模具业务洽谈时，在还没有设计出模具之前就要把模具价格估算出来，以便确定是否签订合同						
定价方法	采用实体重量估算法与成本费用估算法报价						

定价依据及详细说明

本工序制件投影尺寸/m	长 L_{d1}	宽 B_{d1}	压力机闭合高度	下模板放出量/m	$2l_d$	$2b_d$
	1.4	1	1.25		1.1	0.8

项　目	代　号	参　数	单　位	项　目	代　号	参　数	单　位
下模板半周长（长+宽）		4.3	m	模拟工时	H_m	320	h
曲线等级		二级		模拟工时单价	M_f	0.028	万元/h
钢的密度	ρ	7.85	t/m³	铸件占总重量比率	K_{W_Z}	95%	
实体重量系数	K_{dW}	35%		铸件单价	C_Z	0.65	万元/t
形状复杂系数	K_{d1}	10%		锻件占总重量比率	K_{W_D}	5%	
制件精度系数	K_{d2}	10%		锻件单价	C_D	1.00	万元/t
模具材料系数	K_{d3}			外购件费用	m_{d13}	1.5	万元/套

(续)

本工序制件投影尺寸/m	长 L_{d1}		宽 B_{d1}		压力机闭合高度	下模板放出量/m		$2l_d$	$2b_d$
	1.4		1		1.25			1.1	0.8
项 目	代 号	参 数	单 位		项 目	代 号		参 数	单 位
模具结构系数	K_{d4}				普通设备加工工时	H_P		194	h
模具型槽数系数	K_{d5}				普通设备加工工时单价	P_f		0.006	万元/h
制件材料厚度系数	K_{d6}				数控加工工时	H_{nC}		320	h
试验决定系数	K_{d7}	10%			数控加工工时单价	N_{CC}		0.06	万元/h
传送机构系数	K_{d8}				装配研修工时	H_Z		600	h
设计费用率	d_d	12%			装配研修工时单价	Z_P		0.0125	万元/h
管理费用率	g_d	10%			模具调试工时	H_t		140	h
成本利润率	P_{dr}	10%			模具调试工时单价	T_s		0.022	万元/h
综合税率	t_{dr}	18.5%			重量含金额度	A_{d0}		3.5	万元/t
按实体重量估算价格					按成本发生估算价格				
模具重量	$W_d = (L_{d1} + 2l_d)(B_{d1} + 2b_d) H_{df} \rho K_{dW}$ $= 15.455t$				模具基价	$M_{dj} = W_d K_{WZ} C_Z + W_d K_{WD} C_D + m_{d13} + P_f H_P +$ $N_{CC} H_{nC} + Z_P H_Z + T_S H_t$ $= 42.760$ 万元			
销售价格	$P_d = W_d A_{d0} (1 + K_{d1} + K_{d2} + K_{d3} + K_{d4})(1 + P_{dr})(1 + t_{dr})$ $= 84.610$ 万元				销售价格	$P_d = [(M_f H_m + M_{dj})(1 + K_{d5} + K_{d6} + K_{d7} + K_{d8}) + M_{dj} d_d](1 + g_d)(1 + P_{dr})(1 + t_{dr})$ $= 88.932$ 万元			

思考习题与训练

6-1 中、大型冲压模具的制造特点是什么？在估算模具价格时如何考虑这些特点？

6-2 中、大型冲压模具价格估算方法与小型冲压模具价格估算方法相比有何不同？为什么？

6-3 用按模具重量和按模具制造工时估算中、大型冲压模具的销售价格时，利润和税金是分别通过哪些参数来体现的？

6-4 图 6-1 所示为汽车前围中板制件，制件材料为 08Al-Ⅱ-HF，厚度为 1.0mm。试估算其拉深成形模具的销售成本及销售价格（模具图由制造方依制件图设计）。

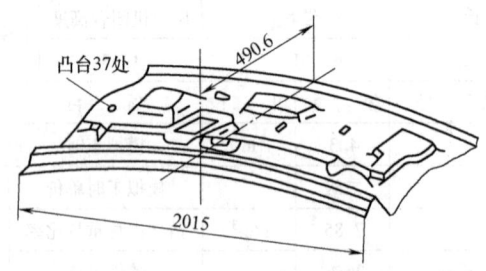

图 6-1 汽车前围中板

项目七 其他模具价格估算

能力目标

1. 能正确理解其他模具价格估算的含义及制造特点
2. 能正确理解其他模具价格估算的简易方法及所处行业特点
3. 具有以市场经济为出发点灵活机动选取其他模具价格估算参数的能力

知识目标

1. 了解其他模具的制造特点及所处行业特点
2. 理解其他模具与注射模具及冲压模具价格估算的区别
3. 熟悉其他模具价格估算的简易方法、相关说明、影响因素和估算公式

任务 X探伤机橡胶减振座模具价格估算

一、任务导入——X探伤机橡胶减振座模具定价（表7-1）

二、知识链接——其他模具价格估算方法一

前面几个项目中讲述了型腔模和小、中、大型冲压模具的价格估算方法，但在型腔模中仅分析了当前量大面广的塑料注射模具和金属压铸模具，冲压模具中涉及了落料模、冲孔模、复合模、精冲模、弯曲模、拉深模及简单的级进模，而对于锻模、粉末冶金压模、冷挤压模、玻璃模、橡胶模和简易冲压模等，因其行业性很强，只能在此对它们的估价方法做一简单介绍，供学习时参考。

（一）橡胶模具价格估算

橡胶模具的种类较多，根据其结构和压制工艺的不同，大体上分为压制成形模具、压铸成形模具、注压成形模具、压出成形模具四大类。

除了上述列举的四大类橡胶模具外，还有蒸缸（硫化罐）硫化模具、充气模具、浸胶模具以及与专机配套的橡胶模具等。它们适用于轮胎、蓄电池胶壳、玩具、胶鞋、乳胶制品等橡胶制品的生产。由于这些制品专业性较强，本书对其价格估算不做介绍，仅就四大类橡胶模具价格估算叙述如下。

表 7-1　X 探伤机橡胶减振座模具定价任务导入

学习情境	实训地点：模具实训中心网络教室 教学条件：X 探伤机橡胶减振座及技术参数资料，橡胶模具设计手册，游标卡尺等	具体要求
学习任务	X 探伤机橡胶减振座工程图（材料：丁苯橡胶（SBR）　批量：500 件/批）	根据所学模具设计与制造技术知识及其他模具价格估算方法，完成 X 探伤机橡胶减振座模具定价任务
能力目标	了解其他模具价格的几种估算方法，能够用企业中的常用估算方法对一般其他模具实施定价或作为定价商议时的参考	
任务要求	① 熟悉其他模具价格估算的含义及制造特点 ② 熟悉其他模具的常规制造工艺 ③ 熟悉其他模具价格的常用估算方法	
教学法安排	① 多媒体教学 ② 网络实作 ③ 学生分组讨论 ④ 职业技能评价	理实一体教学方式
最终考核	工作文件 10%，具体操作过程 40%，工作结果 30%，汇报效果 10%，团队 10%	百分制

1. 依据材料费用估算橡胶模具价格

制造橡胶模具的材料一般为 45 钢，但对于模具中的细长型芯、薄型镶片以及容易磨损、弯曲的零部件材料，可以选用 T8A、T10A 或弹簧钢 65Mn，有特殊要求（水冷却或黏度较高、易与模具黏合的橡胶，如硅橡胶、2840 等低硬度橡胶）或者需要在热苛性钠溶液中清洗的模具，可选用不锈钢材料。

模具的价格同模具的材料、模具的种类及交货期限有着密切的关系，其经验公式为

$$P_{xj} = K_{xj} K_{jh2} C_{xj} \tag{7-1}$$

式中　P_{xj}——橡胶模具销售价格；

K_{xj}——橡胶模具种类、结构复杂程度影响系数，见表 7-2；

K_{jh2}——交货期限影响系数，见表 7-2；
C_{xj}——橡胶模具材料费。

表 7-2　橡胶模具价格影响系数 K_{xj}、K_{jh2}

系数 种类	K_{xj}		K_{jh2}	
	一般	较复杂	正常	短
压制成形模具	2~5	6~10	1~1.5	2~4
压铸成形模具	3~7	8~12	1~1.5	2~4
注压成形模具	9~12	14~20	1~3	4~6
压出成形模具	8~14	16~22	1~3	4~6

2. 类比法估算橡胶压制成形模具价格

橡胶压制成形模具由于结构简单，通用性强，适用面广，操作方便，在整个橡胶模具压制品的生产过程中占有较大的比例。对于一般复杂程度的橡胶压制成形模具，可参考表 7-3 中的价格定价。

表 7-3　一般复杂程度的橡胶压制成形模具价格

分类 定价依据	Ⅰ	Ⅱ	Ⅲ	Ⅳ
价格/元	2000~5000	5000~8000	8000~13000	>13000
模具结构形式	移动式	移动式	移动式	移动式或固定式
成形零件横截面形状	圆形	圆形	以圆形为主	非圆形
零件总数/件	<20	<25	<30	>35
成形零件数量/件	<6	<12	<20	>25
型腔表面处理情况	调质、抛光	调质、抛光（镀铬）	调质、抛光（镀铬）	调质、淬火、抛光（镀铬）
材料消耗定额/kg	<40	<60	<100	>150
其中合金钢总额/kg	<20	<30	<45	>100
钳工工时/h	<25	<50	<80	>100
成套工时定额/h	<100	<200	<300	>600
其中电加工工时/h	无	<20	<40	>80

（二）锻模价格估算

锻模种类较多，本书仅涉及锤上模锻中的单模膛锻模和一般复杂程度的多模膛锻模。锻模需要贵重的模具钢，加上模膛的加工比较困难，因此，锻模的制造周期长，价格较高。锻模的销售价格见表 7-4。

表 7-4　一般复杂程度的锻模价格

定价依据 \ 分类	Ⅰ	Ⅱ	Ⅲ	Ⅳ
价格/元	3000~8000	8000~13000	13000~25000	>25000
零件总数/个	<4	4~8	8~12	>12
抽芯总数/个	无	无	1	>2
镶块总数/个	无	无	<3	>3
复杂程度（几何形状）	以圆为主	以圆为主	非圆	复杂
材料消耗总额/kg	60	120	120~300	>300
其中合金工具钢总额/kg	60	120	80~200	>250
模具总重量/kg	<30	40~60	60~150	>150
模具成形件数/个	1	1	2	>2
型腔深度/mm	<10	15~20	20~30	>30
成套工时定额/h	<120	120~200	200~400	>400
其中电加工工时/h	<30	30~100	100~200	>200

（三）粉末冶金压模价格估算

用金属粉末（或金属粉末与非金属粉末的混合物）做原料，经过压制成形并烧结制成制品，这种生产过程称为粉末冶金法，压制时采用的模具称为粉末冶金压模。粉末冶金压模随制件的复杂程度价格差异很大，表 7-5 为一般复杂程度的粉末冶金压模价格。

表 7-5　一般复杂程度的粉末冶金压模价格

定价依据 \ 分类	Ⅰ	Ⅱ	Ⅲ	Ⅳ
价格/元	1000~3000	3000~6000	6000~15000	>15000
零件总数/个	3~5	5~10	10~20	>20
镶块总数/个	无	<3	3~5	>5
复杂程度（几何形状）	圆	圆	以圆为主	非圆
材料消耗总额/kg	50	100	300	>300
其中合金工具钢总额/kg	15	30	100	>100
模具总重量/kg	40	60	180	>180
型腔深度/mm	<12	12~25	25~40	>40
成套工时定额/h	80	120	200	>300
其中电加工工时/h	无	20~60	60~120	>120

三、任务实施

(一) X 探伤机橡胶减振座工艺性分析

1. 制件分析

1) 制件材料为丁苯橡胶 (SBR), 橡胶料厚 5mm, 金属骨架嵌件材料为 45 钢。

2) 丁苯橡胶 (SBR), 又称聚苯乙烯-丁二烯共聚物。其物理性能、加工性能及制品的使用性能接近于天然橡胶, 有些性能如耐磨、耐热、耐老化及硫化速度较天然橡胶更为优良, 可与天然橡胶及多种合成橡胶并用, 广泛用于轮胎、胶带、胶管、电线电缆、医疗器具及各种橡胶制品的生产等领域, 是最大的通用合成橡胶品种, 也是最早实现工业化生产的橡胶品种之一。加入炭黑补强后, 抗拉强度可达 25~28MPa。在多数场合可代替天然橡胶使用, 主要用于轮胎工业, 汽车部件、胶管、胶带、胶鞋、电线电缆以及其他橡胶制品。

2. 模具分析

1) 该制件尺寸较大, 一般精度, 且有嵌件, 批量小 (500 套/批)。

2) 为减小成本, 模具采用 45 钢制造, 选择开启式压制橡胶模具完成制件成形。

(二) X 探伤机橡胶减振座模具定价任务实施

X 探伤机橡胶减振座模具定价任务实施过程见表 7-6。

表 7-6 X 探伤机橡胶减振座模具定价任务实施过程汇总及说明表

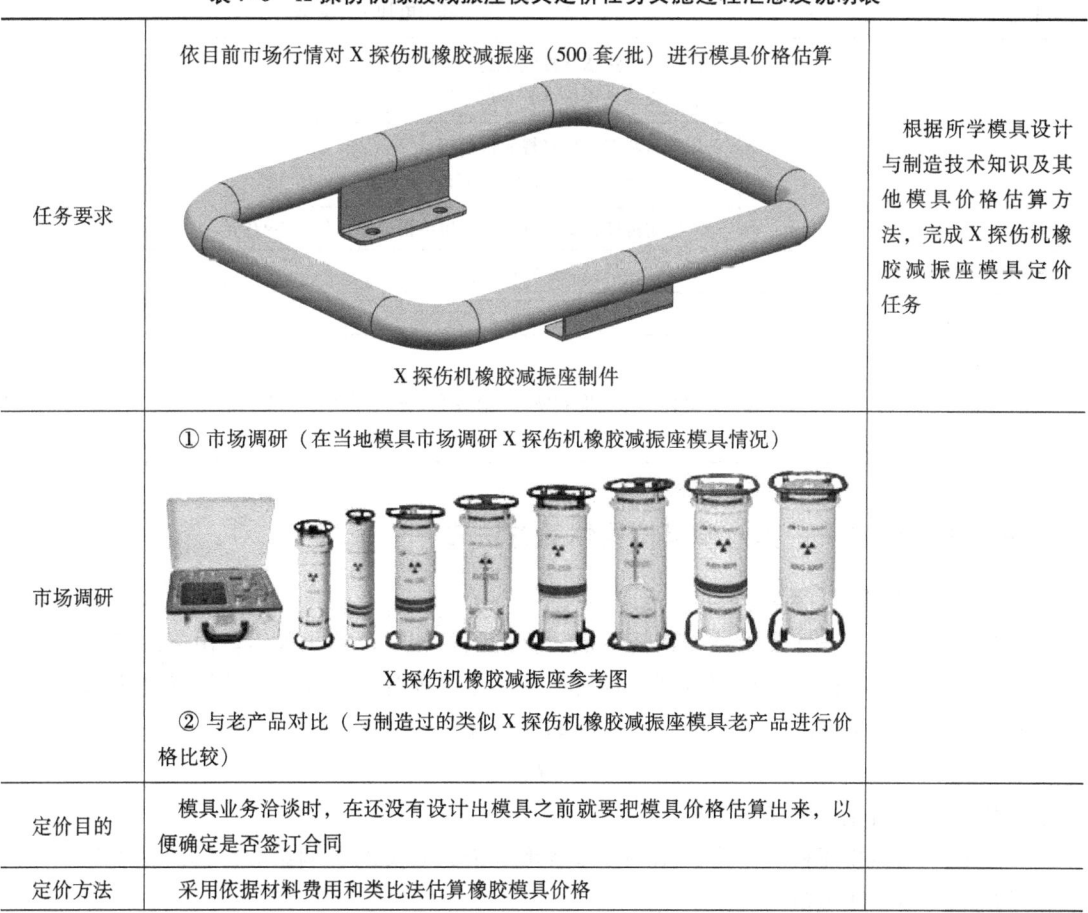

任务要求	依目前市场行情对 X 探伤机橡胶减振座 (500 套/批) 进行模具价格估算 X 探伤机橡胶减振座制件	根据所学模具设计与制造技术知识及其他模具价格估算方法, 完成 X 探伤机橡胶减振座模具定价任务
市场调研	① 市场调研 (在当地模具市场调研 X 探伤机橡胶减振座模具情况) X 探伤机橡胶减振座参考图 ② 与老产品对比 (与制造过的类似 X 探伤机橡胶减振座模具老产品进行价格比较)	
定价目的	模具业务洽谈时, 在还没有设计出模具之前就要把模具价格估算出来, 以便确定是否签订合同	
定价方法	采用依据材料费用和类比法估算橡胶模具价格	

(续)

原 始 资 料						
制件名称		制件材料	制件料厚	制件周长	模具尺寸	模具类型
X探伤机橡胶减振座		SBR	5mm	中心线尺寸1628mm	540mm×430mm×75mm（不包括手柄）	压制成形模具
项目		定价依据及详细说明				
模具结构形式		移动式	模具结构形式为移动式，模具较为简单			
成形零件横截面形状		圆形	成形零件横截面形状为圆形			
零件总数/件		<20	零件总数<20			
成形零件数量/件		<6	成形零件数量<6			
型腔表面处理情况		调质、抛光	型腔表面处理情况必须调质、抛光			
材料消耗定额/kg		<150	材料消耗定额=（54×43×7.5×7.8/1000）kg=135.8kg			
其中合金钢总额/kg		<20	其中合金钢总额用量极少			
钳工工时/h		<25	钳工工时<25h			
成套工时定额/h		<100	成套工时定额<100h			
其中电加工工时/h		无	其中电加工工时=0			
模具总价			依据类比法估算橡胶压制成形模具价格 取该模具销售价格为6000元 依据材料费用估算橡胶模价格 $P_{xj}=K_{xj}K_{jh2}C_{xj}=4×1.2×135.8×8$元$=5216$元 X探伤机橡胶减振座模具销售价格最终报价为5600元			
每组人数		5人	现场讨论			
提交资料						
签订合同						
最终考核依据		工作文件10%，具体操作过程40%，工作结果30%，汇报效果10%，团队10%	百分制			

四、知识拓展——其他模具价格估算方法二

（一）冷挤压模具价格估算

冷挤压模具按工作性质可分为正挤压模、反挤压模和复合挤压模等。由于冷挤压是强迫金属流动，挤压压力很大，故而对其模具材料与热处理等要求很高。冷挤压模具价格差异很大，对于一般复杂程度的冷挤压模具，可用如下经验公式估价，即

$$P_{lj}=K_{lj}C_{lj} \tag{7-2}$$

式中　P_{lj}——冷挤压模具销售价格；
　　　K_{lj}——与冷挤压模具种类、结构复杂程度等因素有关的影响系数，其值见表7-7；
　　　C_{lj}——冷挤压模具材料费。

表7-7 冷挤压模具价格影响因素系数 K_{lj}

系数 \ 种类	正挤压模	反挤压模	复合挤压模	温热挤压模	静液挤压模
K_{lj}	10~22	10~30	12~40	10~30	12~35

（二）玻璃制品模具价格估算

玻璃制品的成形方法较多，模具的种类也很繁杂，常见的有压模、吹模以及型坯模和成形模等，其价格均随结构的复杂性、材料的种类、交货期限长短而差异巨大。一般日用玻璃制品模具，可根据模具的制造材料、制造难度和交货期限估价，估价经验公式为

$$P_{pl} = K_{pl} K_{jh1} C_{pl} \tag{7-3}$$

式中　P_{pl}——玻璃模销售价格；

　　　K_{pl}——玻璃模的制造难度价格系数，根据电加工工时来定，一般取为5~20；

　　　K_{jh1}——玻璃模的交货期限影响系数，其值可根据实际情况在1~4之间取值，交货期限短，可取大值，反之取小值；

　　　C_{pl}——玻璃制品模具材料费。

（三）简易冲压模具价格估算

简易冲压模具同一般冲压模具相比具有结构简单、工艺简单、制造迅速、成本低廉、使用方便等特点，其模具种类很多，目前主要有锌基合金冲模、聚氨酯橡胶冲模、组合冲模、钢带冲模、薄板冲模、夹板冲模、电磁冲模、低熔点合金冲模、超塑性材料冲模等。模具的价格根据模具的种类、制造难度以及交货期限长短而定。该类模具的价格经验公式为

$$P_{jy} = K_{jy} K_{jh3} C_{jy} \tag{7-4}$$

式中　P_{jy}——简易冲压模具销售价格；

　　　K_{jy}——简易冲压模具的模具种类和制造难度系数，主要依机械加工工时来定，一般取3~12，机械加工工时多者取大值，反之取小值；

　　　K_{jh3}——简易冲压模具的交货期限影响系数，其值可根据实际情况在1~6之间取值，交货期限短，可取大值，反之取小值；

　　　C_{jy}——简易冲压模具材料费。

思考习题与训练

7-1　橡胶模价格估算有什么特点？

7-2　锻模价格估算为什么难度很大？

7-3　模具估价为什么没有一个精确的计算公式？

7-4　试对图7-1所示的丁腈橡胶O形密封圈进行模具价格估算。

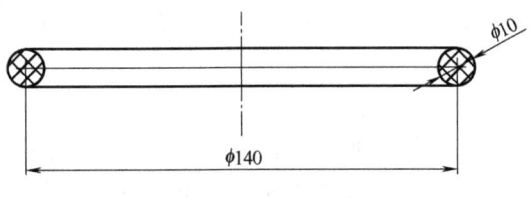

图7-1　O形密封圈

项目八 模具报价策略及模具价格合同签订

能力目标

1. 能制订合理实用的模具报价策略
2. 能制订模具价格合同签订步骤
3. 具有填写模具报价单及选择模具价格结算方式的初步能力
4. 具有制订模具价格合同文本的初步能力

知识目标

1. 与市场接轨熟悉模具的报价策略
2. 熟悉模具价格合同签订步骤
3. 熟悉模具报价单及模具价格结算方式
4. 熟悉模具价格合同关键条款

任务 旋钮塑料模具报价策略及模具价格合同签订

一、任务导入——旋钮塑料模具报价及合同签订（表8-1）

二、知识链接——模具报价策略及合同签订

（一）模具报价策略

模具作为流通商品，除遵守项目一中价格商谈策略与技巧外，还须认识到，模具的报价与结算是模具估价后的延续和结果。从模具的估价到模具的报价，只是第一步，而模具的最终目的，是通过模具制造企业交付给用户使用后的结算，形成最终模具的结算价。在这个过程里，人们总是希望，模具估价与模具价格等同，甚至等同于模具结算价。但在实际操作中，这三种价格并不完全相等，有可能出现波动误差值。这就是以下所要讨论的问题，也即模具报价策略。

1. 模具估价与报价、报价与模具价格关系

当模具估价后，需要进行适当处理，整理成模具的报价，为签订模具加工合同做依据。通过反复洽谈商讨，最后形成双方均认可的模具价格。签订了合同，才能正式开始模具的加工。

项目八　模具报价策略及模具价格合同签订

表 8-1　旋钮塑料模具报价策略及合同签订任务导入

		具体要求
学习情境	实训地点：模具实训中心网络教室 教学条件：旋钮工程图及技术参数资料，由快速成型加工出的旋钮实物 4 个，塑料模具设计手册，游标卡尺等	具体要求
学习任务	旋钮工程图（材料：ABS） 技术要求： 1. 未注拔模斜度为 0.5°。 2. 分型面以上为皮纹。 3. 改性 ABS 材料。	根据所学模具设计与制造技术知识，完成旋钮注射模具定价及合同签订任务
能力目标	根据模具价格的构成及当前模价估算的几种方法，能够完成旋钮塑料模具报价及合同签订任务	
任务要求	① 掌握模价估算的几种方法 ② 选择一种或几种模价估算方法对旋钮制件进行估价 ③ 依据市场情况对旋钮制件塑料模具提出报价策略预案 ④ 了解模具价格合同签订注意事项 ⑤ 能正确签订旋钮制件塑料模具价格合同	
教学法安排	① 多媒体教学 ② 网络实作 ③ 学生分组讨论 ④ 职业技能评价	理实一体教学方式
最终考核	工作文件 10%，具体操作过程 40%，工作结果 30%，汇报效果 10%，团队 10%	百分制

1）估价是结算价的基础。模具估价后，并不能马上直接作为报价。一般说来，还要根据市场行情、客户心理、竞争对手状态等因素进行综合分析，对估价进行适当的整理，在估价的基础上增加10%~30%提出第一次报价。经过讨价还价，根据实际情况再调低报价。但是，当模具的商讨报价低于估价的10%时，需重新对模具进行改进细化估算，在保证其保本有利的情况下，签订模具加工合同，最后确定模具价格。

2）随行就市确定模具价格。模具价格是经过双方认可且签订在合同上的价格才是最终的模具价格。签订的合同价格有可能高于估价或低于估价。当商讨的模具价格低于模具的保本价时，依据当前市场情况，需重新提出修改模具要求、条件、方案等，降低一些要求，以期可以降低模具成本，重新估算后，再签订模具的价格合同。

3）质优价美才是真。应当指出，模具是属于科技含量较高的专用产品，不应当用低价，甚至是亏本价去迎合客户，而是应该做到优质优价，把保证模具的质量、精度、寿命放在第一位，而不应把模具价格看得过重。

模具的报价策略正确与否，直接影响模具的价格，影响到模具利润的高低，影响到所采用的模具生产技术管理等水平的发挥，是模具企业管理的最重要的体现。

2. 模具价格要考虑地区差与时间差

1）地域的影响。现实中，模具的估价及价格，在各个企业、各个地区、国家，在不同的时期，不同的环境，其内涵是不同的，也就是存在着地区差和时间差。各企业、各地区、国家的模具制造条件不一样，设备工艺、技术、人员观念、消费水准等各个方面不同，对模具的成本、利润目标等估算也不同，因而产生了不同的模具价格差。一般较发达的地区或科技含量高、设备投入较先进，比较规范的大型的模具企业，他们的目标是质优而价高，而在一些消费水平较低的地区，或科技含量较低、设备投入较少的中小型模具企业，估算的模具价格要低一些。

2）时间差异。在市场经济中模具价格还存在着时间差，即时效差。不同的时间段要求会产生不同的模具价格。这种时效差有两方面的内容：一是一副模具在不同的时间有不同的价格；二是不同的模具制造周期，其价格也是不同的。

（二）模具报价策略制订步骤

1. 牢记保本价

模具的报价既要根据其生产成本而定，又要考虑生产经营管理的费用，还要观察模具市场行情随行而估报，所以，要综合市场情况与生产经营实际状况进行模具价格的市场报价。不言而喻，要灵活运用成本与营销管理的知识，才能实现模具市场的报价，使企业至少不亏损，最可观的结果是企业获得市场允许的最大利润。所有的企业面对模具市场报价推销，其原则是必保本多赢利。为此模具产品报价必须有三种价格：一是最低价；二是保本价；三是赢利价。其中保本价是最基本的基本价，即出厂价；最低价与赢利价是随市场行情变动的模具产品报价。

2. 掌握出厂价

模具产品的出厂价格 = 模具产品的直接生产成本 + 经营管理费 + 税收 + 利润

其中直接生产成本是可变的，它随模具产品的不同而变动。管理费与税收、利润等一般是固定的、很少变动的，可以从企业长期运作积累的经营数据中，用统计方法测算出来。因此，直接生产成本的估算是模具产品的生产经营者要掌握的核心要素。

（1）传统估算法　传统估算成本的方法为：以生产工艺为基础，按类比法估算工时定额，按工艺计算法核定材料消耗定额，依市场单价进行材料成本的核算；按企业的生产平均小时费用率进行制作工时费用的计算，再加上管理费分摊比例和税费，合成即可。这种方法简单可靠，通过手工劳动完成，但工作量大，费时费工效率低。本书前述几个项目讲述的模具估算方法就是传统估算法。模具成本的传统估算法虽工作量大，以人工手动操作为主，但估算可靠简便，被产业信息化、数字化程度不高的模具企业广泛采用。

（2）模具制造信息化估报价系统　一些企业，针对模具制造信息化工程中的估报价问题，提出了完整的解决方案。该方案包括完整的运行流程和几种估报价计算方法，并在此基础上构建了适用于模具行业的估报价系统。如企业报价员根据报价单与客户进行议价，其结果有如下几种情况。

① 报价单被接受，随后可建立生产订单。

② 客户议价高于成本估价但低于出厂价，这时业务专员有权决定是否调整出厂价，并且在业务经理和模具中心总经理签核确认后，再次向客户报价。

③ 客户议价低于成本估价，这时业务专员有权决定是否中止报价，也可根据情况考虑由工厂重新进行成本分析，如调整模具使用材料和加工方法，通过降低成本来满足客户的要求。

订单确认时，系统将记录有关模具开发生产合同或通知单出处，并由业务经理和模具中心总经理进行签核确认。

信息化估报价系统是模具企业现代化管理的方向，它的基础是传统估算法的数据和方法，它的条件是企业实施 ERP 支撑系统的管理模式和专业的 SFC 和 PDM 软件。

信息化估报价系统已在模具企业中实践并应用，并在使用中不断完善发展，并成为未来模具估报价的主要趋势。

在估报价系统中，成本估算是系统的核心功能之一，有以下四种方法。

1）直接输入法。将模具费用分为材料费用、加工费用（含设计费用）、管销费用三种，分别按经验直接进行估算。其中，材料费用和加工费用又可进一步按物料类型和工种分解成不同的明细项。

① 材料费用通常包括模架、模板、滑块和五金零件等物料明细项的费用。

② 加工费用通常包括设计、CNC 铣削加工、线切割、电火花、机加工、钳工、热处理、表面处理和试模等工种费用。

另外，管销费是指非直接生产费用，如管理费用、水电费用和营销费用等，通常采用在材料费用和加工费用的基础上按一定的比例提取的办法进行计算。

2）逐项计算法。对材料费用按不同的几何尺寸或材质比重求出重量进行逐项计算，而对加工费用则通常按设备和人员标准加工工时进行逐项计算，最终计算出总的成本估算结果，具体计算方法如下所述。

① 按尺寸逐项计算。主要用于材料费用的计算，特别是方料，如板材，费用 = 长 × 宽 × 高 × 比重单位重量费用。

② 按重量逐项计算。主要用于材料费用的计算，也用于某些特定加工工艺费用的计算，如热处理，费用 = 重量 × 单位重量费用。

③ 按工时逐项计算。主要用于加工费用的计算，费用 = 工时 × 单位工时平均费用。

④ 按加工长度计算。如线切割。

3）比较法。该方法实际上是以上述两种方法的结果为基础，对于一些典型的估报价资料，按照行业类型及其产品类型进行细分类，并存储若干有代表性的成本分析记录，以后如果再次分析相似的产品，可直接从样板中调出相应的记录，然后在此基础上进行必要的修改调整，得到新的成本分析结果。需要指出的是，这里并不是简单地存储资料，而是建立在对估报价样板资料进行详细分类的基础上的，例如产品分类如下：

通信类：固定电话、手机。

资讯类：笔记本电脑、台式计算机、服务器、工作站、掌上电脑（PDA）、激光打印机。

电子类：电视机、数码相机、摄像机、投影机。

汽车类：轿车、客车、货车、牵引汽车、特种用途汽车。

一般情况下，不同行业类别的模具估报价资料不具有可比性，而同一类产品模具的估报价不会有太大的差别，具有可比性。如果每种产品经过长期工作积累有足够的样板资料，对于快速完成新模具的估报价具有重要的意义。

4）经验公式法。经验公式法实质上是比较法的进一步发展，并不是真正使用固定的公式进行计算。经验公式法仅用于规律性很强的产品，如数码相机、掌上电脑模具等，这些模具的估报价很有规律，可以直接估算出模具总价格。

总之，直接输入法和逐项计算法是另外两种分析方法的基础，四种分析方法也可以互相配合使用，只有当直接输入法和逐项计算法的经验数据积累到一定程度时，才有可能实施后面两种成本分析方法，而后面两种方法，也往往需要用直接输入法进行小范围的修改和调整。

3. 过程制度化

模具估报价的操作过程必须严格，形成制度。掌握出厂价操作过程流程是：收集信息→核准加工资料→报价→批准。目前有两种估报价方式。

（1）基本价估报

① 收集信息。收集信息的主要内容是模具总装图草图、自制零件图及其工艺规程、车间生产小时平均费用率、车间生产管理费用率、企业提供的原材料市场价格、现行营业税率等。

② 核准加工资料。根据工艺规程编制材料消耗与制作工时两大定额。根据平均小时费用率和原材料现行市价计算两项费用，即模具材料消耗费用和制作工时费用。根据生产管理费用率计算出此模具应分摊的管理费用，最后算出税费。将上述几项费用相加即为模具的出厂基本价。

③ 报价。填写报价单并上报。

④ 批准。报价单经主管人员核准后方能生效实施。

（2）营销价估报

① 收集信息。营销部门收集模具市场的行情，包括本企业模具产品基本价、同类产品厂家的价格、行业价格水平、销售对象的需求等信息。

② 核准加工信息。制订产品价格营销策略，核准本企业加工资料。

③ 报价。填写报价单并上报。

④ 批准。报价单经营销主管人员核准后生效实施。

(三) 模具价格合同签订注意事项

1. 注意模具合同的定义及形式

根据《中华人民共和国合同法》的规定，订立合同的形式主要有有书面形式、口头形式和其他形式：

1）书面形式。

2）口头形式。双方口头约定也可以成立合同，口头合同是日常生活中应用最广泛的合同形式，但口头合同容易在履行过程中发生争议。

3）电子合同形式。也就是常说的电子邮件、传真等以电子数据形式形成的合同。此种形式，目前运用比较少，缺点是在发生纠纷时证据效力不及书面形式效力高，所以尽量不采用。

对于模具企业来说，模具合同一般都是比较重大、复杂的经营事项，一般也不是即时清结的，所以应该采用书面形式。

2. 注意模具合同签订前的准备工作

在起草、签订合同前，首先要了解签订合同的意图。

1）了解签订合同的谈判底线。

2）明确签订合同的真正目的。

3. 注意起草、签订模具合同的基本原则

（1）已方起草原则　在合同签订之前，往往由一方负责起草合同文本。在实践中有些当事人不愿意起草合同文本，这种做法不妥当。一般来讲，文本由谁起草，谁就掌握主动。经口头商议使基本意见达成一致后，需要把口头语言转化为书面语言的过程，就是合同的起草工作。起草一方主动性在于可以根据双方协商的内容，认真考虑写入合同中的每一条款。而对方则毫无思想准备，有些时候，即使认真审议了合同中的各项条款，但由于文化和理解上的差异，对词意的理解也会不同，难以发现对己方不利之处。

（2）合同权利义务的平衡原则　所谓合同权利与义务的平衡性是指合同一方权利与义务要相对平衡，合同双方权利与义务也要相对平衡。

（3）合同的可操作性原则　缺乏可操作性的合同具体表现在：合同各方权利与义务、交易程序的规定过于抽象，或虽有详细规定但没有违约责任条款加以保障。合同可操作性是达到交易目的、预防风险的具体保证，尤其是履行周期长、风险大的合同更是如此。

（4）合法性原则　签订合同，总是为了达到一定的目的，但是，只有合法的合同才能受到法律的保护。如果合同违法，就可能被认定为无效，不但不能达到签订合同的预期目的，还可能受到法律的制裁。

4. 注意合同的实质内容

（1）合同的名称

（2）合同主体

（3）合同的主要条款　一般包括以下条款：

1）当事人的名称或者姓名和住所。

2）标的。

3）数量。

4）质量。

5）价款或报酬。

6）履行的期限、地点和方式。

7）违约责任。

8）解决争议的方法。

5. 起草、签订合同应注意的问题

(1) 起草合同时应注意的问题

1）合同结构的合理性

2）合同体例的适用性

3）合同文字的规范性

(2) 签订合同时应注意的问题

1）合同效力的审查

2）合同责任的审查

(四) 模具价格合同签订步骤

一般合同订立的步骤是：第一，要约；第二，承诺；第三，合同的成立时间和成立地点；第四，格式条款；第五，缔约过失责任。

模具合同订立的程序是个复杂的过程，并不仅仅限于要约与承诺，根据我国现有的法律规定及实践经验，模具价格合同签订的具体步骤如下。

1. 市场调查和可行性研究

市场形势瞬息万变，掌握的信息越充分，越及时，就越能在谈判中占得先机。因此，市场调查和可行性研究是当事人在签订合同前必不可少的准备工作。

2. 资信审查

合同是具有法律效力的法律文件。因此，要求签订合同的双方都必须具有签约资格。否则，即使签订合同，也是无效的合同。在签约时，要调查对方的信资情况，应该要求当事人相互提供有关法律文件，证明其合法资格。一般来讲，重要的谈判、签约人应是董事长或总经理。有时，具体业务谈判，签约的不是上述人员，但也要检查签约人的资格。如了解对方提交的法人开具的正式书面授权证明，常见的有授权书、委托书等。了解对方的合法身份和权限范围，以保证合同的合法性和有效性。审查对方当事人的签约资格，一定要严肃认真，切不能草率从事。进行信资调查，了解对方的企业信誉及其行为能力和责任能力是十分必要和重要的。

3. 确定交易主体

商务谈判中参与谈判的可能是一个集团公司，也可能是集团公司的子公司，实际签订合同时可能加盖相关公司的印章，也可能是公司经办人签字。谁是合同的主体，是集团公司还是子公司或分公司或关联公司，是公司行为还是公司法定代表人的个人行为，谁对合同负责，这些看似简单的问题，在实际诉讼中往往纠缠不清。合同主体是指在合同上签字盖章并承担合同中权利义务的当事人。

4. 拟定合同文书

合同是双方意思自治的表现，规定了合同双方之间的具体权利和义务，既是履行合同的依据，又是日后处理合同纠纷的重要证据。因此，一份规范的、操作性强的合同既可以保证合同的顺利履行，避免因合同约定不明所产生的推诿扯皮，又可以作为处理合同纠纷的重要依据。

5. 履行合同生效手续

在合同文书拟定后，双方当事人已完全认可的时候，就要办理合同订立的最后一道手续，即双方当事人签字或者盖章。首先由双方当事人的法定代表人或经办人在合同上签字。其次，按照我国的习惯，要加盖单位公章或者合同专用章，合同订立的程序才算完成。

（五）模具价格合同具体内容

根据《中华人民共和国合同法》的有关规定，模具定作合同方面为需方（以下简称甲方），模具制作合同方面为供方（以下简称乙方），甲乙双方本着互惠互利的原则，为明确双方在产品配套过程中的权利义务关系，经协商一致，甲方委托乙方制作模具，乙方成为甲方的模具产品供货者，甲方支付相关费用事宜，达成合作协议。签合同只要符合合同法的要求，写清各方的权利、责任、交付时间、方式即可。模具合同一般应包括如下16项具体内容：

1. 要有开模清单
2. 要有质量要求和技术标准
3. 必须有时间进度要求

协商时间一旦确定，乙方不得拖延修模、改模时间。需要注意以下两点：

1）乙方在模具制造过程中，甲方将不定期对模具制造进度及加工进行跟踪，乙方应配合甲方在模具加工过程中安排甲方进入加工场地考察。模具制造完成后进行的试模程序，乙方须通知甲方，试模成功后甲方将出具书面确认书。

2）如果乙方模具制作出现工艺和其他的错误，导致模具无法验收合格而甲方又急需生产，乙方应先用现有的模具安排生产，同时再根据图样和样板要求免费重新开模。

4. 有模具验收

1）甲方的验收包括：①模具结构验收；②成型产品的验收；③最终成品件的验收；④包装标识储运的验收。

2）验收时乙方应准备以下资料：①以"开模清单"中的免费样品数量为准的颜色及功能合格的零件；②模具装配图（2D/3D），重要的零件图；③新制作模具的模坯资料（含材质证明）；④甲方所出的全部改模通知书；⑤最后一次试模报告；⑥最后一次零件全尺寸测量报告。

3）乙方应配合甲方进行模具验收，因乙方原因导致模具验收延误的，甲方除延期支付尾款外，乙方还应赔偿甲方因产品延期上市带来的损失。

5. 有保证要求

乙方做出下列陈述和担保：

1）没有索赔、扣押或其他行为存在或威胁到甲方，以致妨碍到甲方对模具的使用和产品的销售。

2）对本合同的执行不会违反与其相关的任何合同条款、责任、法律、法规和法令。

3）制作的模具不存在设计上、材料上和制造工艺上的缺陷，符合本合同的保证条款、技术标准和规范的要求。

4）产品符合本合同的保证、品质条款的要求，且在这种要求下使用是安全的。

6. 有模具费用及结算方式

1) 经双方协商后，由乙方提供甲方认可的模具最终报价，并签订价格确认书，作为本合同不可缺少的一部分。

2) 模具价格总金额已包含如下费用，乙方不得以以下原因向甲方要求费用：

① 乙方按合同规定进行模具设计、试模所需的材料和设备及人工等费用。

② 乙方提供给甲方进行模具和产品认证的试模样品（试模样品的数量以"开模清单"中的免费样品数量为准）的费用。

③ 乙方为保证模具正常生产制作的模具易损备件的费用。

3) 当甲方书面要求乙方对模具进行修改时，如果模具修改属于甲方设计变更项目，则由乙方根据变更项目所需费用向甲方报价，由甲方承担相应的模具设计变更修改费用；如果因为乙方的原因（包含但不限于乙方制作错误、不能满足甲方图样技术要求、乙方为便捷自己的加工方便等）而进行的修模或改模，甲方不承担任何责任及费用。

4) 经双方协商，乙方应出具：

□17%增值税发票　　□6%增值税发票　　□4%增值税发票　　□普通发票

正式签订合同后付模具款_____%；模具最终验收合格且经甲方出具《模具验收报告》后付清尾款。

7. 有模具试模、更改及售后服务

1) 此模具价格包括试模样品（试模样品的数量以"开模清单"中的免费样品数量为准）和测量报告的费用。当模具的试模次数超过约定次数时，若是因设计更改、材料变更等因甲方原因而导致的修模费、试模费，由甲方承担。若是因模具的尺寸没有做到位、模具本身存在缺陷需要修改、注射机本身等乙方原因而导致的修模费、试模费由乙方来承担。

2) 模具生产过程中，甲方需要变更图样时，乙方须配合甲方进行相关的工作，如：模具图样的修改、模具加工的升级。

3) 乙方每次试模，必须在7天内提供尺寸检查报告：第一次必须提供全尺寸检查报告（如乙方无条件测量的，可委托乙方认可的第三方测量），第二次必须提供所有带公差要求的尺寸，最后一次（即试运行模具稳定性前的一次）必须提供全尺寸检查报告及注塑工艺参数。

4) 当甲方发现产品的尺寸不准确时，有权对模具的尺寸进行测量，乙方配合测量数据，若尺寸不对时，甲方有权要求乙方对模具进行维修以保证结构尺寸。

5) 该"开模清单"中所涉及的模具的有效寿命均为_____万次，乙方应保证至少为甲方提供不低于型腔数乘以此数量的合格产品。在模具有效寿命期内，乙方应免费负责模具的维修与维护，保证模具处于良好的生产状态。如模具未能达到双方约定的模具有效寿命，乙方同意免费为甲方重新开模具，且模具规格依照本合同中的规定。

6) 模具确认合格，甲方支付完所有的模具费用后，模具的所有权归甲方，甲方可在任何时候对模具进行转移，乙方不得以任何理由拒绝或阻挠。

7) 因乙方原因引起的产品加工过程中需要制作工装夹具的，费用由乙方负责；若乙方因产品加工难度大拒绝加工时，须向甲方退回所收取的模具款并赔偿甲方合同标_____%的损失。因甲方设计更改或要求不明确或提高要求导致需要制作工装夹具的，费用由甲方负责，因此而增加的产品成本由甲方负责。

8. 知识产权要明确

1）本合同所涉及的模具及设计图样等相关资料中所包含的知识产权为甲方所有。

2）甲方仅同意乙方基于本合同项下的目的使用甲方所提供的资料和信息，不会将甲方所提供的设计图样和其他资料或信息用于非本合同以外的其他目的。未经甲方书面许可，乙方不得在出版物、广告中或以其他书面、口头形式涉及甲方提供或已提供之任何资料和信息。

3）未经甲方许可，乙方不得使用本模具向除甲方或甲方指定的客户以外的其他客户供货，否则由此产生的一切损失由乙方负责。

4）甲方与乙方对本协议所涉及的标的、条款等享有保密义务，乙方不得在没有甲方授权的情况下将甲方的任何信息告知任何第三方。在本协议终止后＿＿＿＿＿＿年内，双方都享有保密义务，否则视为违约。其他未尽保密事项，依双方另行签订的《保密协议》执行。

9. 模具的所有权要明确

1）本合同所涉及的全部模具及其组装图和零件图（包括2D和3D）的所有权，均归甲方所有，乙方不得干涉甲方对模具的处置权。如在乙方生产，由乙方负责保管，未经甲方同意，乙方不得将此模具提供给第三者生产，否则甲方有权要求乙方退还模具费并赔偿给甲方造成的损失。

2）甲方付清模具款后，要求将模具从乙方处转出时，乙方必须配合甲方或甲方指定的第三方进行转移验收，并自行承担费用更换磨损部件，以保证重新开始生产。乙方有责任和义务对模具进行组装、防锈和包装处理，并确保模具的完整性，不被损坏。所有模具的组装图和零件图（包括2D和3D）和所有有关工具必须同时转移给甲方。

3）模具转移过程中，如因乙方不当组装、防锈或包装的原因，造成模具损坏，由此产生的所有损失一律由乙方承担。

10. 模具维护要明确

乙方应建立模具履历表，对模具已使用的寿命，对模具的修改、维护和修理等情况及时登记造册，无论此种修改、维护和修理是否由甲方提出。如甲方要询问有关的模具履历，包含但不限于模具已使用的寿命记录、模具修改记录、维护记录，甲方可以随时到乙方处查询。乙方每＿＿＿＿＿年（或＿＿＿＿月）应将登记记录复印一次给甲方。乙方应主动定期完成此项任务，无须甲方另行提出要求。

11. 有模具保管的责任与义务

模具验收合格后，若甲方要求乙方为其生产产品的，双方应签署《模具保管委托协议》；若双方已经签署过《模具保管委托协议》的，可以将原来《模具保管委托协议》中的模具保管清单刷新，加进本次新增的模具。

12. 合同的变更与解除要确定

1）合同变更：甲方有权变更定作模具的数量、规格、质量或设计等，但必须在约定的交付模具时间前＿＿＿＿＿天以书面形式通知乙方，并承担因此给乙方造成的增加的费用。

2）甲方可随时解除合同，造成乙方损失的，将赔偿乙方的直接损失。

13. 违约责任要明确

1）如果乙方未能按本合同规定的各阶段的进度完成模具制作及送样，由乙方承担违约责任。乙方应按以下方式进行赔付：A. 提前或延后3天交付，甲方可视为乙方正常交货；

B. 延后7天交付，乙方按本合同标的额的1%进行赔偿（每天）；C. 延后10天交付，乙方须按本合同标的额的60%进行赔付；D. 延后15天交付，赔偿方式由甲、乙双方协商解决，协商赔偿额度不超过本合同标的额的200%。

2）除经甲方允许，乙方不得将模具外发给第三方制作，如甲方发现此类事件，有权要求乙方退回已付款项，且乙方向甲方支付合同金额双倍的违约金。

3）其他违约：乙方违约造成甲方损失时，乙方应该承担甲方的全部损失。

14. 有不可抗力解决预案

乙方因为不可抗力（包括战争、罢工、自然灾害等中国法律规定的不能预见、不能避免和不能克服的情形）而造成的供货延迟，甲方允许乙方免责。乙方应在不可抗力发生后24小时内以书面形式通知甲方，并且乙方仍有义务采取一切必要措施尽快交货。若不可抗力持续2周以上，甲方有权取消本合同。

15. 纠纷解决如何处理

有关此合同的争议应通过双方的友好协商来解决。如果通过友好协商不能得到解决，由合同签订地法院裁判解决。

16. 其他事宜

1）本合同中所称的"书面形式"包括信函，传真和电子邮件。

2）对本合同任何条款的修改，应经甲、乙双方协商一致并由该双方授权代表签字盖章后生效。

3）本合同正式文本一式两份，甲、乙双方各持一份。

4）本合同未尽事宜，由甲、乙双方协商一致后订立书面补充合同。

5）附件为本合同的重要组成部分，与本合同具有同等的法律效力。

三、任务实施

（一）旋钮制件工艺性分析

1. 制件分析

1）制件材料为 ABS 塑料，收缩率：0.3% ~ 0.8%。

2）该制品由于结构复杂，成型难点在于内部结构、侧孔及小端 R 圆弧（不能强行脱模）。具体结构如图8-1所示。

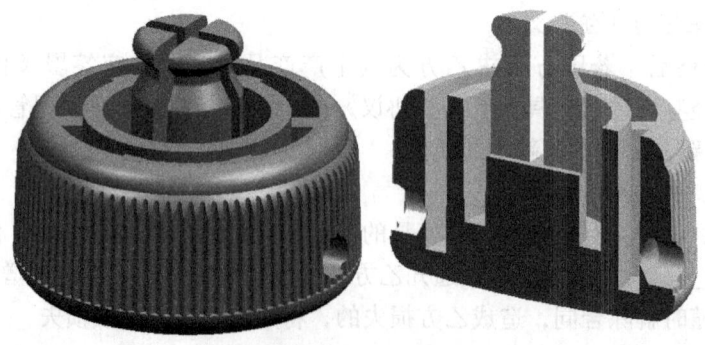

图 8-1 旋钮制件

3）ABS 塑料是一种常用的具有良好的综合力学性能的工程材料。它具有良好的机械性能，特别是抗冲击强度；具有一定的耐磨性、耐寒性、耐水性和耐油性、化学稳定性。ABS 易吸水，成型加工前应进行干燥处理。在正常成型条件下，ABS 塑件的尺寸稳定性较好。

2. 模具分析

1）该制件尺寸较小，一般精度要求，批量为 20 万件，塑件的体积约为 8674.26mm³，需要两侧抽芯，模具结构较为复杂。

2）为提高生产效率，采取一模六件。

3）选取 SZ-300/160 型螺杆式注射成型机。

（二）旋钮塑料模具报价策略及合同签订任务实施

1. 旋钮注射模具报价

旋钮注射模具报价策略及合同签订实施过程见表 8-2。

表 8-2 旋钮注射模具报价过程汇总及说明表

任务要求	依目前市场行情对 20 万件批量的旋钮制件进行模具价格估算	根据所学模具设计与制造技术知识，完成旋钮注射模具定价及合同签订任务
市场调研	① 市场调研（在当地模具市场调研旋钮制件类似注射模具情况） ② 与老产品对比（与制造过的类似老产品进行价格比较）	
定价目的	模具业务洽谈时，在还没有设计出模具之前就要把模具价格估算出来，以便确定是否签订合同	
定价方法	采用材料比价估算法计算	

旋钮制件原始资料					
制件名称	制件材料	制件体积	制件批量	制件颜色	模具类型
旋钮制件	ABS	8674.26mm³	20 万	黑	注射模具

定价依据及详细说明			
求值	主要参数	说明	公式
K_{z0}'	K_{z1}'	模具材料硬度系数	$K_{z0}' = K_{z1}' + K_{z2}' + K_{z3}' + K_{z4}'$
	K_{z2}'	模具结构复杂系数	
	K_{z3}'	产品复杂系数	
	K_{z4}'	产品精度系数	
K_{z1}'		取产品型腔、型芯材料的硬度	由 K_{z1}' 对应表格选取 $K_{z1}' = 2$
K_{z2}'		基本系数为 1； $K_{z2i}' = K_{z21}', K_{z22}', K_{z23}', K_{z24}', K_{z25}', K_{z26}', K_{z27}', K_{z28}'$	$K_{z2}' = \sum K_{z2i}' \geq 1$， 选取 $K_{z2}' = 1.75$
K_{z3}'		基本系数为 1； $K_{z3i}' = K_{z31}', K_{z32}', K_{z33}', K_{z34}', K_{z35}', K_{z36}', K_{z37}'$	$K_{z3}' = \sum K_{z3i}' \geq 1$， 选取 $K_{z3}' = 1.5$
K_{z4}'		以高精度尺寸的个数计	选取 $K_{z4}' = 0.5$

(续)

求值	主要参数	说明	公式
模具总价		$P_z = M_{zlj}(1+K_{z0}') + M_{zlc} + m_{zl3} + m_{zl4} + Q_z$ $= M_{zlj}(1+K_{z1}' + K_{z2}' + K_{z3}' + K_{z4}') + M_{zlc} + m_{zl3} + m_{zl4} + Q_z$ $= 1350 \times 6.75$ 元 $+ 60$ 元 $+ 700$ 元 $+ 600$ 元 $+ 900$ 元（其他费用） $= 11372.5$ 元	$K_{z0}' = 2 + 1.75 + 1.5 + 0.5 = 5.75$ $m_{zl3} = 700$ 元 $m_{zl4} = 600$ 元 $M_{zlj} = \sum(m_{zli} P_{zij})$ $= 60 \times 7.5$ 元 $+ 30 \times 30$ 元 $= 1350$ 元 $M_{zlc} = \sum(m_{zli} P_{zic})$ $= 60 \times 3$ 元（市场差价）$+ 30 \times (-4)$ 元（市场差价） $= 60$ 元
每组人数		5人	现场讨论
提交资料			
签订合同			
最终考核依据		工作文件10%，具体操作过程40%，工作结果30%，汇报效果10%，团队10%	百分制

2. 旋钮注射模具报价合同

旋钮注射模具报价合同如下（供参考）：

模具加工合同

甲方：×××　　　　　　　　　　乙方：×××
地址：×××　　　　　　　　　　地址：×××
电话：×××　　　　　　　　　　电话：×××
传真：×××　　　　　　　　　　传真：×××
联系人：×××　　　　　　　　　联系人：×××

经甲、乙双方友好协商，甲方委托乙方加工生产<u>旋钮注射模</u>模具共<u>1</u>套，双方达成如下加工协议。

模具基本情况：

产品名称：<u>×××</u>；序号：<u>×××</u>；零件名称：<u>旋钮</u>；穴数：<u>1</u>出<u>6</u>件（模具类型）模具单价×××RMB元。

交货条件：

总价：<u>×××</u>RMB元

模具适用材质：塑料

模架：龙记模架

模具钢质：P20

（以上模具用料由乙方提供。）

一、技术条款

1. 在双方协商无异议后，甲方提供产品样件给乙方，乙方按甲方所提供的样件制模，所需数据和图样由乙方照样件自行负责。

2. 乙方承诺适用所承制的模具生产出的产品能够达到甲方的品质要求，产品表面要求平整、光滑、无毛刺、无飞边、无明显缺胶现象等。

3. 乙方承诺本合同中所涉及的模具能达到__20__万次以上。

4. 乙方在所承制的全部模具完成合格后，甲方所送样件由甲、乙双方当面封存，以便作为今后质量认定的标准。任何一方不得擅自拆封。

5. 乙方有义务无偿向甲方提供所有模具的数据及图样资料。

二、商务条款

1. 模具价格

1）经双方协商后，由乙方提供甲方认可的模具最终报价，并签订价格确认书，作为本合同不可缺少的一部分。

2）模具合同总金额__×××__RMB元。

3）模具价格总金额已包含如下费用，乙方不得以以下原因向甲方要求费用：

① 乙方对产品进行成型/二次加工/组装所需的所有夹具的模具费用。

② 乙方按合同规定进行模具三维测绘的费用。

③ 乙方为保证模具正常生产制作的模具易损备件的费用。

④ 乙方为保证产品正常生产所准备的其他工序的相关工具的费用。

⑤ 当甲方书面要求乙方根据产品设计的变更对模具进行修改时，模具如果修改较简单，包括从模具上减除模具材料的修改和其他简单的修改，则乙方不需向甲方收费；如果因为乙方的原因，因模具不能满足甲方的要求而进行的修模或改模，甲方不承担任何责任。

2. 开模进度

1）乙方在收到甲方确认后的产品样件之后，即开始进入模具设计和制作阶段，全套模具制模周期为 30 天。

2）由于甲方原因造成制模进度的延误，不计算在内。

三、付款方式

乙方同意甲方按如下方式付款：

1. 全部模具总造价：__×××__RMB元，并以人民币支票支付。

2. 所有模具全部交付甲方后，并试模成功，产品得到甲方的认可，并支付模具总造价的__50%__，即__×××__RMB元。

3. 在所有模具按"开模进度"中的规定交付甲方后，余款由甲方在乙方提交完所有合格模具的那天起后的 40 天内付清，如乙方未按"开模进度"中的规定交付给甲方，余款支付期顺延。

四、模具维护

1. 乙方保证模具适用寿命均能达到__20__万次，并在此期间内由乙方负责免费保养维修；因维修不及时，给甲方造成损失的，由乙方负责。如模具在乙方承诺使用寿命内不能使用，乙方应负责更换或重新开模，并承担全部的费用。

2. 所有模具在乙方承诺使用寿命内，因模具自身质量问题造成甲方不能生产出合格产品或者停工停产，给甲方造成直接及间接经济损失，由乙方承担全部责任，并全额赔偿。

五、违约责任

1. 如果乙方未能按"开模进度"中规定的各阶段的进度完成模具制作及送样，由乙方承担违约责任。每延误一天，乙方须付给甲方本合同总金额的10%作为罚金，罚金累计额最多不超过本合同模具总金额。

2. 如果因为乙方的原因造成乙方提供给甲方的产品的品质达不到甲方的要求，并且在组装过程中导致其他物料的损失和报废，乙方全额赔偿损失和报废的物料及因此形成的人工/停线费用。

3. 如果因为乙方的原因造成乙方提供给甲方的产品的品质达不到甲方的要求，使甲方错过了产品交货的最佳时机，或者甲方被迫因此取消此项目，从而使甲方遭受严重的损失，则乙方除退还所有前期甲方所支付的货款外，视实际情况乙方另外承担甲方直接及间接的经济损失。

4. 如乙方因为不可抗力（包括战争、火灾、罢工和中国法律规定的其他不可抗力）造成的供货延迟，甲方允许乙方免责。乙方应在不可抗力发生后24小时内以书面形式通知甲方，并且乙方仍有义务采取一切必要措施尽快交货。若不可抗力持续2周以上，甲方有权取消本合同。

5. 其他未尽事宜，按《经济合同法》执行。

六、纠纷解决

对于实施本合同而发生的任何争议，双方首先通过友好协商解决，如在30天内协商不成，任何一方均可将争议提交法院处理。

本合同双方须严格执行，如一方因故不能履行合同，必须提前两周征得对方同意，方可终止本合同。

甲方（签字、盖章）：　　　　　　　　乙方（签字、盖章）：

××××年××月××日　　　　　　　××××年××月××日

四、知识拓展——模具报价单的填写及模具的结算方式

（一）模具报价单的填写

模具价格估算后，一般要以报价的形式向外报价。报价单的主要内容有：模具报价，周期，要求达到的模次（寿命），对模具的技术要求与条件，付款方式及结算方式以及保修期等。

表8-3和表8-4为模具报价单的两个样例，仅供参考。

表8-3 模具报价单样例1

模具报价单									
填表人		项目描述			运输方式			供应商盖章	
日期		零件名称			材料名称				
电话		零件号			型腔数量				
		流道形式			模具寿命				
		浇口形式							
联系人		电话							
材料成本 A						制造成本 C			
序号	零件名称	材料名称	重量	无税单价	金额	工种	元/小时	工时	金额
1					0	车			0
2					0	钳			0
3					0	铣			0
4					0	刨			0
5					0	磨			0
6					0	数控			0
7					0	线切割			0
8					0	电火花			0
9					0	淬火			0
10					0				0
小计					0	小计			0
外购件成本 B						直接成本 A + B + C =		0	
序号	零件名称	规格/品牌	用量	无税单价	金额	1	设计费用		
1					0	2	财务费用		
2					0	3	管理费用		
3					0	4	销售费用		
4					0	间接成本合计		0	
5					0	5	利润		
6					0	到厂价（无税）		0	
7						17% 增值税		0	
小计					0	含税价格		0	
付款方式					交付周期				
项目	第1期	第2期	质保金		设计	制造	调试	运输	合计
1					天	天	天	天	天
2					质量、保修、服务				
3					项目	保修期	首期样件	合格样件	
同意第（ ）项付款方式					1				
开户行					注：保修期内未因模具质量原因对需方造成损失，保修期满支付质保金。				
账号									
税号					接通知后（ ）小时内到现场服务，保修期内免费备件服务，保修期后只收零件成本费。				
传真									
银行交易方式					费用分配率分析				
电汇还是转账？				项目	费用总额/元	总工时/小时		分配率/(元/小时)	
				直接工资					
				制造费用					
				管理费用					
				财务费用					

表 8-4　模具报价单样例 2

××××模具有限公司
注射模具报价明细表

模具要求：						产品简图	
品　名		MP4 底面壳		保证寿命	100 万模		
模腔数		1+1	塑料材质　ABS+PC	成型机	120 t		

A：材料价格

名　称	材　质	规格尺寸	单　价	总价/元
模架	S50C LKM	CI3030 A 80 B100	3500 元/套	3500
定模	ASSAB S136H	200mm×250mm×40mm	160 元/kg	2500
动模	ASSAB S136H	200mm×250mm×50mm	160 元/kg	3100
镶块	ASSAB S136H	100mm×120mm×50mm，2 件	160 元/kg	1500
电极	Cu	150mm×150mm×50mm，4 件	80 元/kg	1350
模具配件，五金				1200
共计				13150

B：加工价格

项　目	单　价	用时/h	总价/元	项　目	单　价	用时/h	总　价/元
铣床	35 元/h	100	3500	咬花	300 元/件		600
车床	30 元/h	20	600	线割	20 元/h	100	2000
钳工	40 元/h	150	6000	CNC	60 元/h	40	2400
抛光	30 元/h	60	1800	EDM	20 元/h	120	2400
共计							19300

C：其他价格

项　目	价格/元	项　目	价格/元
设计费	1000	运输费	200
试模费	600	利润	4000
共计			5800

A+B+C 模具总价：叁万捌仟贰佰伍拾元　　＄38250　　（RMB）元

1. 生产天数 = 20 天（按接获正式产品图样日算起）。
2. 首付 50%，加工完成检验合格付 30%，交付一个月付完模具款。
3. 根据客户提供样品开模具，加工过程附即时进度表。
4. 以上报价含 17% 增值税。
5. 以上报价以人民币为结算单位。

　　　　　　　　　　　　　　　　　　××××模具有限公司
　　　　　　　　　　　　　　　　　　负责人：
　　　　　　　　　　　　　　　　　　　　年　　月　　日

（二）模具的结算方式

1. 模具的结算价格

结算是模具设计制造的最终目的。模具的价格是以最终结算的价格为准，即结算价格。结算价格才是最终实际的模具价格。

模具的结算方式从模具设计制造一开始，就伴随着设计制造的每一步、每道工序在运行，设计制造到什么程序，结算方式就运行到什么方式。待到设计制造完成交付使用，结算方式才会终结，有时，甚至还会运行一段时间。所有设计制造中的质量技术问题最终全部转化到经济结算方面来。可以说，经济结算是对设计制造的所有技术质量的评价与鉴定。

2. 模具价格的结算方式

模具价格的结算方式，是从模具报价就开始提出，与模具设计制造开始同步运行。反过来说，结算方式的不同，也体现了模具设计制造的差异和不同。

在我国模具价格的结算方式，各地区、各企业均有不同，但随着市场经济的逐步完善，也形成一定的规范和约定俗成的惯例。按惯例，结算方式一般有以下几种：

（1）"五五"式结算　即模具合同签订生效之日，即预付模具价款50%，剩余50%待模具试模验收合格后，再付清。这种结算方式，在早期的模具企业中比较流行。它的优缺点有以下四点：

1）50%的预付款一般不足以支付模具的基本制造成本，制造企业还要投入。也就是说，50%的预付款还不能与整副模具成本运行同步。因此，对模具制造企业来说存在一定的投入风险。

2）试模验收合格后即结算余款，使得模具保修费用与结算无关。

3）在结算50%余款时，由于数目款项较多，且模具已基本完工，易产生结算拖欠现象。

4）如果模具失败，一般仅退回原50%预付款。

（2）"六四"式结算　即模具合同签订生效之日，即预付模价款的60%，余40%待模具试模合格后，再结清。这种结算方式与第一种结算方式基本相同。只不过是在预付款上增加10%。这对于模具制造企业来说仅有利一点。

（3）"三四三"式结算　即模具合同签订生效之日，即预付模价款的30%；等参与设计会审，模具材料备料到位，开始加工时，再付40%模价款；余30%，等模具合格交付使用后，一周内付清。这种结算方式，是目前比较流行的一种。其主要特点如下：

1）首期预付的30%模价款作为订金。

2）根据会审，检查进度和可靠性，进行第二次40%的付款，加强了模具制造进度的监督。

3）余款30%，在模具验收合格后，再经过数天的使用期后，结算余款。这种方式基本靠近模具的设计制造使用的同步运行。

4）如果模具失败，模具制造方除返还全部预付款外，还要加付赔偿金。赔偿金一般是订金的1~2倍。

（4）提取制件生产利润的模具费附加值方式　即在模具设计制造时，模具使用方仅需投入小部分的款项以保证模具制造的基本成本费用（或根本无须支付模具费用），待模具制造交付使用，开始制件生产，每生产一个制件提取一部分利润返还给模具制造方，作为模具费用。这种方式，把模具制造方和使用方紧密地联系在一起，形成利润一体化，把投资风险与使用效益紧密地联系起来，把技术与经济、质量与生产效益完全地挂钩在一起，这样也最大限度地体现了模具的价值与风险。这种方式是目前一种横向联合的发展趋势。其主要特点是：充分发挥模具制造方和模具使用方的优势，资金投入比较积极合理。但对于模具制造方来说，其风险较大，但回报率也较为可观。

当前，模具的结算方式还有很多，也不尽相同。但是都有一个共同趋势，即努力使模具的技术与经济指标有机地结合，产生双方共同效益；使得模具由估价到报价，由报价到合同价格，由合同价格到结算价格，形成真正实际的模具价格；实行优质优价；努力把模具价格与国际惯例接轨，不断向生产高、精、优模具方向努力，形成良好的、最大限度的经济效益共赢局面。

思考习题与训练

8-1 何为模具报价策略？
8-2 模具的结算价格有什么特征？
8-3 模具估报价的操作过程为什么要制度化？
8-4 模具合同的实质内容有哪些？
8-5 模具合同出现纠纷时，怎样合理解决？
8-6 模具价格的结算方式有哪几种？

附 录

附录 A 中华人民共和国价格法

《中华人民共和国价格法》已由中华人民共和国第八届全国人民代表大会常务委员会第二十九次会议于 1997 年 12 月 29 日通过,现予公布,自 1998 年 5 月 1 日起施行。

目录

第一章　总则
第二章　经营者的价格行为
第三章　政府的定价行为
第四章　价格总水平调控
第五章　价格监督检查
第六章　法律责任
第七章　附则

第一章　总　　则

第一条　为了规范价格行为,发挥价格合理配置资源的作用,稳定市场价格总水平,保护消费者和经营者的合法权益,促进社会主义市场经济健康发展,制定本法。

第二条　在中华人民共和国境内发生的价格行为,适用本法。

本法所称价格包括商品价格和服务价格。

商品价格是指各类有形产品和无形资产的价格。

服务价格是指各类有偿服务的收费。

第三条　国家实行并逐步完善宏观经济调控下主要由市场形成价格的机制。价格的制定应当符合价值规律,大多数商品和服务价格实行市场调节价,极少数商品和服务价格实行政府指导价或者政府定价。

市场调节价,是指由经营者自主制定,通过市场竞争形成的价格。

本法所称经营者是指从事生产、经营商品或者提供有偿服务的法人、其他组织和个人。

政府指导价,是指依照本法规定,由政府价格主管部门或者其他有关部门,按照定价权限和范围规定基准价及其浮动幅度,指导经营者制定的价格。

政府定价,是指依照本法规定,由政府价格主管部门或者其他有关部门,按照定价权限和范围制定的价格。

第四条　国家支持和促进公平、公开、合法的市场竞争,维护正常的价格秩序,对价格活动实行管理、监督和必要的调控。

第五条　国务院价格主管部门统一负责全国的价格工作。国务院其他有关部门在各自的职责范围内，负责有关的价格工作。

县级以上地方各级人民政府价格主管部门负责本行政区域内的价格工作。县级以上地方各级人民政府其他有关部门在各自的职责范围内，负责有关的价格工作。

第二章　经营者的价格行为

第六条　商品价格和服务价格，除依照本法第十八条规定适用政府指导价或者政府定价外，实行市场调节价，由经营者依照本法自主制定。

第七条　经营者定价，应当遵循公平、合法和诚实信用的原则。

第八条　经营者定价的基本依据是生产经营成本和市场供求状况。

第九条　经营者应当努力改进生产经营管理，降低生产经营成本，为消费者提供价格合理的商品和服务，并在市场竞争中获取合法利润。

第十条　经营者应当根据其经营条件建立、健全内部价格管理制度，准确记录与核定商品和服务的生产经营成本，不得弄虚作假。

第十一条　经营者进行价格活动，享有下列权利：

（一）自主制定属于市场调节的价格；

（二）在政府指导价规定的幅度内制定价格；

（三）制定属于政府指导价、政府定价产品范围内的新产品的试销价格，特定产品除外；

（四）检举、控告侵犯其依法自主定价权利的行为。

第十二条　经营者进行价格活动，应当遵守法律、法规，执行依法制定的政府指导价、政府定价和法定的价格干预措施、紧急措施。

第十三条　经营者销售、收购商品和提供服务，应当按照政府价格主管部门的规定明码标价，注明商品的品名、产地、规格、等级、计价单位、价格或者服务的项目、收费标准等有关情况。

经营者不得在标价之外加价出售商品，不得收取任何未予标明的费用。

第十四条　经营者不得有下列不正当价格行为：

（一）相互串通，操纵市场价格，损害其他经营者或者消费者的合法权益；

（二）在依法降价处理鲜活商品、季节性商品、积压商品等商品外，为了排挤竞争对手或者独占市场，以低于成本的价格倾销，扰乱正常的生产经营秩序，损害国家利益或者其他经营者的合法权益；

（三）捏造、散布涨价信息，哄抬价格，推动商品价格过高上涨的；

（四）利用虚假的或者使人误解的价格手段，诱骗消费者或者其他经营者与其进行交易；

（五）提供相同商品或者服务，对具有同等交易条件的其他经营者实行价格歧视；

（六）采取抬高等级或者压低等级等手段收购、销售商品或者提供服务，变相提高或者压低价格；

（七）违反法律、法规的规定牟取暴利；

（八）法律、行政法规禁止的其他不正当价格行为。

第十五条　各类中介机构提供有偿服务收取费用，应当遵守本法的规定。法律另有规定的，按照有关规定执行。

第十六条 经营者销售进口商品、收购出口商品，应当遵守本章的有关规定，维护国内市场秩序。

第十七条 行业组织应当遵守价格法律、法规，加强价格自律，接受政府价格主管部门的工作指导。

第三章　政府的定价行为

第十八条 下列商品和服务价格，政府在必要时可以实行政府指导价或者政府定价：

（一）与国民经济发展和人民生活关系重大的极少数商品价格；

（二）资源稀缺的少数商品价格；

（三）自然垄断经营的商品价格；

（四）重要的公用事业价格；

（五）重要的公益性服务价格。

第十九条 政府指导价、政府定价的定价权限和具体适用范围，以中央的和地方的定价目录为依据。

中央定价目录由国务院价格主管部门制定、修订，报国务院批准后公布。

地方定价目录由省、自治区、直辖市人民政府价格主管部门按照中央定价目录规定的定价权限和具体适用范围制定，经本级人民政府审核同意，报国务院价格主管部门审定后公布。

省、自治区、直辖市人民政府以下各级地方人民政府不得制定定价目录。

第二十条 国务院价格主管部门和其他有关部门，按照中央定价目录规定的定价权限和具体适用范围制定政府指导价、政府定价；其中重要的商品和服务价格的政府指导价、政府定价，应当按照规定经国务院批准。

省、自治区、直辖市人民政府价格主管部门和其他有关部门，应当按照地方定价目录规定的定价权限和具体适用范围制定在本地区执行的政府指导价、政府定价。

市、县人民政府可以根据省、自治区、直辖市人民政府的授权，按照地方定价目录规定的定价权限和具体适用范围制定在本地区执行的政府指导价、政府定价。

第二十一条 制定政府指导价、政府定价，应当依据有关商品或者服务的社会平均成本和市场供求状况、国民经济与社会发展要求以及社会承受能力，实行合理的购销差价、批零差价、地区差价和季节差价。

第二十二条 政府价格主管部门和其他有关部门制定政府指导价、政府定价，应当开展价格、成本调查，听取消费者、经营者和有关方面的意见。

政府价格主管部门开展对政府指导价、政府定价的价格、成本调查时，有关单位应当如实反映情况，提供必需的账簿、文件以及其他资料。

第二十三条 制定关系群众切身利益的公用事业价格、公益性服务价格、自然垄断经营的商品价格等政府指导价、政府定价，应当建立听证会制度，由政府价格主管部门主持，征求消费者、经营者和有关方面的意见，论证其必要性、可行性。

第二十四条 政府指导价、政府定价制定后，由制定价格的部门向消费者、经营者公布。

第二十五条　政府指导价、政府定价的具体适用范围、价格水平，应当根据经济运行情况，按照规定的定价权限和程序适时调整。

消费者、经营者可以对政府指导价、政府定价提出调整建议。

第四章　价格总水平调控

第二十六条　稳定市场价格总水平是国家重要的宏观经济政策目标。国家根据国民经济发展的需要和社会承受能力，确定市场价格总水平调控目标，列入国民经济和社会发展计划，并综合运用货币、财政、投资、进出口等方面的政策和措施，予以实现。

第二十七条　政府可以建立重要商品储备制度，设立价格调节基金，调控价格，稳定市场。

第二十八条　为适应价格调控和管理的需要，政府价格主管部门应当建立价格监测制度，对重要商品、服务价格的变动进行监测。

第二十九条　政府在粮食等重要农产品的市场购买价格过低时，可以在收购中实行保护价格，并采取相应的经济措施保证其实现。

第三十条　当重要商品和服务价格显著上涨或者有可能显著上涨，国务院和省、自治区、直辖市人民政府可以对部分价格采取限定差价率或者利润率、规定限价、实行提价申报制度和调价备案制度等干预措施。

省、自治区、直辖市人民政府采取前款规定的干预措施，应当报国务院备案。

第三十一条　当市场价格总水平出现剧烈波动等异常状态时，国务院可以在全国范围内或者部分区域内采取临时集中定价权限、部分或者全面冻结价格的紧急措施。

第三十二条　依照本法第三十条、第三十一条的规定实行干预措施、紧急措施的情形消除后，应当及时解除干预措施、紧急措施。

第五章　价格监督检查

第三十三条　县级以上各级人民政府价格主管部门，依法对价格活动进行监督检查，并依照本法的规定对价格违法行为实施行政处罚。

第三十四条　政府价格主管部门进行价格监督检查时，可以行使下列职权：

（一）询问当事人或者有关人员，并要求其提供证明材料和与价格违法行为有关的其他资料；

（二）查询、复制与价格违法行为有关的账簿、单据、凭证、文件及其他资料，核对与价格违法行为有关的银行资料；

（三）检查与价格违法行为有关的财物，必要时可以责令当事人暂停相关营业；

（四）在证据可能灭失或者以后难以取得的情况下，可以依法先行登记保存，当事人或者有关人员不得转移、隐匿或者销毁。

第三十五条　经营者接受政府价格主管部门的监督检查时，应当如实提供价格监督检查所必需的账簿、单据、凭证、文件以及其他资料。

第三十六条　政府部门价格工作人员不得将依法取得的资料或者了解的情况用于依法进行价格管理以外的任何其他目的，不得泄露当事人的商业秘密。

第三十七条　消费者组织、职工价格监督组织、居民委员会、村民委员会等组织以及消费者，有权对价格行为进行社会监督。政府价格主管部门应当充分发挥群众的价格监督作用。

新闻单位有权进行价格舆论监督。

第三十八条 政府价格主管部门应当建立对价格违法行为的举报制度。

任何单位和个人均有权对价格违法行为进行举报。政府价格主管部门应当对举报者给予鼓励，并负责为举报者保密。

第六章 法律责任

第三十九条 经营者不执行政府指导价、政府定价以及法定的价格干预措施、紧急措施的，责令改正，没收违法所得，可以并处违法所得五倍以下的罚款；没有违法所得的，可以处以罚款；情节严重的，责令停业整顿。

第四十条 经营者有本法第十四条所列行为之一的，责令改正，没收违法所得，可以并处违法所得五倍以下的罚款；没有违法所得的，予以警告，可以并处罚款；情节严重的，责令停业整顿，或者由工商行政管理机关吊销营业执照。有关法律对本法第十四条所列行为的处罚及处罚机关另有规定的，可以依照有关法律的规定执行。

有本法第十四条第（一）项、第（二）项所列行为，属于是全国性的，由国务院价格主管部门认定；属于是省及省以下区域性的，由省、自治区、直辖市人民政府价格主管部门认定。

第四十一条 经营者因价格违法行为致使消费者或者其他经营者多付价款的，应当退还多付部分；造成损害的，应当依法承担赔偿责任。

第四十二条 经营者违反明码标价规定的，责令改正，没收违法所得，可以并处五千元以下的罚款。

第四十三条 经营者被责令暂停相关营业而不停止的，或者转移、隐匿、销毁依法登记保存的财物的，处相关营业所得或者转移、隐匿、销毁的财物价值一倍以上三倍以下的罚款。

第四十四条 拒绝按照规定提供监督检查所需资料或者提供虚假资料的，责令改正，予以警告；逾期不改正的，可以处以罚款。

第四十五条 地方各级人民政府或者各级人民政府有关部门违反本法规定，超越定价权限和范围擅自制定、调整价格或者不执行法定的价格干预措施、紧急措施的，责令改正，并可以通报批评；对直接负责的主管人员和其他直接责任人员，依法给予行政处分。

第四十六条 价格工作人员泄露国家秘密、商业秘密以及滥用职权、徇私舞弊、玩忽职守、索贿受贿，构成犯罪的，依法追究刑事责任；尚不构成犯罪的，依法给予处分。

第七章 附 则

第四十七条 国家行政机关的收费，应当依法进行，严格控制收费项目，限定收费范围、标准。收费的具体管理办法由国务院另行制定。

利率、汇率、保险费率、证券及期货价格，适用有关法律、行政法规的规定，不适用本法。

第四十八条 本法自1998年5月1日起施行。

附录 B 部分标准模架价格

表 B-1 部分冲压模具标准模架价格

型号 凹模周界/mm	闭合高度/mm	价格 元/副	型号 凹模周界/mm	闭合高度/mm	价格 元/副	型号 凹模周界/mm	闭合高度/mm	价格 元/副
60×60	130~150	100.00	180×150	170~200	274.00	300×250	240~280	798.00
80×60		115.00	180×180		308.00	300×300		955.00
80×80		121.00	210×100		262.00	350×125		705.00
80×100		132.00	210×125		302.00	350×150		752.00
100×80		132.00	210×150		342.00	350×180		838.00
100×100	150~175	146.00	210×180		382.00	350×210		912.00
100×125		173.00	210×210		433.00	350×250		992.00
100×150		185.00	250×125	190~220	342.00	350×300		1106.00
125×80		146.00	250×150		422.00	350×350		1214.00
125×100		173.00	250×180		479.00	400×180	240~285	959.00
125×125		182.00	250×210		559.00	400×210		1037.00
150×100		185.00	250×250		656.00	400×250		1140.00
150×125		196.00	300×125	190~225	502.00	400×300		1231.00
150×150		221.00	300×150		581.00	400×350		1368.00
150×180		274.00	300×180		661.00	400×400		1824.00
180×125	170~200	251.00	300×210		730.00			

注：时间为2013年。

表 B-2 部分注射模具标准模架价格（2050 大水口系列） （单位：元）

厚度/mm		直身模				厚度/mm		直身模			
定模板	动模板	A	B	C	D	定模板	动模板	A	B	C	D
25	25	1629	2031	1431	1820	60	25	1811	2227	1613	2016
	30	1654	2059	1457	1849		30	1829	2246	1633	2035
	35	1677	2083	1481	1872		35	1847	2265	1651	2055
	40	1704	2112	1507	1901		40	1865	2283	1668	2073
	50	1735	2144	1538	1934		50	1897	2316	1699	2107
	60	1812	2225	1616	2015		60	1974	2396	1777	2186
	70	1866	2286	1670	2075		70	2028	2452	1831	2243
	80	1921	2341	1725	2130		80	2083	2507	1886	2298
	90	1976	2396	1780	2185		90	2138	2562	1941	2353
	100	2031	2451	1835	2240		100	2193	2617	1996	2408

（续）

厚度/mm		直 身 模				厚度/mm		直 身 模			
定模板	动模板	A	B	C	D	定模板	动模板	A	B	C	D
30	25	1651	2056	1454	1844	70	25	1829	2246	1633	2035
	30	1674	2080	1474	1869		30	1847	2265	1651	2055
	35	1694	2104	1497	1894		35	1873	2293	1677	2083
	40	1722	2130	1526	1920		40	1901	2322	1704	2112
	50	1754	2123	1555	1954		50	1930	2354	1734	2144
	60	1826	2240	1629	2029		60	2010	2436	1812	2225
	70	1881	2296	1682	2085		70	2063	2490	1866	2281
	80	1936	2351	1737	2140		80	2118	2545	1921	2336
	90	1991	2406	1792	2195		90	2173	2600	1976	2391
	100	2046	2461	1847	2250		100	2228	2655	2031	2446
35	25	1681	2088	1484	1876	80	25	1879	2296	1683	2085
	30	1704	2112	1507	1901		30	1897	2315	1701	2105
	35	1725	2137	1529	1925		35	1923	2343	1727	2133
	40	1747	2159	1551	1948		40	1951	2372	1754	2162
	50	1780	2193	1582	1982		50	1980	2404	1784	2194
	60	1857	2273	1659	2062		60	2060	2486	1862	2275
	70	1912	2329	1715	2120		70	2113	2540	1916	2331
	80	1967	2384	1770	2175		80	2168	2595	1971	2386
	90	2022	2439	1825	2230		90	2223	2650	2026	2441
	100	2077	2494	1880	2285		100	2278	2705	2081	2496
40	25	1712	2123	1515	1991	90	25	1929	2346	1733	2135
	30	1731	2140	1534	1930		30	1947	2365	1751	2155
	35	1754	2165	1555	1954		35	1973	2393	1777	2183
	40	1771	2184	1573	1974		40	2001	2422	1804	2212
	50	1802	2217	1605	2006		50	2030	2454	1834	2244
	60	1881	2296	1682	2086		60	2110	2436	1912	2325
	70	1934	2352	1738	2142		70	2163	2590	1966	2381
	80	1989	2407	1793	2197		80	2218	2645	2021	2436
	90	2044	2462	1848	2252		90	2273	2700	2076	2491
	100	2099	2517	1903	2307		100	2328	2755	2131	2546
50	25	1793	2207	1596	1997	100	25	1979	2396	1783	2185
	30	1811	2227	1613	2016		30	1997	2415	1801	2205
	35	1834	2250	1636	2040		35	2023	2443	1827	2233
	40	1851	2269	1654	2059		40	2051	2472	1854	2262
	50	1884	2303	1685	2094		50	2080	2504	1884	2294
	60	1955	2378	1758	2167		60	2160	2586	1962	2375
	70	2011	2435	1813	2224		70	2213	2640	2016	2431
	80	2066	2490	1868	2279		80	2268	2695	2071	2486
	90	2121	2545	1923	2334		90	2323	2750	2126	2541
	100	2176	2600	1978	2389		100	2378	2805	2181	2596

注：时间为2013年。表中A、B、C、D为注射模具标准模架的类型。

表 B-3　部分注射模具标准模架价格（2050 D 型细水口系列）　　（单位：元）

厚度/mm		直身模				厚度/mm		直身模			
定模板	动模板	A	B	C	D	定模板	动模板	A	B	C	D
25	25	3728	3647	3011	3380	60	25	3553	3922	3288	3656
	30	3295	3663	3029	3398		30	3604	3973	3338	3708
	35	3312	3681	3046	3415		35	3654	4024	3388	3758
	40	3330	3699	3063	3432		40	3705	4074	3440	3808
	50	3464	3834	3198	3567		50	3805	4174	3539	3908
	60	3602	3969	3335	3703		60	3904	4272	3637	4007
	70	3736	4104	3469	3838		70	4004	4372	3737	4106
	80	3836	4204	3569	3938		80	4104	4472	3837	4206
	90	3936	4304	3669	4038		90	4204	4572	3937	4306
	100	4036	4404	3769	4138		100	4304	4672	4037	4406
30	25	3322	3692	3057	3425	70	25	3640	4009	3375	3743
	30	3367	3736	3102	3470		30	3689	4057	3422	3792
	35	3413	3781	3146	3515		35	3736	4104	3470	3839
	40	3458	3827	3191	3561		40	3784	4154	3519	3887
	50	3565	3933	3298	3668		50	3883	4253	3617	3986
	60	3672	4040	4305	3774		60	3982	4351	3716	4085
	70	3779	4148	3512	3881		70	4081	4450	3816	4184
	80	3879	4248	3612	3981		80	4181	4550	3916	4284
	90	3979	4348	3712	4081		90	4281	4650	4016	4384
	100	4079	4448	3812	4181		100	4381	4750	4116	4484
35	25	3354	3723	3088	3458	80	25	3715	4084	3450	3816
	30	3406	3775	3140	3509		30	3764	4132	3497	3867
	35	3458	3827	3192	3561		35	3811	4179	3545	3914
	40	3510	3879	3243	3613		40	3859	4229	3594	3962
	50	3614	3984	3348	3718		50	3958	4328	3692	4061
	60	3719	4089	3452	3822		60	4057	4426	3791	4160
	70	3824	4194	3558	3927		70	4156	4525	3891	4259
	80	3924	4294	3658	4027		80	4256	4625	3991	4359
	90	4024	4394	3758	4127		90	4356	4725	4091	4459
	100	4124	4494	3858	4227		100	4456	4825	4191	4559
40	25	3403	3772	3136	3506	90	25	3790	4159	3525	3893
	30	3451	3821	3186	3555		30	3839	4207	3572	3942
	35	3501	3869	3234	3604		35	3886	4254	3620	3989
	40	3549	3919	3283	3653		40	3934	4304	3669	4037
	50	3653	4023	3387	3756		50	4033	4403	3767	4136
	60	3759	4128	3492	3861		60	4132	4501	3866	4235
	70	3863	4232	3596	3966		70	4231	4600	3966	4334
	80	3963	4332	3696	4066		80	4331	4700	4066	4434
	90	4063	4432	3796	4166		90	4431	4800	4166	4534
	100	4163	4532	3896	4266		100	4531	4900	4266	4634

(续)

厚度/mm		直 身 模				厚度/mm		直 身 模			
定模板	动模板	A	B	C	D	定模板	动模板	A	B	C	D
50	25	3478	3847	3212	3581	100	25	3865	4234	3600	3968
	30	3528	3897	3262	3631		30	3914	4282	3647	4017
	35	3579	3948	3313	3682		35	3961	4329	3695	4064
	40	3630	3998	3363	3733		40	4009	4379	3744	4112
	50	3731	4100	3465	3834		50	4108	4478	3842	4211
	60	3834	4202	3567	3935		60	4207	4576	3941	4310
	70	3935	4304	3670	4037		70	4306	4675	4041	4409
	80	4035	4404	3770	4137		80	4406	4775	4141	4509
	90	4135	4504	3870	4237		90	4506	4875	4241	4609
	100	4235	4604	3970	4337		100	4606	4975	4341	4709

注：时间为2013年。表中A、B、C、D为注射模具标准模架的类型。

附录C 常用模具材料参考价格

(单位：元/kg)

类 别	材 料	锻件或气割件	退火处理
碳素结构钢	Q195	4.80	6.00
	Q215	4.80	6.00
	Q235	4.80	6.00
	Q255	5.00	6.20
	Q275	5.00	6.20
	10钢	5.80	7.20
	15钢	5.80	7.20
	20钢	5.80	7.20
	30钢	5.80	7.20
	45钢	5.90	7.20
	65钢	6.20	7.70
合金结构钢与工具钢	T7A	8.00	9.80
	T8A	8.00	9.80
	T10A	10.00	11.20
	T12A	10.00	11.20
	5CrW2Si	11.00	13.50
	6CrW2Si	11.80	14.70
	9Mn2V	9.00	11.30
	9Cr2	9.60	12.00
	9Cr2Mo	9.60	12.00
	9Cr3Mo	9.60	12.00
	9SiCr	8.50	10.50

(续)

类别	材料	锻件或气割件	退火处理
合金结构钢与工具钢	GCr15	9.60	12.00
	GCr15SiMnA	9.60	12.00
	40CrMnMo	9.60	12.00
	38CrMoAl	9.70	12.20
	40CrNiMo	11.00	13.30
	20CrNiMo	11.00	13.00
	20Cr2Ni4	14.00	17.60
	20CrNi3	14.00	17.60
	18Cr2Ni4WA	14.70	18.30
	18NiCrMo5	12.50	17.60
	12CrMoV	9.70	13.50
	25CrMoV	13.00	17.80
冷作模具钢	Cr12	19.00	22.00
	Cr5MoV	20.00	24.40
	Cr12MoV	20.00	24.40
	D2（SKD11）（美）	68.00	85.00
	65Nb（6Cr4W3Mo2VNb）	77.00	96.00
	LD（7Cr7Mo3V2Si）	80.00	100.00
	GD	37.00	46.00
	CrWMn	15.00	19.00
	W18Cr4V	40.00	49.30
	6CrNiSiMnMoV	63.00	78.00
	O2（SKS3）（美）	70.00	87.00
	GM（A2、SKD12）	60.00	75.00
	CH（D6、SKD12）、	64.00	79.00
	O1（SKS21）（美）	42.00	52.00
	68Cr17、95Cr18	55.00	68.00
	N2（美）	190.00	250.00
	T42（美）	360.00	480.00
	M4（美）	320.00	420.00
	M3:2（ASP-23）（美）	360.00	480.00
热作模具钢	5CrNiMo	23.00	30.00
	5CrMnMo	17.00	21.00
	5Cr2NiMoVSi	57.00	71.40
	GR（4Cr3Mo3W4VNb）	90.00	114.00
	3Cr2W8V	37.00	46.00
	4Cr2WMoVSi	33.00	41.50
	8Cr3	16.00	20.50
	HD	88.00	109.00
	HM3	77.00	96.00
	H13（SKD61）（美）	64.00	80.00
	Y10	70.00	87.00
	H12（美）	59.00	74.20
	Y4	62.00	77.00
	H11（SKD6）（美）	60.00	75.00
	HM1	70.00	88.00
	25Cr2Mo2V	59.00	74.00

（续）

类别		材料	锻件或气割件	退火处理
龙记特殊钢	塑料模具钢	LKM 638	20	25
		LKM 2311	24	30
		LKM 2312	22	27
		LKM 738	26.5	33
		LKM 738H	32	40
		LKM 818H	51	63
		LKM 2711	36	50
		LKM 2083	56	66
		LKM 2083H	56	66
		LKM 2316A	58	71
		LKM 2316	62	77
		LKM 2316ESR	73	91
	热作工具钢	LKM 2344	62	77
		LKM 2344SUPER	86	107
	冷作工具钢	LKM 2510	36	44
		LKM 2379	66	82
		LKM 2767	54	66
中国舞阳	塑料模具钢	舞阳718	15.3	18
日本三菱	塑料模具钢	MUP	35	40
美国芬可乐	塑料模具钢	P20HH	54	60
		P20LQ	68	80
法国奥伯杜瓦	塑料模具钢	MEK 4	72	82
		X13T6W（236）	152	168
		X13T6W（236H）	152	168
	热作工具钢	SMV3W	118	132
		ADC 3	136	151
不锈钢与塑料模具钢		SM1	33.00	43.00
		PSM	36.00	47.00
		12Cr13、20Cr13	23.00	30.00
		30Cr13、40Cr13	22.00	28.00
		40Cr13	28.00	32.00
		3Cr16	29.00	35.00
		M300	137.00	155.00
		10Cr17	31.00	35.00
		5Cr3Mo	30.00	34.00
		1Cr18Ni9Ti	35.00	40.00
		1Cr18Ni12MoTi	40.00	46.00
		06Cr17Ni12Mo2Ti	46.00	52.00
		P20（SCM4）（美）	32.00	40.00
		P20+Ni（PDS5S）（美）	34.00	42.00
		420（168）（美）	60.00	75.00
		420ESR（S-136）（美）	63.00	78.00
		6F7（美）	55.00	68.00
		440C（SUS440C）（美）	100.00	125.00

(续)

类 别	材 料	锻件或气割件	退火处理
硬质合金	YG8（板材）		560.00
	YG15（板材）		560.00
	YG20（板材）		560.00
其他材料	普通纯铜棒料		45.00
	EIMEDURX（德）		280.00
	EIMEDUR HA（德）		460.00
	聚氨酯橡胶		125.00
	卸料橡皮		43.00 ~ 85.00
	石墨板材		125.00

注：时间为2013年。

附录 D 模具相关加工设备参考价格

(单位：元/台·h)

设备或工种名称	设备型号或范围	参考价格
车床	大型 $\phi 608\text{mm} \times 1500\text{mm}$	20.00
	中型 $\phi 350\text{mm} \times 1000\text{mm}$	15.00
	小型 $\phi 200\text{mm} \times 500\text{mm}$	12.00
钻床	立钻	10.00
	摇臂钻	15.00
刨床	牛头刨	10.00
	油压刨	15.00
	仿形刨	18.00
插床	插床	18.00
铣床	立铣	14.00
	万能工具铣	18.00
刻字机	刻字机	20.00
磨床	平面磨	16.00
	外圆磨	18.00
	工具磨	20.00
	镜面磨	40.00
	螺纹磨	46.00
	坐标磨	220.00
镗床	国产镗床	26.00
	进口镗床	40.00
	数控镗铣床	200.00
电火花线切割机床	国产快走丝小型机床	12.00
	国产快走丝大型机床	30.00
	进口慢走丝机床	220.00

(续)

设备或工种名称	设备型号或范围	参 考 价 格
电火花成形机床	国产机床	18.00
	进口机床	200.00
砂轮切割机	砂轮切割机	8.00
锯床	弓锯	8.00
	带锯	12.00
箱式电炉	8kW 950℃	235.00
	12kW 960℃	30.00
	14kW 650℃	30.00
	18kW 950℃	36.00
	40kW 1200℃	50.00
	60kW 950℃	56.00
	60kW 井式渗碳炉	100.00
	软氮化炉	1000.00
压力机	400kN 曲柄压力机	10.00
钳工	模具钳工	15.00
	机修工	13.00

注：时间为2013年。

参考文献

[1] 颜学樵. 工业企业成本财务管理 [M]. 北京：机械工业出版社，1983.
[2] 姜思明. 工业企业财务与分析 [M]. 北京：机械工业出版社，1983.
[3] 王定一. 价格学总论 [M]. 银川：宁夏人民出版社，1987.
[4] 郑成龙. 工业企业经营管理 [M]. 北京：蓝天出版社，1992.
[5] 童宛生，等. 商业物价 [M]. 北京：中央广播电视大学出版社，1984.
[6] 彭建声，等. 模具技术问答 [M]. 北京：机械工业出版社，1996.
[7] 冯炳尧，等. 模具设计与制造简明手册 [M]. 上海：上海科学技术出版社，1985.
[8] 沈景明. 机械工业技术经济学 [M]. 北京：机械工业出版社，1988.
[9] 蒋世钧. 模具价格浅谈 [J]. 模具工业，1986（4）：4-5.
[10] 余问中，等. 论模具价格计算 [J]. 模具工业，1989（10）：47-48.
[11] 刘崇欣. 汽车模具计算机报价系统 [J]. 模具工业，1997（2）：3-6.
[12] 刘建平. 模具价格的简便估算法 [J]. 模具工业，1989（2）：51-54.
[13] 齐齐哈尔轻工学院. 玻璃机械设备 [M]. 北京：中国轻工业出版社，1991.
[14] 傅耆寿. 锻压技术问答 [M]. 北京：机械工业出版社，1993.
[15] 黄毅宏，李明辉. 模具制造工艺 [M]. 北京：机械工业出版社，2011.
[16] 中国模具工业协会. 模具计价手册 [M]. 北京：机械工业出版社，2006.
[17] 邬献国. 模具生产管理 [M]. 北京：电子工业出版社，2012.